助詞・助動詞の辞典

森田良行・著

東京堂出版

はじめに

嘘か真か定かでないが、江戸時代の歌人、香川景樹のもとを訪ねた某氏が、自信の句作を示して、意見を問うた。その作とは、

米洗ふ前に蛍の二つ三つ

というのであるが、誉められるとばかり思っていた期待に反し、景樹は「前に」の「に」のところに「前を」と朱を入れて、返したという。

今日では、米は「洗う」ではなく「とぐ」と言うけれども、その〝といでいる前に〟とくれば、どうしても「蛍が二つ三ついる」と続けたくなる。しかし、これでは、蛍は静止してその場所に留まっている情景しか浮かばない。助詞の「に」は一方で「前に在る」のような存在を表す言い方もあるためである。そこで、動きを与えるために「前を」と変えれば、確かに〝飛んでいる〟行為が加わって、句が生きてくる。しかも、「二つ三つ」とあるから、飛び交う姿まで脳裏に浮かんで、躍動する生命が如実に句に写されてくる。同じ、動きを与えるにしても「前へ」であったなら、近寄って来る直線的な移動のみで、飛び交う曲線の、あの蛍の動きは活写されない。たかが助詞一つと思われがちだが、これら格助詞の使い方が表現に与える影響は量り知れない。

助詞の効用は何も俳句に限ったことではない。例えば宮沢賢治の有名な詩「雨ニモマケズ」に出てくるあの「モ」はどんな働きをしているのだろうか。後に「風ニモマケズ　雪ニモ夏ノ暑サニモマケ

ヌ」と来るから、〝ああ、風や雪に対して「雨にも」なんだな〟と、対比の働きと考えたくなる。だが、「今日は雨にも負けず頑張った」に対比の意識はない。そう言えば「茶摘」の「夏も近づく八十八夜」にも対比する言葉は出てこない。助詞の使い方は、理屈ではなく感情に支配されるから、一筋縄ではいかない。「夏が近づく」の理屈も「夏も近づく」と言えば、到来する夏を深く感じ、近づく夏を意識する心が「も」に集約されていると感じるのである。「宴もたけなわ」「気もそぞろ」「折も折」など皆このような心の現れと言ってよいであろう。

日本語にはこのような、述べ綴っている意味内容に加えて、話者や書き手の心の有り様を添える言葉が発達していて、表現に奥行きを与え、叙述を多彩なものに仕立てあげている。いわゆる〝辞〟とか〝付属語〟とか言われるたぐいの言葉、とりわけ助詞と助動詞にその特徴が顕著に現れる。例えば「これが良い」を「これで良い」と言い換えれば意識はどう変わるか。さらに、その叙述に対する話者の受け止め方を相手に伝える方法として、文末に種々の助動詞を添えるなど、日本語には表現を多様化する語が多い。「これが良い」なら、推量の助動詞を添えて、

これが良い／良さそうだ／良いようだ／良いだろう／良いかもしれない／良いにちがいない／良いはずだ／良かろう

少し意味は違うが、「良いらしい／良いそうだ」など微妙に違う話者の判断を言葉に載せる。いわば助詞や助動詞は、日本語の表現にとって、言葉に肉付けをしていく重要な役割を果たしているというわけだ。が、それは使い様によっては時に贅肉ともなりかねない。したがって優れた日本語の使い手となり理解者となるためには、その機能を十全に発揮できるだけの知識の習得と修練とが課せられ

るということにもなる。いったい「良さそうだ」と「良いようだ」とではどう意味が異なり、それぞれをどのような場合に使えば、適切な表現となるのだろうか。同じ自信を持って下す判断にしても、「良いにちがいない」と「良いはずだ」では判断の根拠が異なるはずである。どう異なるのか。考えてみれば、わかっているようで案外と理解していない事柄が多いことに気付く。「それは辞書で調べればいい」と言われるかもしれない。が、一般の国語辞典では、箇条書き的に個別の意味が列記されているだけで、その語の発想や全体を通しての意味、類義の語との使い分けまでは説明されていない。生の用例や成句などもほとんど挙がっていない。文法辞典では活用形式や他語との接続の規則などはわかるが、意味と文法との関連や文型については触れられていない。そのような、理解のための辞書とは別に、表現にも役立つ辞書、とりわけ助詞や助動詞を意味や表現の面からも扱った辞書が求められるのである。幸い東京堂出版編集部の渡部俊一氏も、著者の目指す辞典には賛成で、その刊行に向けて鋭意努力を惜しまれなかったのである。本書の趣旨を理解し、十全の活用を期待したい。

二〇〇七年九月

著　者

助詞・助動詞の辞典◉目次

はじめに……………一
プロローグ……………一七

第一部　助動詞編

せる・させる【使役】……………**二四**
一、はじめに　二四
二、使役と他動詞との区別　二五
❖「～す」形を取ることわざ・慣用句
三、文型変換から見た使役文型　二七
四、「せる／させる」文型の種類　二九
五、動詞と「せる／させる」の意味関係　二九
六、「せる／させる」文型と意味との関係　三四
❖語性と使役の意味との関係
❖述語動詞と使役の意味との関係
七、「せる／させる」文型の拡張　三六
八、「～に～させる」か「～を～させる」か　三九

「られる」表現のいろいろ……………**四〇**
一、自発・可能・受身・尊敬が同じ形式の日本語　四〇
二、受身も可能も尊敬も同じ形の日本語　四一

れる・られる【自発】……………**四三**
一、自発の意味　四三

二、自発の例　四四
三、自発的な意味を持つ表現　四五
られる【可能】……………………………**四五**
一、可能の意味　四五
❖可能文型と自動詞文型との関係
二、可能形式の種類　四七
三、活用形式と可能形　四八
四、「～られる」の可能とは　四九
1、自発性の可能　四九
2、許容性の可能　四九
❖可能の意味の展開
❖困難な事態の実現・許容
3、能力所有の可能　五一
❖意志性の有無
五、可能文型　五二
1、同じ語形の可能動詞と自動詞　五二
2、ラ抜き言葉　五三
六、可能表現となる慣用表現・ことわざ　五三
れる・られる【受身】……………………………**五五**
一、日本語における受動の発想とは？　五五
1、能動態と受動態　五五
❖受身動詞
2、受動態の有り様　五六
二、日本語の受身文型　五七
三、迷惑の受身と被害の受身　五八
1、間接受身　五八
2、被役・受益・非受益の受身　六〇
❖慣用句の例
3、被害の受身　六一
❖「～られる」を導く助詞「に」と「から」
❖受身的発想の日本語
4、非情の受身　六四
❖「から～られる」と「によって～られる」
5、結果の様態を表す非情の受身　六五
❖抽象名詞による非情の受身例
❖古代の非情の受身
❖まとめ

四、受身は他動詞の自動詞化にも用いられる　六八
五、「ている／てある」表現と受身　六九
1、られる＋テイル／テアルの種類　六九
2、「受身＋テイル／テアル」の三つの型　七〇
3、各形式の用法と言い換えの可否　七〇
六、受身・自発・可能の歴史　七二
れる・られる【尊敬】……………………………………**七三**
一、敬語の成立する背景　七三
二、尊敬「れる／られる」の性格　七四
❖「られる」敬語の誤用
たい・たがる【希望】……………………………………**七六**
一、「たい」「たがる」の発想　七六
二、希望「たい」の用法　七七
1、「たい」の文語形　七七
2、「たい」文型（「が〜たい」と「を〜たい」）　七七
ない・ぬ【打消】……………………………………**八〇**
一、形式・意味から見た否定　八〇
1、否定表現とは　八〇
2、否定的意味の形式　八一
❖形容詞「ない」と助動詞「ない」との区別
3、意味面における否定――負極語（負相語）　八二
❖否定形式と語種との関係
4、形は否定形だが、意味が打消とならない場合　八二
5、「ない」表現の表す意味　八三
二、形容詞の「ない」　八四
1、「ない」の意味分類　八四
2、「ある／ない」「いる／いない」の使い分け　八五
3、否定表現と「は／も」の添加　八五
三、問答の型と否定表現との関係　八六
1、否定使用の場面　八六
2、否定によるテンス・アスペクトの移行　八七
四、打消と呼応する副詞　八八
❖打消を事前に予告する副詞
五、打消に関するさまざまな問題　九〇
1、打消と「です／ます」体　九〇
2、「〜なくて」と「〜ないで」の使い分け　九一

3、「いけない」と「ならない」　九一
4、否定の位置　九二
5、二重否定　九三
六、「ない」を含む慣用的な表現文型　九四
七、否定形式の慣用句　九四
1、形容詞「ない」を伴う慣用句　九四
2、否定形式の慣用句・打消の助動詞を伴う
慣用句　九五

ない・ず・ぬ・ざる【打消】……九六

一、打消「ず」の用法　九六
❖活用形の説明
二、否定表現の形式　九七
❖二様の義務の言い方
三、打消を含む固定した言い回し　九八
1、一つの言い回しに見られる「ず」の例　九八
2、「ず」で打ち消す形のことわざ　九八
3、一つの言い回しや格言に見られる「ざる」の例
九九
4、一つの言い回しや格言に見られる「ぬ」の例
九九

た【確述】……一〇〇

一、概観　一〇〇
二、「～た」の意味と機能　一〇二
三、「～た」文型の種類と意味　一〇三
四、確述表現が回想意識を伴う場合　一〇五
五、「～ている／～てある」文型と「た」　一〇九
六、言い切り形「～た」文型の意味分類　一一〇
七、複文における「～た」の働き　一一一
八、連体修飾「～した名詞」形式　一一三
九、条件形（仮定形）の「たら」　一一四
1、「なら／ば／と」との比較　一一四
2、「～たら」条件の意味　一一五
3、「～たら」条件の発想と意味　一一五
❖補足説明
十、動詞の音便に伴う「た」の濁音化　一一六
❖撥音便の機構

らしい・う・よう・そうだ・ようだ【推量】
付 だろう・かもしれない・ちがいない・はずだ・つもりだ……一一八
一、概観 一一八
二、文脈差による推量表現の差異 一一九
1、〜う／〜よう／つもり 一一九
❖状態移行を表す用法
2、〜らしい／〜ようだ 一二〇
❖「ようだ／らしい／そうだ（伝聞）／かもしれない」の可否
3、〜そうだ／〜かもしれない 一二二
4、〜はずだ／〜ちがいない 一二三
5、〜だろう／〜かもしれない 一二四
三、推量表現と副詞との関係 一二五
❖問題とする副詞類
四、各形式における「タ」形、打消形、丁寧形 一三〇
❖補説

べし【当然】
付 まじ・じ・まい・ん……一三二
一、文語体での「べし」 一三二
二、口語体での「べし」 一三三
三、古代語を受け継ぐその他の推量の助動詞 一三五
1、否定推量「まじ」「じ」 一三五
2、まい（否定推量） 一三六
3、推量「ん」 一三六

ようだ・ごとし【比況】……一三七
一、比況とは 一三七
二、比況の種類 一三七
1、直喩「〜ような／〜ように」形式 一三七
❖慣用的な比喩の例
2、直喩「〜ごとき／〜ごとく」形式 一四三

そうだ【伝聞】……一四五
一、推量と伝聞との違い 一四五
二、伝聞の意味 一四六

だ・である【断定】……………………………………一四七
一、断定の性格　一四七
二、断定の助動詞と形容動詞との差　一四八
三、「～なら」条件法について　一四九
1、仮定条件の発想と種類　一五〇
❖各条件形式の比較
2、「～なら」の発想と意味　一五一
❖各表現法の発想
❖断定の「なら」と伝聞の「なら」
❖「なら」と「たなら」の使い分け
四、「である」について　一五三
❖文体の確立について
です・ます【丁寧】……………………………………一五五
1、丁寧の意味　一五五
2、「です・ます」の使い分け　一五五
3、複文における丁寧体の在り方　一五六
4、丁寧文体の現れる語　一五六
5、「ございます」体について　一五七

第二部　助詞編

は【係助詞】
付　が（主題と主語）……………… **一六〇**
一、「は」と「が」の文法的相違　一六〇
1、係助詞・副助詞　一六〇
2、主題を示す「は」と主語の「が」　一六〇
二、語の意味と「何ハ述語」文型との関係　一六一
1、「〜ハ」の判断文の発想と使用語彙との関係　一六一
❖固定観念となった判断文
❖現象文と転位文
2、対比判断の「〜ハ」　一六三
3、主語・述語に立つ名詞の意味関係によって決まる述定型と同定型　一六四
4、同語反復文（「AハAだ」文型）について　一六六
❖同語反復文の意味
三、複文における「は」「が」と名詞の意味　一六七
四、「AハBが何だ」文型の種類と用法　一六八
五、「〜ハ」文型と疑問詞の位置　一七二
六、「は」「が」の使い分け　一七三
1、使い分けの基準　一七三
2、複文構造におけるハ・ガ　一七六
七、「は」の主題を表す以外の用法　一七八
❖「をば」「をも」の用法
❖その他の特殊用法

も【係助詞】……………… **一八〇**
❖対比の形で「も」を用いる慣用句の例
❖「〜も〜も」形式の慣用表現

まで【副助詞・格助詞】……………… **一八四**
一、「まで」の意味　一八四
二、副助詞「まで」と格助詞「まで」との相違　一八五

三、副助詞「まで」の発想　一八七
四、複合格助詞「までに」と「までで」　一八八
❖「までで」の発想
さえ【係助詞】……………一九〇
1、係助詞「さえ」の発想　一九〇
2、「さえ」の表現について　一九〇
しか・すら・だに【副助詞】……………一九二
こそ【係助詞・副助詞】……………一九三
など・でも【副助詞】……………一九五
1、「など」の意味と用例　一九五
2、「でも」の意味と用例　一九六
のみ【副助詞】……………一九七
だけ【副助詞】……………一九八
一、「だけ」文型の発想と話者の視点について　一九八
二、「だけ」の意味と用法　一九九
1、文脈の違いから見た「だけ」の用法　一九九
2、各用法の特徴　二〇〇
❖「だけ」と格助詞との承接関係
❖「でだけ」と「だけで」
❖「だけに／だけあって」
ばかり【副助詞】……………二一一
一、「ばかり」の表現について　二一一
二、文脈の違いから見た「ばかり」の用法　二一一
三、各用法の特徴　二一二
❖「ばかり」と「だけ」
ほど【副助詞】……………二一九
一、「ほど」の表現について　二一九
二、文脈の違いから見た「ほど」の用法　二二〇
三、各用法の特徴　二二〇
❖「ほど」と「くらい」の差
❖強調と比較の差

❖比喩による慣用的表現
❖「ほど」を用いた比喩の例
くらい【副助詞】……………………**二二八**
一、「くらい」の表現について　二二八
二、文脈の違いから見た「くらい」の用法　二二八
1、「くらい」の意味分類　二二八
2、「くらい」の意味　二二九
3、「くらい・ほど・ばかり」の比較　二三五
が【格助詞】
付　の（主格）……………………**二三六**
一、「が」　二三六
1、ガ文型の種類　二三六
2、「〜が」の現象文の発想と使用語彙との関係　二三七
3、「〜が」の転位文とその使用語彙について　二四〇
❖主述に立つ名詞の意味関係と転位文の種類
4、主格以外を表す「が」　二四一
❖「〜が〜てある」文型と「〜を〜てある」文型
二、主格を表す「の」　二四三
の【格助詞】……………………**二四五**
一、連体修飾形式としての「の」　二四五
1、「AのB」形式について　二四五
2、接続から見た「AのB」　二四五
3、意味から見た「AのB」形式　二四六
❖意味関係からの分類
❖「AのB」連体修飾の分類
4、「AのB」文型についての追加説明　二四八
5、漢語の意味関係　二四八
二、連体修飾の拡大　二四九
三、助詞「の」の助けによる句形式の連体修飾　二五〇
四、連体詞、および連体詞的な修飾用法　二五〇
五、「AのB」形式の隠喩および慣用的な句の例　二五〇

の【準体助詞】
付　こと（形式名詞）……二五二
一、準体助詞とは　二五二
二、準体助詞「の」と形式名詞との差異　二五三
1、「の」と「こと・もの」の機能差　二五三
2、「の」と「こと」との置き換えの可否　二五四
三、文型から見た準体助詞の用法　二五六

を【格助詞】……二五七
一、「を」の歴史と対象格　二五七
二、格助詞「を」の意味　二五八
1、動詞を導くヲ格文型　二五八
❖「ヲ」格文型の種類
2、動詞を導く「を」の意味　二五八
三、共起する語から見た「を」　二六〇
四、「を」と他の助詞との使用上のゆれ　二六一
❖「終わる」「終える」のゆれ

に【格助詞】……二六二
一、文型から見た二格　二六二
1、動詞・形容詞を導く二格文型　二六二
2、形容詞を導く二格文型の意味　二六三
❖「〜に形容詞」文の例
❖「〜に形容動詞」文の例
❖「に」を取らず、「と」「から」を受ける例
二、対人関係等における「に」と「を」の差　二六四
1、共起する語から見た「に・を」　二六四
❖「ヲ」と「ニ」の使い分け
2、二様の格助詞形式　二六五
❖肯定・否定、可能での助詞「に／を」の非対応
三、「に」と他の助詞とのゆれ　二六六
1、「に」と「を」のゆれ　二六六
2、「に」と「で」のゆれ　二六七

に・へ【格助詞】……二六七
一、「に」の意味　二六七
二、共起する語から見た「に・までに・へ」　二六七
三、動詞を導くへ格文型　二六九
四、疑問のある「に」の使い方　二六九

から・まで【格助詞】 …… **二七〇**
一、「から・まで」の意味　二七〇
1、「から」の例　二七一
2、「まで」の意味　二七一
二、動詞を導くカラ格文型　二七一
三、共起する語から見た「から・まで・で」　二七二
四、カラ格のゆれ　二七三
より【格助詞】 …… **二七四**
で【格助詞】 …… **二七五**
一、動詞を導くデ格文型　二七五
二、共起する語から見た「で」　二七五
と【格助詞】 …… **二七七**
一、動詞・形容詞を導くト格文型　二七七
二、共起する語から見た「と・で・に」　二七七
と・に・とか・や・やら・なり・だの・たり【並立助詞】
付　も・て　も・か …… **二八〇**
一、日本語の並立表現　二八〇
二、並立助詞のいろいろ　二八一
1、「と」の意味と用法　二八一
2、「に」の意味と用法　二八二
3、「とか」の意味と用法　二八二
4、「や・やら」の意味と用法　二八三
5、「なり・だの」の意味と用法　二八三
6、「たり」の意味と用法　二八四
7、「も」の意味と用法　二八五
8、「ても・でも」の意味と用法　二八五
9、「か」の意味と用法　二八六
て【接続助詞】 …… **二八六**
一、「て」の発想と意味　二八六
二、条件形式以外の「て」の意味と用法　二八七
1、文法機能上や語彙関連としての「て」　二八七
2、文の展開にかかわる「て」　二八八

三、条件接続（順接・逆接）の「て」　二九〇
四、「て」接続における発想の差　二九二
五、「〜て」⑥の誤用の問題　二九三
ば【接続助詞】……………………………………**二九四**
一、条件接続以外の「ば」　二九四
二、条件接続の「ば」　二九五
1、条件接続形式の比較　二九五
2、「〜ば」条件接続の発想と意味　二九六
3、「〜ば」条件の意味分類　二九六
❖「ば」の条件形式を用いたことわざ
❖「ば」の条件形式を用いた慣用的な言い回し
4、「〜ば」条件の特殊例　二九九
と・なり【接続助詞】……………………………………**三〇〇**
一、条件表現以外の「と」　三〇〇
二、順接条件の接続助詞　三〇〇
1、「〜と」の発想と意味　三〇〇
2、「〜と」条件文の発想と意味　三〇二
三、「なり」の意味と用法　三〇三
から・ので【接続助詞】……………………………………**三〇三**
❖文構成から見た「から」「ので」
ながら【接続助詞】……………………………………**三〇六**
付て
一、「て」と「ながら」　三〇六
1、「て」の多様性　三〇六
2、「て」と「ながら」の差　三〇六
二、「ながら」の意味変遷　三〇七
が・けれども・のに【接続助詞】……………………………………**三一〇**
一、「が」について　三一〇
1、「が」の多様性　三一〇
2、「が」接続の種類　三一〇
二、「けれども」について　三一二
❖「けれども」接続の意味と種類
三、「のに」について　三一三
1、「のに」の意味　三一三
2、「のに」の言い切り形　三一四

3、派生用法　三一四

ものなら・ものの・ものを・にもかかわらず【接続助詞】……**三一四**

一、「ものなら」の意味と用法　三一四
二、「ものの」の意味と用法　三一五
三、「ものを」の意味と用法　三一五
四、「にもかかわらず」の意味と用法　三一六

ても【接続助詞】……**三一七**

❖「ても」による慣用句
❖古い形「とも」について

たって・とて・どころか【接続助詞】……**三一九**

一、「たって」の意味と用法　三一九
二、「とて」の意味と用法　三二〇
三、「どころか」の意味と用法　三二一

し【接続助詞】……**三二一**

か・わ・よ・ね・な・さ、等【終助詞】……**三二二**

一、終助詞の性格　三二二
二、表現文型と終助詞　三二三
1、なあ・こと・ことか・か・もの（詠嘆・自問）　三二三
2、か・かい・の・かしら（問い掛け）　三二四
3、わ・よ・ね（確述・確認）
（付　のよ・なくって）　三二四
4、よ・な・さ・ね（確述・確認、間投助詞）　三二五
5、さ・ぞ・ぜ・や・とも（確述・確認）　三二六
6、よ・な（呼び掛け・命令・禁止）　三二七
三、表現文型と終助詞との関係　三二八
四、文型と終助詞との承接　三二九

プロローグ

一、助詞・助動詞の性格と日本語に占める位置

日本語では、ある思考内容を言語として叙述するとき、個々の概念に相当する単語を構文規則によって順番に並べるのではなく、それら客体的な意味内容の語彙に対して話者の把握認識の有り様を示す言葉を添えて、より複雑な内容の叙述形態へと発展させていく。たとえばABC三者の間で、誰かが誰かに他の誰かを紹介したという場合、英語ならば、

A introduces B to C.

と言えば、文中におけるABCの順序と位置関係から、「AがBをCに紹介する。」ということになる。ABCの順番を変えないかぎり、その他の状況内容とはなっていかない。もし、これが日本語だったらどうなるか。ABCがこの順番に並んでいたとしても、

「A（　）B（　）C（　）紹介する。」

それぞれの括弧の部分に、「が」「を」「に」のいずれも自由に入り得る。それによって「AをBにCが紹介する。」とか、「AにBがCを紹介する。」「AがBにCを紹介する。」といった具合に、さまざまな内容の表現が可能となり、数学的には「が」「を」「に」の三語で六通りの組み合わせが可能となる。そのほか「と」を用いて「AとBをCに紹介する。」などにまで広げていくと、さらに幾通りもの文表現が可能となり、種々の助詞を適宜添えることによって、話者の言わんとする状況を文形式

として定着させることができる。言ってみれば、括弧の部分に立つ語（ここでは格助詞）は、それぞれの事物が文中の他の語の事物とどのような関係で、意味的にどうかかわり合っているかの、話者による認識把握を表していると言えよう。

日本語は叙述すべき事柄を請け負う語彙の一つ一つに、このような話者の認識を助詞の形で添えて確かめながら先へ先へと進めていく表現方式を取る。そして、この括弧の部分にこそ話者個人の主観が込められ、全体としての叙述内容が支えられているのである。それが格助詞と言われている語群の機能と考えられる。

二、助詞・助動詞は表現内容に話者の認識判断を加える

ところで、ことわざ「猿も木から落ちる」では、「木（　）落ちる。」の意味関係は、話者の主観から語を選択することが不可能で、括弧の箇所は「から」しか入らない。「落ちる」現象を中心に考えた場合、「猿」と「木」では動作主と動作箇所との間に混乱は生じない。「から」以外に主観の入り込む余地がないと言っていい。一方、動作主と現象「猿（　）……落ちる」の関係はどうか。「猿は／猿も／猿でも／猿さえ／猿さえも／猿だけ／猿ばかり／……」と、いろいろな言い方が可能である。しかも、そのどれ一つを取っても皆、猿が木から落ちることに対する話者の判断は、決して一様ではない。これは先の「紹介する」文中の、ABCへの関係認識とは異なり、主題たる「猿」が木から落ちることへの話者の心理的受け止めの姿勢の現れとして、木から落ちるという状況での猿をどのように取り立てていくか、言葉に表したものだ。しかも、「猿だけが」「猿ばかりが」など他の助詞も伴い得て、単にその主体や対象（ここでは「猿」）への限定意識を加えるだけの語もあるが、「猿は／猿も／猿さえ……落ちる」「猿しか……落ちない。」に見るように、述語「落ちる。」「落ちない。」に直接係っていく、いわば話者の選んだ表現の在り方に呼応した取り立て表現を形成していく特異な働きの語彙もある。こうした助詞を特に「係助詞」と呼んでいるが、限定意識しかない「だけ」や「ばかり」などの類も含めて広く「副助詞」と扱う考えもある（なお、それとは別に「とりたて詞」の名称を与

える研究者もいる）。いずれにしても、これら「助詞」と言われる一群の語彙は、表現形式を視野に置く置かないは別として、表現内容を形成するに当たって、話者の認識判断の味付けを加えていく重要な働きをしている。その点、英語など単に事柄の内容をドライに叙述するだけの言語とは大いに性格を異にしているわけである。確かに、事柄と事柄との関係や有り様を直截に言葉に乗せる方式は、一見論理的に見える。日本語に見るように、話者の主観的な認識の有り様や心理に根ざす語彙をその都度添えていく言語は、はなはだ情的で論理性軽視の言語のように見えるかもしれない。しかし、それは誤解であって、叙述内容そのものは間違いなく状況を正確かつ論理を曲げることなく伝えている。その上、話者のそれに対する把握認識の有り様までも加味されているのであるから、論理と感情の両面を合わせ持つ性格の言語と見てよいだろう。その長所を正しく認識して、上手に駆使することこそ、日本語話者の特権であり義務でもあると思うのである。

さて、次に「猿」や「木」など個々の叙述事項についてではなく、「猿も木から落ちる」こと全体に対して、話者がそれをどのように受け止めているかを言葉に表すため、さまざまな表現方式を添えて己の判断や認識を相手に伝える。例えば、「猿も木から落ちるらしい。」「猿も木から落ちるだろう。」「あの猿も木から落ちそうだ。／落ちるようだ。／落ちるかもしれない。／落ちるに違いない。／落ちるはずだ。／……」のように。ここでは話者の推量判断の例を挙げたが、このほかにも「僕も木から降りよう。」のような意志表示もあり、その他、原因を知って「落ちるわけだ。」と言うなど、例は多い（このような話者の心的態度を表す文法カテゴリーを「モダリティー」と呼んでいる）。日本語は文表現を行なうとき、客体的な叙述内容（「命題」ともいう）をまず述べ、その後に、表現主体の受け止め方、つまり判断の有り様を、上記のような言葉によって添え加えていく。ここにも日本語らしい話者の主観が見え隠れするのだが、いわゆる助動詞と呼ばれる一群の語は、このような話者の主観的判断を表すものばかりではなく、ほかにも、叙述内容中の主体における働き掛けの有り様・態度などを示す語群もあり、受身や可能・尊敬・使役などの「れる／られる」「せる／させる」、希望の「たい」などまで広く含めて扱うのが一般である。

ところで、「猿も木から落ちるらしい。」と言えば、それで一応文は完成するのだが、さらに情報内容を広げていこうとするとき、連文として新たに文を起こす方法もあり、また、繫ぎの言葉によって内容を受け継ぎ展開させていくやり方もある。

▽猿も木から落ちるらしいが、そう滅多にあることじゃない。

▽猿も木から落ちるらしいから、気を付けたほうがいい。

「が」や「から」までの叙述内容を前件、それに続く部分を後件とした場合、話者は前件で述べた内容を踏まえて後件の事柄を示す。二つの叙述をただ繫げているのではなくて、これから述べる後件内容の前提として、前件がどのような関係にあるか、話者の認識判断がこれら接続をつかさどる助詞として現れている。その点では、「しかし」や「だから」などの条件接続詞と共通の機能を担っているわけだが、いったん文を切って、改めてそれに対する判断を加える接続詞の論理性寄りにくらべ、先行叙述内容への話者の心的態度を表す流れの中で、次に述べようとする事柄へと移行していく過程として、後続叙述が導かれる話者の意識内容を接続助詞の形で言葉に表す。前件・後件の叙述内容間の論理関係を示すというよりは、先行叙述を打ち切ることなく感情の流れに乗って、さらに話を展開させていく〝表現意識の連続性〟といった情的な面の濃い表現方式である。日本語がいわゆる接続詞による展開だけでなく、このような接続助詞で行なう（時にはそれも省いて用言の連用形による中止法の）展開も可能だということは、他の外国語では見られぬかなり特異な文章法と言えるのだが、ここにも話者の主観的認識、情的な側面が顔を覗かせていると言ってよいのではないだろうか。

さて、文による表現行為は、「猿も木から落ちるらしいが、そう滅多にあることじゃない。」の言い切りで一応は完結するのだが、これだけでは表現がいかにも素っ気なく、愛想のない言い方との感を拭えない。どうも日本人は発話に際して常に対相手意識が付きまとい、自分と相手との人間関係に見合った言葉遣いをしようとする。古来、日本人は己を他の人々と並べて客体化する意識に乏しく、「己」はあくまで周りの人々や状況を受け止める主体、すなわち「自分」であって、人々は己を取り巻く「他者」、時には己と向き合う相手と意識する。日本語で「人」と言うとき、多くは「他人」を意味することを考えても、納得がいくだろう。そのため、言語行動においても、発話に際して常に対相手意識のもとに会話が進められる。例えば「猿も木から落ちる。」と言えばそれで叙述すべき内容は一応完結しているのだが、それだけでは叙述内容一辺倒で、ことわざとしてならともかく、相手に伝える会話としては不十分だ。対相手の意識が言葉の表に現れていないからである。

そこで、「猿も木から落ちるわよね。」「猿も木から落ちるよな。」「猿も木から落ちるかい。」、その他、「落ちるよ。／落ちるさ。／落ちるぞ。／落ちるぜ。／落ちるわ。／落ちるか。／落ちるかね。／落ちるかしら。」など、種々の言い方を生む。まず「〜か／〜かい／〜かしら」は問い掛けの疑問意識の添加で、次に「〜わ／〜ぞ／〜ぜ」は男女の性差による言葉遣いの位相差。さらに「〜よ」を添えると、話者側が間違いなくそうだと言い切る確述意識。それが報せの表現として多用される。そして、最後に「〜ね／〜な」を添えると相手への念押し、確認意識が付け加わる。

以上のように、日本語では文の終止の箇所だけでなく、「猿もね木からね落ちるのさ。」のように（「ね」や「さ」に限るが）文節の切れ目にまでこうした話者の対相手意識から出た態度の言葉が現れる。日本人が会話で絶えず相手の相づちを気にし、相づちが来ないと話しづらくなったり、留守番電話での話ぶりが妙にぎこちなくなったりするのも、いかに対相手意識に支えられて会話が成り立っているかの証拠である。このような主として述語の後に来る「か」や「よ」などは終助詞であるが、特に文節の終わりに現れるのを間投助詞と分けて扱う考え方もある。いずれにせよ、こうした話の流れの切れ目切れ目に、話者の相手に対する意識や態度を表明し、相手を意識しての己の言葉遣い（性による位相差）を形で表す。このような態度は何も終助詞に限ったことではなく、敬語表現の発達にも、受身や受給表現の多用にも共通して見られることなのであるが、これまでに概観してきた格助詞以下、副助詞・助動詞・接続助詞のいずれにも当てはまる日本語特有の〝話者の主観に基づく認識把握〟が言葉の随所に種々の文法形式として表れたものである。

参考までに、このような話者の主観に基づく認識把握の言葉が、実際の構文の中で、特に文末述語のまとめの部分で、どのような順序（語ごとの承接関係）で締め括られていくか、左に図示しておこう。

用言	複語尾			助動詞		
動詞	使役	受身	希望	打消	時制	推量
▽辞め	させ	られ	たく	なかっ	た	らしい

助詞			
平叙・疑問	男女言葉	確述	確認
—か ／	—わ	よ	ね。
問い掛け	位相	報せ	念押し

「複語尾」は山田文法の用語で、一般には「打消」以下の「助動詞」の中に含めて扱っている。右の例は各種の助動詞・助詞が一通り現れるような極端な例であるが、ここに現れているように「使役」以下の各語の文中での語順は定まっていて、入れ替えはきかない。しかも文末に行くに従って話者の主観的態度の現れの程度が強まっていくことが分かるであろう。複語尾の段階はまだ叙述内容における人間の有り様を問題とする語であるが、助動詞の段階になると叙述内容に対する話者の把握の有り様を示す語群となり、さらに助詞の段階に至って聞き手に対して語りかける話者の心の有り様を表現する言葉となる。

そこで、本書もこのような順序に従って以下「使役」から順番に解説を進めていこうと思う。

第一部

助動詞編

せる・させる【使役】

一、はじめに

一般に使役の助動詞と聞くと、誰かが他者に命じて何かをやらせることを意味する助動詞だと考える。しかし、実際にはこのような、いわゆる使役とは別に、その他さまざまな意味を付加する用法がある。

▽作曲家山田耕筰が生前こよなく愛していた中国のつぼが、清朝の第六代皇帝乾隆帝（一七一一〜一七九九）の宮廷で使用されていたと考えられる非常に珍しいつぼであることがわかり、関係者をびっくりさせている。

（朝日新聞、一九八一年〈昭和五六年〉十月七日）

この文の最後の「びっくりさせている」は「びっくりする」という動詞に「せる」の付いたものだが、ここのところを、「関係者はびっくりしている」と言い換えても全体の文意は変わらない。「びっくりする」を他の動詞に置き換えてみると、さらにもう一つ別の言い方のあることにも気づく。

というのは、「びっくりする」は自動詞で、その自動詞に使役の「せる」の付いたものだが、これがもし「驚く」ならば、「驚か＋せている」の自動詞形のほかに「驚かし＋ている」と他動詞の用法まで加わってくるのである。整理すると次のようになる。

▽(a)関係者はびっくりしている
(b)　×
(c)関係者をびっくりさせている

▽(a)関係者は驚いている
(b)関係者を驚かしている
(c)関係者を驚かせている

実は、「驚く」の(a)〜(c)の三形式のうち、(c)「驚かせる」は、語史的にはもともとあった五段活用の他動詞(b)「驚かす」に引かれて後に生まれたものである。「せる」があっても使役形とは言い難い。この例からも分かるように、「せる」が付いているから何でも使役の助動詞が付いたものと決め込むのは危険だということである。

二、使役と他動詞との区別

次表（A型）は、他動詞の(b)形式があるにもかかわらず、他の使役表現形式に引かれて、(c)の「〜せる」形式を生んでしまったものである。したがって、語尾に「せる」があっても使役の助動詞ではない。全体で一つの他動詞。

A型

(b)	(c)	(b)	(c)
浮かす	浮かせる	悩ます	悩ませる
動かす	動*かせる	鳴らす	鳴*らせる
驚かす	驚かせる	匂わす	匂わせる
輝かす	輝かせる	濁らす	濁らせる
通わす	通わせる	走らす	走らせる
乾かす	乾*かせる	はためかす	はためかせる
くらます	くらませる	響かす	響かせる
空かす	空かせる	降らす	降らせる
滑らす	滑らせる	減らす	減*らせる
済ます	済ませる	紛らす	紛らせる
澄ます	澄ませる	惑わす	惑わせる
漂わす	漂わせる	迷わす	迷わせる
縮らす	縮らせる	めぐらす	めぐらせる
散らす	散*らせる	漏らす	漏*らせる
照らす	照*らせる	ゆるがす	ゆるがせる
轟かす	轟かせる	湧かす	湧かせる
飛ばす	飛ばせる		

(b)の他動詞に対応する(a)の自動詞が五段活用の場合、一段活用に変えた「〜せる」形は可能の動詞としても働く。そのような語には＊印を付しておいた（例 (a)動く、(b)動かす、(c)動かせる）。

▽ジャッキがあれば重い石でも動かせる。

「動かすことができる」の意の可能動詞で、使役形ではない。

次に掲げるB型は、(c)の使役表現があるにもかかわらず、(b)「〜す」形が新たに生まれ、それで使役を表すことが行なわれるようにもなったもの。どちらを使用するかのゆれ現象が生じてしまった。

B型

(c)	(b)	(c)	(b)
開けさせる	開けさす	調べさせる	調べさす
急がせる	急がす	信じさせる	信じさす
入れさせる	入れさす	滑りこませる	滑りこます

言わせる	言わす	尋ねさせる	尋ねさす
怒らせる	怒らす	戦わせる	戦わす
落とさせる	落とさす	食べさせる	食べさす
覚えさせる	覚えさす	作らせる	作らす
書かせる	書かす	嫁がせる	嫁がす
担がせる	担がす	眺めさせる	眺めさす
絡ませる	絡ます	飲ませる	飲ます
聞かせる	聞かす	弾ませる	弾ます
利かせる	利かす	働かせる	働かす
食わせる	食わす	震わせる	震わす
凍えさせる	凍えさす	認めさせる	認めさす
来させる	来さす	持たせる	持たす
困らせる	困らす	やめさせる	やめさす
騒がせる	騒がす	喜ばせる	喜ばす
死なせる	死なす	酔わせる	酔わす
知らせる	知らす		

◆「〜す」形を取ることわざ・慣用句

秋茄子は嫁に食わすな／烏鷺《うろ》を戦わす／草を打って蛇を驚かす／死せる孔明生ける仲達を走らす／尺を枉《ま》げて尋《じん》を直《なお》くす／葉を截ちて根を枯らす／蚍蜉《ひふ》大樹を撼《うご》かす／舌を鳴らす／痺れを切らす／私腹を肥やす／一発噛ます

三、文型変換から見た使役文型

以上見てきたように、「〜せる」の使役文型は、それだけを取り出して眺めてみても、本質はつかめない。「せる／させる」に先立つ動詞の自他の有り様との関連で対照させながら見ていかなければ、使役文型、ひいてはその文型を取らせた使役表現の特徴は浮き彫りにできないのである。そこで、(a)の自動詞が、(b)の他動詞形、および、(c)の使役形となるとき、どのような関係になるか、(a)〜(c)の三つの文型が完全に揃って存在するのか、その有り様から、次の五つの類に分類することにした（なお、Vは動詞を表す）。

第一類
(a) Aガ自V ↓ (b) ×（BハAヲ他V）↓ (c) BハAヲ自Vせる

ａグループ
▽いい匂いがする ↓ × ↓ いい匂いをさせている
▽問題点がはっきりする ↓ × ↓ 問題点をはっきりさせよう

ｂグループ
▽腹が空く ↓ 腹を空かす ↓ 腹を空かせる
▽食事が済む ↓ 食事を済ます ↓ 食事を済ませる
▽匂いが漂う ↓ 匂いを漂わす ↓ 匂いを漂わせる

第二類
(a) AハBニ（デ）自V↓ (b)（BハAヲ他V）↓ (c) BハAヲ自Vせる

ａグループ

▽彼は彼女にうっとりする↓×↓彼女は彼をうっとりさせる

▽主人は彼に憤慨した↓×↓彼は主人を憤慨させた

ｂグループ

▽彼は事件に悩む↓事件が彼を悩ます↓事件が彼を悩ませる

第三類
(a)**（Aガ自V相当語）↓**(b)**BハAヲ他V↓**(c)**BハAヲ他Vせる**

▽その点が詳しくなる↓その点を詳しくする↓その点を詳しくさせる

▽目が真っ赤になる↓目を真っ赤にする↓目を真っ赤にさせている

▽髪が茶色くなる薬↓髪を茶色くする薬↓髪を茶色くさせる薬

▽歌が上手になる方法↓歌を上手にする方法↓歌を上手にさせる方法

▽息子が教師になる↓息子を教師にする↓息子を教師にさせる

第四類
(a)**×↓**(b)**AハBヲ他V↓**(c)**BハAヲ他Vせる**

ａグループ

▽×↓友達は彼を羨ましがった↓彼は友達を羨ましがらせた

▽×↓父は私を心配した↓私は父を心配させた

▽×↓友達は私を待った↓私は友達を待たせた

ｂグループ

▽×↓友達は私を笑った↓私は友達を笑わせた
（文意異なる）

▽×↓友達が私を誘った↓×

第五類

(a) **×↓AハBニCヲ他V（使役＋受身）↓BハAニCヲ他Vせる** (b) (c)

▽×↓人は趣味によって豊かさを感じる↓趣味は人に豊かさを感じさせる

▽×↓子供は親に薬を飲まされた↓親が子供に薬を飲ませた

四、「せる／させる」文型の種類

使役表現を文型から見ると、以上の五つのほかに、自他の入れ替えによる場合もあって、以下の五つの文型に集約される。

(1)BハAヲ自Vせる

▽人を喜ばせる話／成金が札束をちらつかせる／私はご飯を腐らせてしまった／私は食事をすませた／彼はドアに楔を咬ませる／科学者が雨を降らせる／奇術師が皿を載せた棒を立たせる

(2)BハAヲ他Vせる

▽先生は生徒を待たせた

(3)BハAニ自Vせる

▽会社は社員に外国に行かせた

(4)BハAニCヲ自Vせる

▽校長は担任に生徒を帰らせた

(5)BハAニCヲ他Vせる

▽犯人は証人に嘘をつかせる／司会者は皆に歌をうたわせる

五、動詞と「せる／させる」の意味関係

形式的な文型とは別に、「〜せる／〜させる」表現を意味の面から分類してみると、次の十種のあることが分かる。

①因果関係　②結果　③責任・手柄　④誘発　⑤放置　⑥放任　⑦許容　⑧指令　⑨使役　⑩他動性

①因果関係

「小さな穴が堤防を決壊させた」「失言が大臣を失脚させた」のように、ガ格の事物が原因となって必然的にある結果を招く因果関係を表す。論理としての表現法である。事物が主格に立って人間が主格に来ないところから、非情の使役と考えられる。本来の日本語的発想ではない。

▽事件が世間を騒がせる
▽「何が彼女をさうさせたか」（藤森成吉）

②**結果**

「茶柱を立たせる」のような非意志的な無作為の結果である。立たせようと試みて立たせたのなら〈他動性〉であるが、茶を入れた結果、茶碗の中に茶柱が立っていたのであるから、当人の意志とは関係ない。結果としてある状況を招いたのである。人と待ち合わせをしていて、相手のほうが先に着いて、結果として相手を待たせてしまったというような場合、「やあ、待たせたね」と言えば、この「待たせる」は〈結果〉の「せる」である。

▽死に花を咲かせる
▽軍人になると言ひ出して、父母に苦労させたる昔の我かな。（石川啄木）

③**責任・手柄**

無作為という点では前の〈結果〉と同様であるが、それを当人の責任ないしは手柄としてとらえるところに③の特徴がある。マイナスの結果なら〈責任〉、プラスの結果なら〈手柄〉である。いかにも当人の意志的な事態ととらえ、「子供を事故で死なせてしまった」「息子を有名大学に合格させた」と責任感に苛まれたり、鼻高々と得意になったりする。非意志の場合なら「読ませる小説」「聞かせる喉」など、これも結果論としてプラスの状態を導いているのである。

④**誘発**

不随意の結果として「はらはらさせるね」「親を悲しませる不肖の息子」など、そのような感情を相手に引き起こさせる、いわゆる〈誘発〉現象である。感情だけとは限らず、ある状態を自ずと出現させる現象もこのグループと考えてよい。

▽大向こうを唸らせる／空世辞は馬鹿をうれしがらせる／心を躍らせる／小鼻をふくらませる／眉を曇らせる／虫が知らせる／胸を躍らせる

▽意地の悪い見方をすれば、心理学の、いわゆる最短反応を、思い出させることにもなるのだ。（新島正『ユーモア』）

⑤放置・⑥放任

相手や対象をある状態にしたままにしておく「させる」である。意図的にそうさせておく場合と、うっかりや注意不足から引き起こす場合と両方ある。

「ご飯を腐らせてしまった」「泣きたいだけ泣かせて相手にしない」は〈放置〉。「いつまでも表で遊ばせておく」は〈放任〉。非情物は〈放置〉としてしか成立しない。

⑦許容

相手の行為をやめさせないでおくのが〈放任〉なら、相手の希望を受け入れて行為することを認めるのが〈許容〉である。「褒美に海外旅行に行かせる」は、行きたがっているのを認め許すのであって、これがもし行きたがっていないのに無理強いするなら、⑨の〈使役〉となる。〈使役〉と〈許容〉は相手の気持ち次第である。本質は差がない。「可愛い子には旅をさせよ」も、子が可愛ければ苦労の多い旅に行かせて、世の中の苦しみ・辛さの経験をできるだけ積ませたほうが、当人のためだという意味であるから、この「させよ」は〈使役〉の「させる」である。今日、このことわざは誤解されて「可愛い子なら楽しい旅行に行くことを許してやれ」と解釈される向きが多いが、その場合は「させよ」が〈許容〉として理解されている。

▽有無を言わせず／皮を切らせて肉を切り、肉を切らせて骨を切る／指一本も指させない

▽護送するのは、京都町奉行の配下にいる同心で、此同心は罪人の親類の中で、主立った一人を大阪まで同船させることを許す慣例であった。（森鷗外『高瀬舟』）

▽禁酒論者に言わせれば、酒によらなくてももっと他

の方法で、いくらでも人生を豊かなものにすることはできるというが、　（新島正『ユーモア』）

⑧指令

一種の〈しむけ〉である。ある事態を意図的に作り出し、それが誘い水となって、相手や対象に当方の希望どおりの事態を現出させる行為である。ドライアイスを飛行機で撒いて「科学者が雨を降らせる」のは、それが引き金となって自ずと雨が降る状態へともっていく。対象が物の「コロンブスが卵を立たせる」のほか、「誘導尋問で犯人に吐かせる」のような、人間を対象とした相手が自ずとそうしてしまう意識を引き出す場合も〈指令〉の一種である。

▽あっと言わせる／気を持たせる／花を持たせる

▽すずし絹の白い円筒型の蔽いは、まわりに幾筋となくあげまきに結んでさげた緋房の紐で、ふたりの姿をなにか美しい塔のように見えさせた。
（野上彌生子『秀吉と利休』）

▽夜があけてからは、山道もおおっぴらに歩けた。手にした鎌は、小雨のなかを勤勉に草刈りに出掛ける百姓に彼を見えさせた。　（『秀吉と利休』）

▽よく知らないことのために、微笑ましい思いあやまりがあったりして、それが二人の恋を柔げ、二人の姿を美しく思わせることに役立つような場合がありました。　（宇野千代『戀の手紙』）

▽一度でも我に頭を下げさせし人みな死ねといのりてしこと　（石川啄木）

かつて私が頭を下げざるを得ない状況になったというのなら、この〈指令〉だが、「ちゃんと頭を下げて頼め／または謝れ」というのであったなら、次の〈使役〉である。

▽ひと晩に咲かせてみむと、梅の鉢を火に焙りしが、咲かざりしかな　（石川啄木）

⑨使役

いわゆる使役の助動詞の基本の発想である。当人が他者に命じて何かをさせる行為である。

▽世話を焼かせる／詰め腹を切らせる／鼻薬を嗅がせる

▽馬を水辺に連れて行くことはできるが、水を飲ませることはできない

▽牛乳の嫌いな子供に無理をしてそれを飲ませると下痢をしたり、アレルギー症状をおこすこともある。

（新島正『ユーモア』）

▽その法と云うのは、唯、湯で鼻を茹でて、その鼻を人に踏ませると云う、極めて簡単なものであった。

（芥川龍之介『鼻』）

▽枕べの障子あけさせて、空を見る癖もつけるかな、長き病に

（石川啄木）

「病妻に無理に働かせる」のように、命じてやらせるのであるから、相手は意志のある人間か、さもなければ高度な動物、チンパンジーや猿、馬、牛、ラクダ、象、犬、猫などに限られるのであるが、人工頭脳を内蔵しているもの、コンピューター等なら十分に使役の対象となり得る。

▽猿に芸をさせる

▽給料はコンピューターに計算させる

単なる道具「算盤に計算させる」とは言えない。人間によってコントロールないしは操縦されているものなら可能である。

▽ヘリコプターに運搬させる

⑩他動性

▽成金が札束をちらつかせる／頭を働かせろ／勘を働かせて犯人の目星を付ける

対象は非意志の物や身体器官などである。使役の意味は極めて薄い。他動詞とさほどの違いはない。

▽顔をほころばせる／口を尖らせる／（成績に）下駄を履かせる／けんつくを食わせる／声を尖らせる／焦点を合わせる／食膳を賑わわせる／凄味を利かせる／調子を合わせる／帳づらを合わせる／角突き合わせる／幅を利かせる／膝を突き合わせて／歩調を

合わせる／間を持たせる／真顔で知らせる／目にもの言わせる／目を白黒させる／目を光らせる／わさびを効かせる

▽あはれかの眼鏡の縁をさびしげに光らせてゐし女教師よ　（石川啄木）

▽泣くがごと首ふるわせて手の相を見せよといひし易者もありき　（石川啄木）

▽浪淘沙《ろうとうさ》ながく声をふるはせてうたふがごとき旅なりしかな　（石川啄木）

六、「せる／させる」文型と意味との関係

以上の十種は、先行動詞および「せる／させる」が受ける全体の文の意味によって規制されていることが分かる。ところで、次の文は「〜を〜した」とあるから、ただの他動詞述語の文である。

▽私は父に心配をかけた。

これに「させる」を付けて使役の文にしたら、話者の意識はどのように変わるであろうか。

▽私は父に心配をかけさせた。

父に心配するよう命じたのなら、⑨〈使役〉であろうか、そんなことはあり得ない。私のしでかした何かと父の心配との関係は、話者自身の意識によって色々に動く。「私の失策が父に心配をかけさせた」とでも言い換えれば、①〈因果関係〉の「させる」になるであろうが、非情物「失策」が主語に立つのだから、文型が異なる。人間が主語に立つ「私は」とすると、私の失策が結果的に父の心配を招いてしまったの意識なら、②〈結果〉だし、自身に責任ありと感ずれば、③〈責任〉。息子の失策で父の心配が誘発されたのだから、④〈誘発〉とも取れるし、意図的に父が心配するよう事を運んで父の心配に濯ぎ着けたのなら、⑧〈指令〉とも解せないことはない。このように同じ文脈であっても、叙述の内容次第ではいかようにも解せるのが日本語の助動詞の特徴で、やれ〈使役〉だ、やれ〈責任〉だ、〈誘発〉だ〈指令〉だと言っても、結局は根は共通で、表現における話者の意識

の有り様次第なのである。しかし、すべての場合がそうだとは言いきれない。先行動詞の意味によってかなりのところまでは発想が制限されるし、「～ガ～ニ～ヲ××させる」のそれぞれの格に立つ語（～の部分に来る語）の性格、人間などの有情のものか、非情の事物か、また、「させる」の前の動詞の意味が意志的な行為か、それとも非意志の作用や現象かなどで、①～⑩のいずれの意味になるかは大体決まっている。

◆語性と使役の意味との関係

次に掲げる表は、「～ガ～ニ～ヲ」のそれぞれに立つ語の語性から、①～⑩のどの意味になるか、非情・有情、意志・非意志の観点から、一応の目安として整理したものである。

	～ガ	～ニ	～ヲ	～させる
①因果関係	非情		有情・非情	非意志
②結果	有情・非情		有情・非情	非意志
③責任手柄	有情・非情		有情・非情	非意志
④誘発	有情・非情		有情	非意志
⑤放置	有情・非情		非情	非意志
⑥放任	有情		有情	意志
⑦許容	有情		有情	意志
⑧指令	有情		有情・非情	意志
⑨使役	有情	有情	有情・非情	意志
⑩他動	有情・非情		非情	意志・非意志

◆述語動詞と使役の意味との関係

次に掲げる表は、参考までにいろいろな動詞を例にあげて、それが「せる／させる」を伴うとどのような意味に結果としてなるかを示したものである。

①因果関係　②結果　③責任・手柄　④誘発　⑤放置
⑥放任　⑦許容　⑧指令　⑨使役　⑩他動性

立たせる	①	②							⑨	
泣かせる		②			⑤					
待たせる		②							⑨	
取らせる									⑨	
伴わせる		②							⑨	
失望させる		②		④						
悲しませる		②		④						
合格させる			③							
卒業させる			③							
読ませる			③				⑦		⑨	
誘わせる				④					⑨	
笑わせる				④						
嘘をつかせる				④					⑨	
腐らせる					⑤					
腹を空かせる					⑤					
遊ばせる						⑥				
行かせる							⑦		⑨	
触らせる							⑦			
降らせる								⑧		
並ばせる									⑨	⑩
終わらせる									⑨	⑩
向かせる									⑨	⑩
済ませる										⑩
楔を咬ませる										⑩

七、「せる／させる」文型の拡張

使役表現も単純なタイプから複雑な形式まで種々ある。いわゆる使役文型の拡張である。実際にはその表現において何人の人間、いくつの対象事物が関係していくかによって、当然のことながら文型も単純から複雑へと拡張していく。その基本となる原因は、述語動詞の意味によって定まっていると考えられる。

(1)

(a)〜ガ自動詞
←
(b)〜ガ〜ヲ他動詞[1]
(c)〜ガ〜ヲ自動詞せる

▽(a)札束がちらつく。
(b)成金が札束をちらつかす。
(c)成金が札束をちらつかせる。

▽(a)生徒が待つ。
(b)先生が生徒を待たす。
(c)先生が生徒を待たせる。

▽(a)雨が降る。
(b)科学者が雨を降らす。
(c)科学者が雨を降らせる。

▽(a)借金が返る。
(b)友人が借金を返す。
(c) ×

▽(a)頭が働く。
(b)彼は頭を働かす。
(c)彼は頭を働かせる。

▽(a)生徒が帰る。
(b)先生が生徒を帰す。
(c)先生が生徒を帰らせる。

▽(a)妻が働く。
(b)夫が妻を働かす。
(c)夫が妻を働かせる。

(2)

(a)〜ガ自動詞
←
(d)〜ガ〜ニ自動詞せる

▽(a)生徒が帰る。
←
(d)先生が生徒に帰らせる。

▽(a)妻が働く。
←
(d)夫は妻に働かせる。

(3)

(b)～ガ～ヲ他動詞$_1$

←

(b)+(d)～ガ～ニ～ヲ他動詞$_1$

(e)～ガ～ニ～ヲ他動詞$_2$

▽(b)　私が答を言う。

(b)+(d)先生が私に答を言わせる。

▽(b)　客が庭を見る。

(b)+(d)主人が客に庭を見させる。

(e)　主人が客に庭を見せる。

(4)

(c)～ガ～ヲ自動詞せる

←

(c)+(d)～ガ～ニ～ヲ自動詞せる

▽(c)　先生が生徒を立たせる。（自動詞せる）

(c)+(d)校長が先生に（命じて）生徒を立たせる。

(5)

(e)～ガ～ニ～ヲ他動詞$_2$

←

(b)+(d)他動詞$_1$せる

(f)～ガ～ニ、～ニ～ヲ他動詞$_1$せる

←

(e)+(d)他動詞$_2$せる

▽(e)　彼は電気屋にテレビを見せた。

(b)+(d)電気屋にテレビを見させた。

(f)　父は彼に(命じて)電気屋にテレビを見させた。

(e)+(d)父は彼に（命じて）電気屋にテレビを見させさせた。

(6)

～ガ自動詞ている

←

～ハ～ヲ他動詞てある

～ハ～ヲ自動詞せてある

▽見張りが表に立っている。

（〜ハ）見張りを表に立ててある。
（〜ハ）見張りを表に立たせてある。
▽子供たちが広場に集まっている。
（〜ハ）子供たちを広場に集めてある。
（〜ハ）子供たちを広場に集まらせてある。

「せる／させる」の使役文型は、その文型だけを吟味するのではなく、自動詞文型・他動詞文型との関連を視野において見ていかなければ、発想の有り様はつかめない。なお、使役の助動詞という名称は、厳密に言えばA氏がB氏に命じて何かを行なわせる意味の場合だけに適用し、その他の例、例えば許容や放任等（五、参照）は使役とは言いがたい。が、これらをひっくるめて〈使役〉の名称で代表させているのだと考えてよい。

八、「〜に〜させる」か「〜を〜させる」か

使役述語の文では、時に使役対象をヲ格で受けたり、ニ格で受けたり、どちらの例も見られる。

▽生徒を帰らせた／生徒に帰らせた
▽友達を待たせた／友達に待たせた

日本語では通常は一つの単文中に同じ形の格助詞を二つ並べることをしないから、「友達を電車を待たせる」とはならず、「友達に電車を待たせる」となる。しかし、その「電車を」に当たるヲ格が省略されたのではなく、待たせる行為の遂行者が友達自身である場合、「友達を待たせる」と同じ意味で「友達に待たせる」と言うことがある。他動詞ではヲ格の対象を予想するから右のような混乱も生ずるが、自動詞であれば「生徒を帰らせる／生徒に帰らせる」のように、どちらもほぼ同じ状況として解釈される。

ヲ格を取る「生徒を帰らせる」は、同じ文型として「雨を降らせる」や「卵を立たせる」など非意志の対象（物）の場合と共通しており、使役対象の「生徒」を「雨」や「卵」と同等のモノ扱いをしているわけである。他動性の対象と同列なのである。

一方、「生徒に帰らせる」では、「雨に降らせる」とか「卵に立たせる」と言えないように、「生徒」はモノ扱い

ではなく、当人の意志によって行動を起こすヒト扱いなのである。先のヲ格の例のような、一方的に対象を帰るようにさせる人間性を無視した言い方ではなく、当人の意志を尊重したニ格による使役相手として扱っているわけである。このニ格で扱える対象は人間のほかでは、猿や馬などの高等動物か、人間によってコントロールされている機械、ヘリコプターなど、人工頭脳を持つコンピューターやロボットなどに限られる。

▽馬に運搬させる／猿に芸をさせる／ロボットに給仕させる／ヘリコプターに運ばせる／計算器に集計させる

▽軍人になると言ひ出して、父母に苦労させたる昔の我かな。（石川啄木）

▽太郎を眠らせ、太郎の屋根に雪ふりつむ。
次郎を眠らせ、次郎の屋根に雪ふりつむ。（三好達治「雪」）

「父母に」はニ格を取っているから相手意識、「太郎を／次郎を」はヲ格であるから対象意識で遇している。

「られる」表現のいろいろ

一、自発・可能・受身・尊敬が同じ形式の日本語

「られる」の付いた次の文をもとに、日本語の受身・可能・尊敬の表現について考えてみよう。

まず「AガBニ～られる」文型において、

▽横綱が新入幕力士に投げられた。

の文は、二様の解釈が成り立つ。それは、

①横綱の側に視点を置くと→〈受身〉

「横綱が新入幕力士によって投げられた」の意。

②新入幕力士の側に視点を置くと→〈可能〉

「新入幕力士にも横綱を投げることができた」の意。

となる。次に、格助詞「に」を「を」に変えて、「AガBヲ～られる」文型とすると、どうなるか。

▽横綱が新入幕力士を投げられた。

二者関係における動作の方向性が逆転して、「横綱↓新入幕力士」となり、共に横綱側に視点を置いて、

③「横綱が（あの巨漢の）新入幕力士を投げることができた」〈可能〉

④「横綱が新入幕力士をお投げになった」〈尊敬〉

の二つの解釈が成り立つ。

なお、ここでは取り上げなかったが、〈自発〉は自然可能。自ずとそのような状況になっていく、自然に可能な状態が醸し出されるという成り行きを指す。可能の一歩手前が自発であり、受身・可能・尊敬の各表現は、自発から発展していった表現形式と見られている。

「られる」形式を文型の面から分けて整理すると、次のようになる。

①AガBニ投げられた　〈受身／可能〉
②AガBヲ投げられた　〈可能／尊敬〉
③AガBニCヲ投げられた〈受身／可能／尊敬〉

		投げ手	投げられ手	Cの受け手
①	受身	B	A	
	可能	B	A	
②	可能	A	B	
	尊敬	A	B	
③	受身	B	C	A
	可能	A	C	B
	尊敬	A	C	B

これを見ると、やれ受身だ、やれ可能だ尊敬だといった区別は、実は話者の視点と、それに見合う文型との相関関係で決まることが見て取れるだろう。そこで、その関係の有り様を例を変えて説明していくことにする。

二、受身も可能も尊敬も同じ形の日本語

まず次の例文を読んでいただこう。

(a)どうやら機は墜落したものと考えられる。

〈自発〉＝思われる

(b)調査の結果、機は墜落したものと考えられる。

〈可能〉＝考えることができる

(c)調査の結果、機は墜落したものと考えられている。

〈受身〉＝他者によって考えがなされる

(d)先生は、機は墜落したものと考えられる／考えられている。

〈尊敬〉＝お考えになる／お考えになっている

(a)は外の世界での事象に対する話者（表現主体＝己）の内なる把握内容の表明。そのため「誰ハ」という客体化された人物を文頭に立てることはできない（文末は「考えられる」の言い切り形となることに注意）。

(b)は「考えられる」の根拠を「調査の結果（によると）」で示すことによって、〃自発→可能〃への動きが見て取れる（自発＝自然可能から根拠による可能へ）。これも話者の対象把握の表明表現である。(a)(b)に本質的な差はない。

ところが、(c)のように、文末述語に「〜テイル」を添えると、叙述内容が(a)(b)のような話者側からの主張から、他者による状況を客体的な事柄として傍観的に叙述する態度へと変わる。つまり〃考える〃主体の隠された覆面の不特定多数「人々によって／皆に／専門家たちから／…」等の含みの、一般化されたそれら人々による受身的な状態叙述の文となる。

さらに、考える主体としての特定個人（ヒト）を(a)(b)(c)の文に新たに付け加え、(d)「先生は／父上は／あの方は／…」と、他者を主題に立てることによって、これも話者側からの主張ではなく、(c)と同じく他者による状況を客体的な事柄として傍観的に叙述する態度の文となる。それも「その人物は……と考える／考えている」のような端的な動作性表現ではなく、〃その人物はそのように考える状態にある〃という様態性の表現となり、この遠回しな間接的言い回し（婉曲的表現）が、その目上の人物の行為に敬語的語感を加味する効果をもたらしている。

＊自発は自然可能。自然に可能な状態が醸し出されるという成り行き。可能の一歩手前が自発。当人個人の主観的判断が可能なら、一般的事象として外から規定され

る客体状況と受け止めれば受身。以上を外なる特定個人の上での事態として判断すれば尊敬の人間関係に変わる。

＊外の情勢から、自ずとそのように思われる〈自発〉……内的主観状態
↓そう思おうと思えば、そのように思うことのできる状況だ〈可能〉……内的客観状態
↓外の情勢として、そのようにおもわざるを得ない立場に状況としてある〈受身〉……外的主観状態
↓その方は、そのように思える立場にある人物と当方は受け止める〈尊敬〉……外的客観状態

このように見てくると、以上の四つの表現は、形が同じというだけではなく、基本の発想は共通で、表現を支える諸種の状況の差がこれら個々の表現のタイプを左右しているのだということが分かるであろう。この点をもう少し掘り下げて、日本語の発想の特色として眺めていきたいと思う。

れる・られる【自発】

一、自発の意味

特に当人の意志的な試みや願望もなく、また、外部からの制約や働き掛けもないのに、自ずとそのような状態が当人に生じてくる現象を〈自発〉と呼んでいる。同じ「〜られる」でも、「あの店は旨い刺身が食べられる」と言えば、外部条件に左右される結果であるから、〈自発〉ではない。〈可能〉である。一方、「口にしてみて、とても旨いと感じられる」なら、自ずと当人がそう感じる現象であるから、〈自発〉と言える。「喉の具合がだいぶ良くなって、固形物でも食べられるようになった」はどうか。自ずと食べることのできる状態へと移行するという点では〈自発〉的だが、「喉の具合」という外部条件に支配されている点では、やはり〈可能〉と言うべきである。

〈自発〉が以上のような性格に基づく表現であるため、「〜られる」の働きによらぬ場合でも、意味的には〈自発〉と呼べる語もいくつか存在する。例えば「見える」「聞こえる」は当人の意志的試みの結果ではなく、自ずと視界に入り、耳に入る現象であるから、〈自発〉と言えそうである。感覚に自ずと投影するという面で共通するが、日本語では「〜られる」を使った同等の言い方を持っていない。いわゆる自発動詞で間に合わせている。もし「見られる」「聞かれる」と言い換えれば、外部条件が関与してくるから、自発ではなく〈可能〉となってしまう。感覚現象でない場合はどうか。自ずとそのようになるという点では「泣けるねえ」なども自然と涙がこぼれてしまう感情の高まりだから、自発現象と言える。このような感覚・感情にかかわる状態動詞は〈自発〉的な性格を本来有しているのである。

二、自発の例

このように見てくると、「〜られる」によって表現できる自発の文は、自然発生的な精神現象の動詞に集中されることが分かる。「感じる」「思う」「考える」がその条件に当たる語である。

▽文学に深い関心を持っているのはたしかであり、そこに宿命的な父子の血が感じられる。（丹羽文雄『遺稿』）

▽実をいうとこの二、三日、珠子は妙に夫が薄気味悪く感じられている。（円地文子『昼さがり』）

▽夕闇が二人をいつもより結びつけているように感じられた。（小川国夫『海鵜』）

▽生活力に溢れた自由な軍隊の雰囲気が感じられ、日本軍の窮屈な軍規というものに縛られている私たちには、まるで別世界のように思われた。（田村泰次郎『肉体の悪魔』）

▽赤ん坊は死んでいるし娘も満更でなかった小畑のことだから、そっと帰してしまった方がいいように思われた。（室生犀星『あにいもうと』）

▽あまり美しくない、おそろしく強い女のようにおもわれた。（阿部知二『地図』）

▽親爺を見たらその役者を思い出した。何だか無愛想

な人間らしく思われる。（小沼丹『床屋の話』）

三、自発的な意味を持つ表現

(1)可能であるが、句全体で自発と見られる慣用句

居ても立っても居られない／得も言われぬ〜／止むに止まれず〜／無関心では居られない／夜も日も眠れない

(2)受身であるが、句全体で自発と見られる慣用句

呆気に取られる／後ろ髪を引かれる思い／臆病風に吹かれる／情に引かれる／情にほだされる／身につまされる

(3)「〜られる」形式以外の例

二の句が継げない／割り切れない気持ち

られる【可能】

一、可能の意味

可能とは当人が望み期待した状況に対して、その主体や対象が順応していき、期待どおりになっていく状況にある、もしくは能力を有していることを表す。したがって、可能とは、当事者がその主体や対象に望み期待するという意志的な働き掛けと、それに応え得るか否かの問題で、主体や対象自体が本来有している属性そのものではない。期待した状況に対応することへの評価として肯定と判定すれば〈可能〉、否定ととらえれば〈不可能〉ないしは〈困難〉と理解する。

前者の〈可能〉には、「できる」「可能だ」「××し得る」のような単語のほか、五段活用動詞に見られる「読める」「話せる」等の可能動詞、それに今問題とする、一段動詞に可能の助動詞を添えた「起きられる」「食べられる」などがある。後者の〈不可能表現〉は、前者の否定表現「できない」「理解し得ない」「読めない」「起きられない」など。〈困難表現〉には「〜しにくい」「〜しづらい」「〜し難い」「〜しかねる」（例「読みにくい文字」「歩きづらい」「得難い人材」「攻撃しかねる」）などがある。ちなみにその反対は〈容易さの表現〉で、「〜しやすい」「〜しいい」（例「壊れやすい器具」「履きいい靴」など）がある。

以上のように、可能表現とは、可能と判定する主体者側の意識であって、同時に、その対象が期待に応え得る状況にあると認識する、これまた主体者側の心の問題である。そのため、対象が可能な状態にあるといった積極的なとらえ方をせず、自ずと可能な状態にそのものがあるとの認識に流れやすい。

▽四十肩で腕が挙げられない／新幹線の窓は開けられない／屋上に上がらなければ富士山は見られないよ

と「〜られる」の可能表現で述べるよりは、自ずとそのような状況にあるという姿勢で、

▽四十肩で腕が挙がらない／新幹線の窓は開かない／屋上に上がらなければ富士山は見えない

と、自動詞で表現するほうが、より自然な日本語となる。なお、この自動詞による自然可能的な表現は〈能力所有〉の可能に限られ、「雨が吹き込むから窓は開けられない」のような〈許容性の可能〉では、自動詞への置き換えは許されない。

❖可能文型と自動詞文型との関係

①子供でもこの映画館には入れる　（非意志）
↓子供はこの映画館には入れない　（非意志）
↓子供はこの映画館には入れられない　（意志）
②危険物でもトランクに入れられる　（意志）
↓危険物はトランクに入れられない　（意志）
③少々の荷物なら鞄が小さくても入る　（非意志）
↓鞄が小さくて入らない　（非意志）
④帰りに映画館に入る　（意志）
↓帰りに映画館に入らない　（意志）

二、可能形式の種類

この機会に、「れる／られる」以外の可能表現も含めて、日本語の可能の言い方の全体像を眺めておこう。

(1) 可能動詞

（五段活用動詞とサ変動詞の一部）

▽読む↓読める／愛する↓愛せる

(2) 「られる」の付加

（一段動詞、カ変＋られる）

▽着る↓着られる／受ける↓受けられる／来る↓来られる

(3) 「できる」の付加

（名詞＋できる）

▽内緒話できる〔相手〕／病気一つできない〔職場〕

（サ変の一部、語幹＋できる）

▽省略する↓省略できる／利用する↓利用できる／お話できる／試し書きできる／お取り替えできません／テストできる

（副詞＋できる）

▽ゆっくりできる／のんびりできる

（句・たり＋できる）

▽見たり聞いたりできる／ゆっくり湯に浸かったりできる

(4) 「にできる」の付加

（名詞＋に・できる）

▽滅多に口にできない

（形容動詞語幹＋に・できる）

▽非公開にできる／厳密にできる

(5) 「ことができる」の付加

（サ変、動詞一般）

▽練習することができる／読むことができる／着ることができる／受けることができる／来ることができる／愛することができる／のんびりすることができる／好転させることができる

(6) 名詞＋が・できる

▽踊りができる／僕にも通訳ができる／逆立ちができる場所

(7) 語彙レベルでの可能

（動詞＋得る）

▽為し得る／信じ得る／救い得る／理解し得る／保存し得る

（動詞＋能う）

▽（多くは否定の形で）読み能わず／信じ能わず／理解し能わず

（動詞＋難い）

▽（否定可能として）理解し難い／耐え難い寒さ／得難い人材／曰く言い難し／言い難い寒さ／信じ難い話

三、活用形式と可能形

可能表現には「れる／られる」のほかに、五段活用動詞に伴う可能動詞や、その他いろいろある。動詞の活用形式ごとにどのような方式が可能か、まとめておこう。

なお、状態性の動詞は、意志的行為の結果を除けば、可能表現は行なえない。存在の「ある」、「見える」「聞こえる」に可能の言い方はない。非意志的な現象の「降る」「揺れる」等にも可能の言い方はない。

形式	原形	可能動詞	＋られる
五段	読む	読める	
上一段	着る		着られる
	信じる		信じられる
下一段	出る		出られる
	投げる		投げられる
カ変	来る		来られる
サ変	する		
	愛する	愛せる	
	練習する		

形式	原形	＋できる	＋ことができる
五段	読む		読むことができる
上一段	着る		着ることができる
	信じる		信じることができる
下一段	出る		出ることができる
	投げる		投げることができる
カ変	来る		来ることができる
サ変	する		することができる
	愛する		愛することができる
	練習する	練習できる	練習することができる

四、「～られる」の可能とは

受身のところでも述べたように、「れる／られる」は自発から始まって可能や受身などいろいろに意味分化する。その分化の流れは連続的で、自発と可能、可能と受身とは境界がはっきりせず、どちらと決めかねる例も多い。「れる／られる」の可能を意味から眺めると、次の三種があることに気付く。

1、自発性の可能

▽目をとぢて口笛かすかに吹きてみぬ寐られぬ夜の窓にもたれて　（石川啄木）

▽戦後、道徳が地を払ったとよくいわれたものだが、道徳自体に地を払うべき矛盾撞着が多分にあったので、この方面でも一種の自然淘汰が行われたとみられないこともない。　（新島正『ユーモア』）

右の例、寝ようとしても何となく寝付けない〈自発〉とも、眠りに入ることができない〈可能〉とも、どちらにも取れる。後の例も、自ずとそのように見て取れるとも、見ることも可能とも、いずれの解釈も可能である。文脈内容によって理解がどちらにも転ぶ、それが「られる」の特徴である。

2、許容性の可能

(a)どうやら犯人は国外に逃走したものと考えられる。(自発)

(b)警察の発表によると、犯人は国外に逃走したものと考えられる。（可能）

(a)は事象に対して話者が抱く考えの表明である。そのように考えるのは話者自身であるから、「誰それは」という客体化された人物を考える主体として文頭に立てることはできない（この場合、文末は「考えられる」の言い切り形となることに注意。「〜られている」とすると受身に早変わりする）。

(b)は「考えられる」の根拠を「警察の発表（によると）」で示すことによって、〝自発→可能〟への動きが見て取れる。〈自発＝自然可能〉から、〈根拠による可能〉への移行である。話者の対象把握の表明表現で、(a)(b)に本質的な差はない。

❖可能の意味の展開

(a)の自発における〝外の世界での事象に対する話者の受け止め〟が、(b)では「警察の発表」という客観的な外部根拠によって必然的に「逃走したものと考える」ことが可能となるという〈外部状況によって定まる可能〉へと変身する。そう思おうと思えば、自ずとそのように思われる〈自然可能＝自発〉から、外部状況次第でそのように当方が対処することが許される〈許容性〉の可能を生み出すのである。「〜られる」の可能表現には、この〈許容性の可能〉がはなはだ多い。

▽如何なることがあっても、この軌道を踏み外すことは許されない。（新島正『ユーモア』）

許し得るという可能とも、許容とも、さらには許してもらえるという受身とも、いろいろに解釈の可能な「れる」である。

さらに、許容性の可能は、外部条件によって可能の可否が左右される、より積極性のある外部条件依存の可能へと進展する。

❖困難な事態の実現・許容

▽うちの寮では、夜九時までは外に出られる／今では山頂でもジュースやお茶が買える／家に帰ってからでもビデオでその日のテレビ映画が見られる／冷房

中は窓が開けられない／先輩なので思い切って攻められない

「れる／られる」以外の可能形式にも、許容性の可能は見られる。

▽食堂はアルコール類が持ち込めない／休日は金が引き出せない／この店は良い品が買える

話者側とは無縁の外部状況、規則や社会の仕組み・有り様、文明の恩恵、外部から掛かる心理的圧力などによって与えられる可能である。

▽講師の話が終ったあと聴衆からの質問がうけられることになり、いち早く一人の青年が起立した。
（新島正『ユーモア』）

3、能力所有の可能

その対象自体の有する能力による可能である。主体の属性には違いないが、それが話者の考える条件レベルに達しているか否かで可能か可能でないかが分かれる。つまり、あくまで話者の判断で定まる〈可能〉である。「能力賦与の可能」と言ってもいい。

▽このクレーンは乗用車なら吊り上げられるが、トラックは吊り上げられない。

❖意志性の有無

能力所有の可能には意志的なものと非意志のものと二種ある。

(a)**意志的**

▽狐は化けられる動物だ／彼はドイツ語も読める

(b)**非意志**

▽重い車の持ち上げられるクレーン／難病の治せる妙薬／鉄板でも切ることのできる鋏／足が痛くて歩けない

▽湿気をふくんだ丸太ん棒が風をよんで懸命に燃える、（中略）ぶすぶすいぶりながら、しかし燃えられるだけは燃えようとしている。
（『ユーモア』）

五、可能文型

可能の文型には次の四種がある。

(1) AガBニ動詞られる
▽あの大きな石が私に（も）投げられた／難しい漢字が読めた

(2) AハBニCガ動詞られる
▽私は先生に告げ口が言えた

(3) BハAガ動詞られる
▽私はあなたが信じられない／私（に）はあの石が持ち上げられる

(4) BハＡ動詞られる
▽病人はもう起きられる／学生寮は十時までは外出できる

1、同じ語形の可能動詞と自動詞

(1) 五段活用動詞の場合
▽「書く／書ける」「泳ぐ／泳げる」「貸す／貸せる」「立つ／立てる」「死ぬ／死ねる」「飛ぶ／飛べる」「噛む／噛める」「売る／売れる」「買う／買える」

可能表現は意志的行為の動詞に限る。同じマ行音でも「噛む」は意志的行為ゆえ「噛める」（噛むことができる）の可能動詞が作れる。しかし「富む」は意志的でないため、「富める」と変えても可能動詞とはならない。〃富んでいる〃という修飾の連体詞（例「富める人」）でしかない。意志的・非意志的どちらの意味も具有する動詞の場合は、可能の意味と、自ずとそうなるただの自動詞の場合とがダブっているので注意が必要である。例えば、「切れる」は、非意志なら「この鋏はよく切れる」（鋭利だ）で、ただの自動詞用法。が、使用者の意志がかかわる「この鋏は金属でも切れる」となると、切ろうと思えば切ることが可能だの意となり、可能動詞として働く。

▽「売る／売れる」「折る／折れる」「切る／切れる」「裂く／裂ける」「抜く／抜ける」「脱ぐ／脱げる」「焼く／焼ける」「割る／割れる」

「売る／売れる」（ur-u/e る）形式の自他の対応をなす動詞の場合である。

▽「値が張るのであまり売れない／この品は未成年者には売れない」「柿の木の枝は脆いから体重をかけるとすぐ折れる／この程度の枝なら僕にでも折れるよ」「糸が弱っているのですぐ切れる／鉄でも切れる鋸」「火事ですっかり建物が焼ける／天火があればパンが焼ける」

(2)サ変動詞の場合

サ変動詞が可能動詞化できるのは、サ変・五段活用併用のグループに限る。「解する／解せる」「託する／託せる」「訳する／訳せる」などで、これはサ変でなく五段の場合「解す／解せる」「託す／託せる」「訳す／訳せる」と対応するのと全く同じことなのである。その他のサ変動詞（「勉強する」や「感ずる」など）では「勉強できる／勉強することができる」「感じられる」のように「できる／ことができる」、「〜られる」によって可能の表現に変化する。

2、ラ抜き言葉

「〜られる」形式となる一段動詞、カ変動詞を可能動詞化する現象。

上一段活用の動詞　「着られる↓着れる」
　　　　　　　　　「見られる↓見れる」
下一段活用の動詞　「起きられる↓起きれる」
　　　　　　　　　「出られる↓出れる」
　　　　　　　　　「食べられる↓食べれる」
カ行変格活用の動詞　「来られる↓来れる」

一段活用動詞のすべてがラ抜きになり得るのではない。「教えられる」を「教えれる」、「化けられる」を「化けれる」のように簡略化した言い方はしない。

六、可能表現となる慣用表現・ことわざ

(1)「できる」

衣ばかりで和尚はできぬ／できない相談／腹が減っては戦はできぬ

(2)可能動詞によるもの

足元にも寄り付けない／動きが取れない／絵にも描けない美しさ／得体が知れない／大きな声では言えない／お里が知れる／風上に置けない／金で買えない／気が置けない／切っても切れない／気が許せない／食えない／底が知れない／杖の下に回る犬は打てぬ／手が放せない／手に負えない／泣くに泣けない／煮ても焼いても食えない／二の句が継げない／目が離せない／割り切れない（気持ち）

(3)「〜られる」によるもの

足を向けて寝られない／頭の上の蠅も追われぬ／言うに言われぬ／居ても立っても居られない／得も言われぬ／顔が合わせられない／義理と褌は欠かされぬ／(下種《げす》の・人の) 口に戸は立てられぬ／乞食を三日すれば止められぬ／背に腹は代えられない／手が付けられない／出るに出られず／離れるに離れられない／二目と見られない顔／無関心ではいられない／目も当てられない／止むに止まれず／預言者郷里に入れられず／夜の目も眠れない

(4)「難い」

甲乙つけがたし／曰《いわ》く、言い難し

(5)「得る」

碁に凝ると親の死に目に会い得ない

(6)その他の形式

取る物も取り敢えず／矢も盾もたまらず

以上見るように、可能形を含む慣用表現は、全体が打消しの否定型慣用句ないしはことわざとなるのが普通である。そうしたくても困難だ、不可能という思想が人生の教訓となる。

れる・られる【受身】

一、日本語における受動の発想とは？

1、能動態と受動態

動詞によってまとめられる事柄への関与者のうち、動作を行なう主体（これを動作主という）やその他の関与者のいずれを文中で主語に立てるかは、その文の表現者の視点の置き所によって変わる。これは文法的カテゴリーから言えば、**ヴォイス**（態）と呼ばれる。

(a)その動作の行為者を主語とする……………能動態
(b)行為者以外の関与者側を主語に立てる……受動態

日本人の心理には、世の中（人々・外）に取り巻かれている己（内）があり、それら他人（人々・世の中）に支配されている存在と考える受動的心理が濃厚に働き、それが日本語に受身表現を発達させる原動力となっている。(b)の主語側に己の視点を置く。

日本語がこのような表現心理に支えられているため、長い間に培われた日本人の物の考え方には、受動者側に立った視点が自ずとしみ込んで、受身的発想をごく自然な日本語と考えるように慣らされてきた。その最たる例が日本語のことわざや慣用句である。

(1)受身形のことわざ

牛に引かれて善光寺詣り／負うた子に教えられる／飼い犬に手を咬まれる／高木（喬木・大木）は風に折られる／使う者は使われる／月夜に釜を抜かれる／常に来る客は歓迎されず／出る杭は打たれる／鳶に油揚げさらわれる／長い物には巻かれろ／廂を貸して母屋を取られる／誉められて腹立つ者なし／預言者郷里に入れられず

(2)受身形の慣用句

足を奪われる／呆気に取られる／相手に気取られる／

痛くもない腹さぐられる／一杯食わされる／一本取られる／後ろ髪を引かれる思い／後ろ指を指される／渦に巻き込まれる／臆病風に吹かれる／気を呑まれる／気勢を削がれる／狐に摘まれたよう／食うか食われるか／極印を捺される／酒に飲まれる／情に引かれる／情にほだされる／毒気を抜かれる／煮え湯を飲まされる／濡れ衣を着せられる／熱に浮かされる／化けの皮が剝がされる／梯子を外される／引かれ者の小唄／冷飯を食わされる／骨抜きにされる／身につまされる／持ちつ持たれつ／焼け出される／烙印を捺される

(3) 受動動詞

ほだされる／つまされる／焼け出される…（能動形式を用いない）

❖受身動詞

「れる／られる」が付いていなくとも、日本語には本来受身的意味の動詞も少なくない。これを**受身動詞**という。

（警察に）捕まる／（刑事に）見つかる／教わる／授かる／預かる／ことづかる／言いつかる／仰せつかる

(4) 受動的意識を内に持つ語句

壁に耳あり、障子に目あり／口車に乗る／誘いに乗る／肩透かしを食う／物笑いの種／笑い者になる／矢面に立つ／袋叩きにあう／非難を浴びる／授業で当たる／体罰を受ける／馘になる／放校になる／丸見え／筒抜け／袋の鼠／籠の鳥

2、受動態の有り様

意味とは別に、文法的な性格から、受身表現の可否をもとに動詞を分類することも可能である。

動詞
- 受身形を作らない——所動詞（↑自動詞）
- 受身形を作る——能動詞（↑他動詞）
  - はた迷惑の受身になる
  - まともな受身になる

また、次のように受身行為への関与者の有り様からも分類できる。

動作への関与者
- 自動詞の間接の関与者が主語
  - (a)二者関係……間接受身
- 他動詞の間接の関与者が主語
  - (b)二者関係……間接受身
- 他動詞の直接・間接の対象への関与者が主語
  - (c)三者関係……間接受身
  - (d)二者関係……直接受身

右の分類の各項に当たる例文は左の通り。

(a)雨に降られた／社員に休まれた
(b)隣にビルを建てられてしまった
……迷惑の受身（間接受身）

(c)太郎が担当官によって総理大臣（に／から）勲章を授与された（間接受身）

(d)賞状が主催者から太郎に贈られた
太郎が主催者から賞状を贈られた
……恩恵の受身

太郎が先生に叱られた
太郎が飼い犬に手を咬まれた
……被害の受身

仲人に手を取られて入場する……恩恵の受身

＊(d)は直接受身。恩恵の受身は所有者の受身。

二、日本語の受身文型

受身表現を文型面から見ると、その意味特徴は文型と連動している。文型から全体を十一種類に分類する。

①**Aガ 自動詞 ↓（Bハ） Aニ 自動詞ラレル**

▽雨が降った↓雨に降られた ……迷惑（間接受身）

②**Aガ（Aノ） Cヲ 他動詞**
↓（Bハ） Aニ Cヲ 他動詞ラレル

▽隣がビルを建てた↓隣にビルを建てられた ……迷惑（間接受身）

③**Aガ Bニ Cヲ 他動詞**
↓Bハ Aニ／カラ Cヲ 他動詞ラレル

▽母が私に買い物を頼んだ↓私は母に買い物を頼まれた ……被役・受益（直接受身）

④**Aガ Bニ 自動詞**

↓BハAニ／カラ 自動詞ラレル

▽政治が経済に影響する↓経済は政治に影響される

……受益（直接受身）

⑤**AガBノCヲ他動詞**

↓BハAニCヲ他動詞ラレル

▽兄が私の手紙を見た↓私は兄に手紙を見られた

……被害（直接受身）

⑥**AガCヲ他動詞↓CハAニ他動詞ラレル**

▽犬が私を咬んだ↓私は犬に咬まれた

……被害（直接受身）

⑦**AガCヲBニ他動詞↓CハAニ／カラBニ他動詞ラレル**

▽皆が私を代表に選んだ↓私は皆から代表に選ばれた

……被役・受益（直接受身）

⑧**（Aガ）CヲBニ他動詞**

↓CガAカラ／ニ／ヨッテBニ他動詞ラレル

▽（神が）能力を我々に与える↓能力が（神から）我々に与えられる

……被役・受益（直接受身）

⑨**（Aガ）Cヲ他動詞↓Cガ他動詞ラレル**

▽（人々が）個性を尊重する↓個性が尊重される

……様態（直接受身）

⑩**AガCヲ他動詞テイル**

↓CハAニ他動詞ラレテイル

▽海が日本を囲んでいる↓日本は海に囲まれている

……様態（直接受身）

⑪**Aガ他動詞テアル↓Aガ他動詞ラレテイル**

▽意見が述べてある↓意見が述べられている

……様態（直接受身）

三、迷惑の受身と被害の受身

1、間接受身

①自動詞の受身、②他動詞の間接受身

自動詞を立てる①は日本語独特の受身表現である。他動詞による②も、本来の主格名詞（動作主）を「ニ」の格に移し、受身文の主格には、動作・作用の実現により間接に迷惑を蒙ったと感ずるヒトが立つ。動作主は迷惑を創造する相手、それを迷惑がる己が受動者との意識である。

①の例は

雨に降られる／妻に死なれる／子に泣かれる／客に来られる／夫に先立たれる／押し売りに家に上がり込まれる／横の人に椅子に座られる／女に逃げられる／雨にたたられる／従業員に休まれる／妻に寝付かれる／妻に泣きつかれる／こう自動車に通られれちゃかなわない

のように自動詞に付き、いずれも自分に直接何かが作用するわけではなく、他者の行為や現象が結果として当方に何らかの心理的影響を与える、迷惑感情に根ざしている。

▽君も現実離れのそういう夢をみているから女に逃げられたりするんだ。（新島正『ユーモア』）

このような自動詞の受身は近代に始まったことではなく、古代から見られる。

▽霞に立ちこめられて、筆の立ちども知らねば、あやし。（『蜻蛉日記』）

このような迷惑の受身の発想は、外なる他者がたまたまそのような事態となることが、間接に己の身にマイナスの状況をもたらし、それを心理的に困惑の情として受け止める発想。思わぬ事態、予想だにしない事態、突発事故である。定期的に生ずる事態、例えば夕方の日没などに、「(山道で道に迷って困り果てているのに）太陽に沈まれてしまった」などとは言わない（外国語の中には、このような場合に受身で言えるものもある）。

だいたい受身で表現する場合とは、人間や動物など意志のある者の行ないが直接間接に当方に及ぶか、自然現象や無作為の事態に遭遇して被害や影響が当方に及ぶ場合で、どちらも予期せぬ事態か突発的な状況に限られる。必ず巡ってくる予測可能な状況や手順として一定の流れで生じてくる事態などには、いくらマイナスの影響を受けても、受身で表現することはまずない。

2、被役・受益・非受益の受身

③恩恵の受身・非受益の受身

二者関係において、一方が他方に何か（物や事柄）を投与することによって相手が影響を受ける受身である。この③は、プラス評価の事物なら受益（恩恵の受身）となり、マイナス評価の事物なら非受益の受身となる。「母に買い物を頼まれた」というとき、うれしいショッピングなら受益、面倒な仕事なら非受益となるように、叙述の内容によってどちらにも転ぶ。

▽市長から感謝状を授与された。

❖慣用句の例

足を奪われる／後ろ指を差される／気勢をそがれる／毒気を抜かれる／煮え湯を飲まされる／濡れ衣を着せられる／梯子を外される／冷飯を食わされる／烙印を捺される

▽主人は、散歩の道すがら会った乞食に施しを求められて、（新島正『ユーモア』）

▽人生はいつでも虚しいものになり果てる運命を負わされている。（『ユーモア』）

▽私たちは、鼻の先にニンジンをくくりつけられ、重い荷物を背負わされて歩く驢馬にはなりたくないものである。（『ユーモア』）

▽小さいときから、精神的なタガをはめられてゆく。

▽売ることを差し止められし本の著者に路にて会へる秋の朝かな（石川啄木）

④自動詞による直接受身

④も二者関係において、一方が他方に何か（事態）を与えることによって相手が影響を受ける受身である。しかも、対象への働き掛けではあるが、他動性の「ヲ」格を取らず、「ニ」格を取る自動詞によっている点で特記すべき文型である。例は多くない。「影響する」は「AハBニ影響する」であるから、「BハAニ影響される」

の受身文型を作る。作用の対象に「ニ」格を取る珍しい動詞であるが、ほかにも「(～ニ) 打ち克つ」等があるが、こちらは「打ち克たれる」のような受身は構成しない。

3、被害の受身

⑤やや間接的な被害の受身

被害の受身としては、主体の所有物や主体に属する何かに作用が及び、結果的に主体が被害感情を持つ⑤と、受身主体自身が直接受ける⑥とがある。⑤は、

▽六年ほど日毎日毎にかぶりたる古き帽子も棄てられぬるかな　（石川啄木）

▽上着の一枚とられるくらいですませられるならばである。ナイフで顔を切りつけられるよりは、まだましである。　（新島正『ユーモア』）

▽彼がまさにスタンドに入ろうとするときになって、顔を知られた刑事にみつかってしまったのである。　（『ユーモア』）

例えば「私はスリに財布をすられた」でも、日本語では能動態で「スリが私の財布をすった」とは決して言わない。物が主語となる⑥「私の財布はスリにすられた」も普通は言わない。「あなたの財布は？」と聞かれての答なら言えるであろうが、これは談話の流れの中での用法で、単発の文としては用いられない。

物主語の⑥も、「わが方に向けられたミサイルは無事撃ち落とした」と能動態でとらえることをせず、「わが方に向けられたミサイルは無事撃ち落とされた」と受身の形で表現する。話者の視点は受け手の側に置かれるのである。この種の受身はことわざ類にも数多く見られる。主体に属する何かが受け手となる⑤形式では、

痛くもない腹探られる／後ろ髪を引かれる思い／飼い犬に手を咬まれる／気勢を削がれる／食欲をそそられる／月夜に釜を抜かれる／毒気を抜かれる／鳶に油揚さらわれる／寝首をかかれる／化けの皮を剝がされる

などがある。日本語には能動形式を持たない、**受身専用の動詞**すらある。

悪夢にうなされる／熱に浮かされる／情にほだされる／良心の呵責《かしゃく》にさいなまれる／相手に気取られる／身につまされる／火事で焼け出される／魅せられたる魂／囚われの身

これらは能動形式で「悪夢がうなす」などと言うことができない。

⑥直接的な被害の受身

話者自身が直接受け手となる⑥にも、受身形式の慣用句やことわざは多い。

悪夢にうなされる／一杯食わされる／一本取られる／牛に引かれて善光寺詣り／負うた子に教えられる／臆病風に吹かれる／狐につままれたよう／酒に飲まれる／情に棹差せば流される／情に引かれる／情にほだされる／先入観にとらわれる／大木は風に折られる／常に来る客は歓迎されず／出る杭は打たれる／囚われの身／長い物には巻かれろ／熱に浮かされる／招かれざる客

⑥形式は⑨形式と並んで受身文の中でも例の多い形式の一つである。

▽よくそれを知りながら、不思議にKさんは其時少しもそう云う不安に襲われなかった。（志賀直哉『焚火』）

▽わたしは……半眼を薄く開いて黙然と揺られて行った。（井上友一郎『竹夫人』）

▽弥陀の誓願不思議にたすけられて浄土に生まる。（新島正『ユーモア』）

▽青年もその笑いに巻き込まれながら黙って席についた。（『ユーモア』）

▽人のためをして、人に憎まれ、さげすまれているのが彼らの姿だと知れば、神はまず彼らをこそその使徒として救わなければならないであろう。（『ユーモア』）

❖**「〜られる」を導く助詞「に」と「から」**

⑦形式等に見られる「ニ／カラ」のゆれ

受動行為の相手は、⑤⑥の形式では「Aに〜られる」

と「ニ」格を受けるのが本来である。しかし、稀に「カラ」格を取る場合が起こる。

▽今、母さんに起こされて迎えに来たんですよ。（志賀直哉『焚火』）

▽案の定、私は母から烈しく打たれた。（志賀直哉『暗夜行路』）

むしろ「母に烈しく打たれた。」とするほうが現在では普通であろう。なお、先の③④形式は、これとは逆に「に」「から」どちらの形も自然である。

③私は母（　）買い物を頼まれた。

というとき、「母に」「母から」どちらも自然である。「母に」と言うときは、「誰に頼まれた？」に対して、頼んだ相手は「母」と起点を指示する帰着点意識、「母から」の場合は依頼の発信者として「母から」と、出所から当方へと依頼が向けられる意識と考えられる。

次の⑦「皆から代表に選ばれた」も全く同様で、「皆に選ばれた」と言い換えてもいっこうに差し支えない。

▽常に来る客は歓迎されず／預言者郷里に入れられず／誉められて腹立つ者なし

これらのことわざも「相手に／相手から」どちらとも解釈できる。

③⑦⑧の、行為者がヒトや神仏など意志的な主体で、そちらから何らかの行為が当方側に向けられる例では、

③私は母（に／から）頼まれた

⑦皆（に／から）代表に選ばれた

⑧神（に／から）授けられた

のように「に」も「から」もどちらも現れる。歴史的には「に↓から」の流れで、これはすでに室町時代ごろから現れ始めている。

▽他の国の帝王からこの里を押領せられ……（『天草本伊曾保物語』）

❖受身的発想の日本語

ところで、⑤の場合「飼い犬に手を咬まれる」は「飼い犬が手を咬む」と能動態に文型変換することが可能で

ある。しかし、すべての例がこのような言い換えが可能なわけではない。例えば「魅せられたる魂」の場合、「(何々ガ、誰それの) 魂を魅せる」とは言い換えられない。

▽私たちはその偏見によって生きており、また生かされているということである。(新島正『ユーモア』)

「私たちは偏見によって生かされている」を「偏見が私たちを生かしている」とは言い換えられない。本来、受身的な発想が基本の表現では、能動態は〝日本語的なもののとらえ方〟とはならないのである。

4、非情の受身

以下はこれまでの例とは異なり、抽象的なコト名詞が主語となる。

⑧能動者側が隠されている受身

この形式は、事柄が主語に立ついわゆる非情の受身となることが多く、「能力が我々に与えられる」と言ったとき、その与え手は言外にあって、はっきりとしない。強いて言えば「神から与えられる」とでも解するしかない。

▽近世的な自我は、今、新たにに吟味され脱皮することが求められている。新たなる自我の再発見が求められている。(新島正『ユーモア』)

「我々は求められている」なら、人間主体の⑤形式であるが、ここは「我々に求められている」で「自我の脱皮することが」と非情の受身形式になっている。現在ではこの手の非情の受身的な発想が盛んである。

❖「から〜られる」と「によって〜られる」

⑧形式は時として「から」の代わりに「によって」が使用されることがある。

▽同病者によって慰安が与えられているということは、裏側から言えば……(『ユーモア』)

恩恵賦与など先行名詞の指す事物が受け手側に移行する場合にかぎり「Aから～られ」の形式が取られる。一方、先行名詞の指す事柄が原因で、そこからある結果がもたらされる文脈では「Aによって～られ」形式となり、「から」に言い換えることはできない。

▽原水爆の実験によって撒かれた死の灰のために、いかに多くの生命が危険にさらされてきたことか（以下すべて『ユーモア』から）

▽意見によって出来たものは、やがてまた意見によってこわされる宿命をもっている。

▽私たちはその偏見によって生きており、また生かされているということである。

5、結果の様態を表す非情の受身

⑨受動者が抽象名詞の非情の受身

この形式は最も代表的な非情の受身で、抽象名詞が受動者の立場で主語に立つ。が、

▽ふとした路傍の岩の陰に咲いている名もない一輪の花にも、彼の心はハタと呼びとめられてしまう。（『ユーモア』）

のような人間にかかわる、話者側が受動者となる例は少なく、多くは客体界、それも社会の状況に関する事例がほとんどである。

▽農業生産の技術が近代化されていないということも大いに原因していることは認めなければならないが（『ユーモア』）

▽孝行ということが次第に観念化され、観念はいつのまにか偶像化されてゆく。（『ユーモア』）

❖抽象名詞による非情の受身例

⑨の非情の受身は例が多い。主なものを列挙しておこう。

価値が見いだされる／考え方がされる／技術が近代化される／規則が骨抜きにされる／希望がこめられる／苦労が報いられる／傾向が見られる／学問が否定され

る／答が出される／心が動かされる／信仰が失われる／資格が与えられる／事実が明らかにされる／思想が活かされる／世界が描き出される／戦いが続けられる／大会が開かれる／タブーが侵される／貯蓄が奨励される／伝統が破壊される／問いが発せられる／自然淘汰が行なわれる／人格が尊重される／秘密が暴かれる／批判がなされる／文明が創造される／目が向けられる／問題が提出される／歴史が繰り返される／論理が編み出される／文明の危機が叫ばれる／脱皮することが求められる

⑨「Cが他動詞ラレル」の非情の受身において、Cには抽象的なコト名詞の立つ例が圧倒的に多いのだが、時に具体的なモノ名詞も現れる。

▽記念切手が売り出された／新薬が発見された／人工衛星が打ち上げられた／処女作が出版される／新製品が売りに出された／矢は放たれた／幕は切って落とされた

新たに事が起ったり物が世に出されたりする場合にこの文型が現れる。また、『源氏物語』は平安時代に書かれた」など、事の成立した過去の事実の叙述にも用いられる。

❖古代の非情の受身

物を主語に据えた非情の受身は、実は古典の中にすでに見えるのである。ただ、現代語に見られるような抽象名詞ではなく、モノ主体の受身である点が特徴である。例を紹介しておこう。

▽几帳の朽木形いとつややかにて、紐の風に吹きなびかされたる、いとをかし。（『枕草子』）

▽冬の月は、昔よりすさまじきものの例にひかれて侍りけるに……（『更級日記』）

▽にくきもの……硯にかみの入りてすられたる（『枕草子』）

▽このきはに立てたる屏風も、端の方おし畳まれたるに、紛るべき几帳なども、暑ければにや、うち懸けて、いとよく見入れらる。（『源氏物語』空蝉）

▽唐土《もろこし》に至らむとするほどに、あたの風吹きて、三つある船、二つはそこなはれぬ。（『宇津保物語』俊蔭）
▽俊蔭が船は、波斯国《はしこく》に放たれぬ。（『宇津保物語』俊蔭）

これらの例から見ても、非情の受身が現代語にのみ見られる特殊なもので、翻訳文からの影響という説は当たらない。

⑩自然状況を表す非情の受身

「日本は海に囲まれている」のような、固定した様態の表現に見られる文型である。日本語では決して「海は日本を囲んでいる」のような能動態での表現をしない。能動態では動きや変化の結果意識が表に出て、固定的な自然の状況とはならない。受身的な視点で事態をとらえることによって、受け手である事物の呈する現状が浮き彫りにされる。

「囲む」のような動作だけでなく状態的にも働く動詞は、動作の結果なら「秀吉小田原城を囲む」のように能動態で表すが、状態表現としては受身形を取る。

▽草原が巾着の底のように、丘に囲まれて行き止ったところから、一方の丘に上ると、（大岡昇平『野火』）
▽細長い岩場に囲まれた鯖浦の浜は、泳ぐには恰好の浅瀬だったし、（井上光晴『鯖浦の長い日』）
▽長い眼はやたらに大きく、長く引いた弓形の眉で囲まれていた。（大岡昇平『武蔵野夫人』）
▽この附近各所に、土塀に囲われた個人の家らしいのが幾つもある。（火野葦平『麦と兵隊』）

⑪普遍的な事態を表す非情の受身

「意見が述べてある」と他動詞で叙述するところを、「意見が述べられている」と「受身＋テイル」形で装うことにより、一般的で普遍的な事態といった表現姿勢の文となっている。ただ「述べてある」では特定個人の行為の結果を叙しているだけだが、「られている」と「られる」を付けることによって、「人々に／人々によって」そのような状況が現出しているといった一般的事象となるのである。用いられる動詞に次のようなものがある。

▽言われている／売られている／書かれている／掲げ

られている／述べられている／触れられている／議論されている／宣伝されている
▽宗教は自然に対する驚異の念、ワンダフルから出発するといわれる。　　（以下すべて『ユーモア』から）

「テイル」を付けなくとも効果は同じであるが、多くは「テイル」形で、より状態的性格を強めている。

▽今日、文明は一つの行きづまり状態にぶつかっているということが多くの人々によっていわれている。
▽新たなる自我の再発見が求められている。
▽あくまで人間らしい人間として生きたいという、生に対する限りない愛着と夢と希望がこめられているようである。
▽私たちの生活を支えるものは、意外なところにかくされているようである。

「意外なところに隠してある」では特定個人の個別的行為となってしまう。「隠されている」と受身形を取ることによって一般化、普遍性が生まれるのである。

❖まとめ

④⑧～⑪は主語に事物名詞が立つ。ヒトが来ないという点で、〈非情の受身〉と呼ばれている。特に⑨以下は〝状態性〟表現としてしばしば現れる。その点④と⑧は、ヒトも受動者として主語に立つ点で、その他のグループとは一線を画している。

四、受身は他動詞の自動詞化にも用いられる

「記念切手が売り出された」の文において、「記念切手を売り出した」と他動詞で述べる能動的発話は、意志によってそうする発想であるが、「記念切手が売り出された」と受身を付ける（すなわち「他動詞＋られる」で自動詞化する）ことにより、話者の意志とは関係なく自ずとそのようになる発想へと転じていく。その結果、話者は外界の状況の流れを見て取る視点に立つこととなっていく。

事物主体の非情の受身は、状態性の表現として「ている／てある」を伴って用いられる場合が圧倒的に多い。受動者が人間の時は、行為の受け止め現象として動的で

あり、受動動作の継続進行か、その受動行為における当人の経験ないしは結果の現存となるのが普通である。が、非情の受身では事柄の情況として状態表現となりやすい。

その「ている／てある」を伴った句の状態表現は、時に次に掲げる例のように、叙述の内容が等しいにもかかわらず、違った形式の言い方が並行して用いられる、いわば表現形式の**ゆれ現象**を起こしている。

▽三蔵の店には入り口の構えを粋向きに改造されてありました。土間の奥の二つの部屋も見違えるほど立派に改造されていましたが……　（井伏鱒二『珍品堂主人』）

▽その桜堤に、ドラム缶がずうっと積み上げられてあった。ここに続いて、家の周囲にもぐるっと積み上げられていた。　（岩田幸子『笛吹き天女』）

このような「ている／てある」が受身形を受ける例は、状態表現として固定しているわけではなく、他の表現形式への言い換えの可否と、全体が表す状況の有り様から、いくつかの種類に分けられる。

五、「ている／てある」表現と受身

1、られる＋テイル／テアルの種類

動詞の自他と受身とからなる状態表現の文型には次の四種類がある。

(1)自動詞＋受身テイル

▽一つの思想に取りつかれている自分、自分こそ正しいと思い込むことに慣れている自分　（新島正『ユーモア』）

(2)他動詞＋受身テイル

(3)他動詞＋受身テアル

▽大きな字で万年筆やエンピツで思いつくままに書かれている。飛び飛びなのは時間の経過をしめしている。大きな大学ノートは、殆ど仕事の予定表で、克明に書かれてある。　（織田昭子『わたしの織田作之助』）

＊「書かれている」は⑵、「書かれてある」は⑶。

⑷他動詞＋受身タ〜

▽私の移った日に、其室の床に生けられた花と、其横に立て懸けられた琴を見ました。何方も私の気に入りませんでした（中略）私はそれから床の正面に活けてある花が嫌でなくなりました。同じ床に立て懸けてある琴も邪魔にならなくなりました。

（夏目漱石『こころ』「先生と遺書」）

2、「受身＋テイル／テアル」の三つの型

⑴自動詞＋受身テイル（↑自動詞＋テイル）

▽狐に憑かれている人↑狐が憑いている人

⑵他動詞＋受身テイル↑（他動詞＋テアル）（自動詞＋テイル）

▽道に止められている車↑止めてある車
止まっている車

⑶他動詞＋受身テアル↑（他動詞＋テアル）（自動詞＋テイル）

▽表に立てられてある旗↑表に立ててある旗
表に立っている旗

一見して分かるように、⑵と⑶は裏返しの関係にある。しかし、すべての例が両者の言い換えが可能なわけではない。また、受身を取らない「ている／てある」形式への言い換えも文全体の意味によって可否が分かれる。

3、各形式の用法と言い換えの可否

⑴自動詞＋受身テイル形式（本来の受身行為を表す形式）

①世界のリーダーシップをにぎっている大国も自我の妄想に取りつかれているという点では何ら選ぶところはなさそうである。（新島正『ユーモア』）

①父たちの作った鉄道は、中国人の手で大切に利用され、さらに発展されている。（高野悦子「黒龍江のほとり」日本経済新聞、昭和六〇年一二月八日）

この形式①は特に「られる」を添える必要のないタイプで、右の例も「取りついている」「発展している」で

かまわない。

(2)**他動詞＋受身テイル形式**

(a)**意志的行為の結果を表す形式**

②「明朝五時までに隣組長宅に集合のこと」と記されていた。（記してあった）（井伏鱒二『かきつばた』）

②私の部屋の机には、白百合と薊が飾られていた。（飾ってあった）（浜田留美『父浜田広介の生涯』）

(b)**自然状態を表す形式**

③傍らの者から見た私の姿は、袴にはかれ、帽子にかぶられ、カバンに下げられていたに違いない。（永井龍男『黒い御飯』）

(c)**本来の受動行為を表す形式**

③この付近は日暮時カマイタチがでるというので皆から恐れられていた。（井上靖『黯い潮』）

(d)**形式化して、ただ普遍性のみを表す形式**

④まだこういう大事な問題がのこされている。（残っている）（以下は皆『ユーモア』）

④私たちの生活を支えるものは、意外なところにかくされているようである。（かくれている）

⑤そのような信仰は今日失われている。（失っている）

⑤その奥底に深くたたえられている内在的で求心的なユーモア（たたえている）

初めの二例②は「てある」との言い換えが可能。続く二例③は他形との言い換えは不可。次の二例④は「自動詞＋ている」相当の表現。終わりの二例⑤は「他動詞＋ている」相当である。表面上は皆「他動詞＋られている」の受身形であるが、先行動詞の意味によって他の形式との言い換えに差が見られるのである。

(3)**他動詞＋受身テアル形式**

(a)**意志的行為の結果を表す形式**

⑥そこに飾られてある父の大きな写真を見ると……（飾ってある）（岡上鈴江『父小川未明』）

⑥広告文字が一字一字鮮明に塗られてあった。（塗ってあった）（武田泰淳『風媒花』）

⑦壊れかかった小さい木橋が架けられてあった。（架けてあった／架かっていた）（井上靖『黯い潮』）

⑦中濠に沿って植えられてある松並木の道、（植えてある／植わっている）（舟橋和郎『兄・舟橋聖一の素顔』）

初めの二例⑥は対応する自動詞がないため、「他動詞テアル」への言い換えしかできない。むしろ受身形式を取らないほうが今日一般であろう。後の⑦形式は、自動詞もあるため、「他動詞テアル」「自動詞テイル」両方の言い換えが可能だが、どちらかと言えば、他者による行為の結果意識よりは、現状を自然の姿とただ受け止める「自動詞テイル」（架かっていた／植わっている）のほうが落ち着く。

(b)自然状態を表す形式

⑧何軒もの家がばら撒かれてあって、どこにも兵隊が充満していた。（ばら撒かれていて）（井上靖『敦煌』）

⑧松山藩士の伝統がそのまま虚子の家庭に継がれてあると思ったが（継がれている）（吉屋信子『私の見た人』）

この形式は今日ではむしろ不自然と感じる方が多いのではないか。括弧で示した「他動詞テイル」形式で述べるほうが今日一般であろう。

六、受身・自発・可能の歴史

今日の「れる／られる」に当たる助動詞は、上代では「ゆ／らゆ」の形で用いられていた。奈良時代までで消滅したヤ行下二段活用の助動詞である。

▽瓜食めば子どもおもほゆ、栗食めばまして偲はゆ、（『万葉集』八〇二）

▽妹思ひ寐の寝らえぬに秋の野にさを鹿の鳴きつ妻おもひかね（『万葉集』三六七八）

平安時代になると「る／らる」（ラ行下二段活用）の形が普通となるが、奈良時代にすでに例が見えている。

▽宝字七年、従五位を授けられ、少納言に任せらる。（『続日本紀』三三）

▽相模路の淘綾の浜の真砂なす児等はかなしく思はるるかも（『万葉集』三三七二）

＊淘綾《よろぎ》の浜《はま》は大磯〜国府津の浜のこと。

「れる／られる」（ラ行下一段活用）の形に落ち着くのは近世（江戸時代）に入ってからで、現在に至る。

れる・られる【尊敬】

一、敬語の成立する背景

人間関係で、互いの間に隔てを感ずる要因は、一つは上下の人間関係、もう一つは親しいか否かの親疎の関係である。上下関係といっても、社会的な地位といった客観的なものに限らず、心理的な上下の意識の問題も、使用する言葉の面に反映される。会社内では敬語を使う上役に、夜、飲み屋では気楽な普段着の言葉で語り合うなどということは日常茶飯の風景である。つまり、日本語の敬語は**絶対敬語**ではないということである。

　また、親しくない相手に対しては、気の張る相手として堅苦しい物言いをしてしまう。極端な場合には、見知らぬ子供に対しても敬語で話すことすら行なわれる。自分より明らかに若い他人に道を尋ねられて「どちらにおいでになるのですか」と聞き返すこともあり得る。上下と親疎の二重構造で、しかも相手・場面への把握が心理的な要因に左右されやすい日本語では、敬語の使用は形式的な語法の問題ではなく、相手や話題の人物と、話される現在の場面の有り様とを勘案して、どのような敬語が適切なのかを見極める能力が求められるのである。

　表現における人間関係とは、聞き手である相手や話題とする人物と、自分ないしは話中の人物との相対関係、それも当事者である〝当人〟と相手側の人物との関係の在り方である。その在り方には二種あって、一つは相手側と己側との間に行為のやりとり（心理的なやりとりも含めて）が行なわれるもの。もう一つは、相手側および話中の人物（客体化した己も含む）の行為や状態に対して傍観者の立場で描写することで、前者は〝内なる己〟対〝外なる他者〟間の行為の相互関係（相手から己へ…①②⑧、己から相手へ…③⑦）が行なわれる場合である。後者は、外なる人物の状況を内なる己が眺めてそれを口に出して述べる④⑤⑥⑨⑩の場合を言う。さらに、⑴内なる己が下位者の視点に立つか、⑵上位者の視点に立つかで、二様の待遇表現が生まれる。

(1)下位者の視点における発想

①受身（他者からの行為）

〜される　「知らされる」

②恩恵受容（上位者からの行為）

〜てくださる「知らせてくださる」

③謙譲（上位者への行為）

謙譲語　「申し上げる」

お〜する「お知らせする」

恩恵賦与「教えてさしあげる」

④丁重（上位者を意識した己や他者の行為）

丁重語　「欠席いたします」「車が参りました」

⑤尊敬（上位者の行為）

〜られる「出掛けられる」

お〜になる「お出掛けになる」

尊敬語　「いらっしゃる」

⑥賛美（上位者の状態）

お〜しい「お美しい」「お元気だ」

(2)上位者の視点における発想

⑦軽視・見下し

使役　「廊下に立たせる」

〜てやる「叱りつけてやった」

⑧迷惑・被害感情

受身　「飼い犬に手を噛まれる」

〜てくれる「飛んだことをしでかしてくれた」

⑨軽視

普通文体「彼は出掛けた」

⑩軽視

普通文体「弟は元気だ」「息子は留守だ」

二、尊敬「れる／られる」の性格

助動詞「れる／られる」の用いられる表現は、上位者の行為に対する話者の敬意の現れとしての、⑤〈尊敬〉形式である。下位者の視点で上位者の行ないを叙述する態度の現れと言ってもよい。一般に〈尊敬〉と並べて〈謙譲〉を敬語表現の柱に立て、なにか対立的な、〈尊敬〉の反対は〈謙譲〉であるかのような誤解を招いているが、決してそうではない。当事者と上位者との関係において、当事者（下位者）側から見て上位者へと向ける行為「ご説明する」「申し上げる」などの③〈謙譲〉は、その逆方向の上位者側から差し向けられる行為「教えてくださった」「知らせてくださる」など②の恩恵受容行為〈謙譲〉と対立している。

一方、⑤〈尊敬〉表現は、話者がただ傍観的に上位者の行為を敬意をもってとらえ、尊敬の意識で言葉に載せる。上位者側を眺める視点であって、上位者へと向けられる行為ではない。傍観的視点という点では④〈丁重〉と対応していると取るほうが合理的であろう。

このような尊敬表現形式に、「出掛けられる」のように、動詞に助動詞「られる」を添える方式のほか、「お～になる」方式（例 お出掛けになる）、「お～なさる」方式（例 お出掛けなさる）、敬意を具有している動詞（例「いらっしゃる」「召し上がる」などの尊敬語）が挙げられる。「れる／られる」は、

▽あの人にはそういうところがありません。家へなんかよく、遊びに来られますが、まるで親類かなんかのように気がるで話し易いんです。

（森本薫『女の一生』）

▽本田 とも角私たちは急いでいるのです、一刻も早く目的地に着かねばなりませんのでね。
細谷 インドに行かれるんでありますか。
本田 そうです。今日カルカッタに着く予定でした。

（飯沢匡『崑崙山の人々』）

のような和語動詞に付く例はそう多くない。「出掛けられる」「持ち帰られる」「引っ越される」「落ち着かれる」「旅立たれる」など複合動詞の類には比較的よく用いられるが、「飲む」「見る」「聞く」「笑う」「取る」など単純動詞では、一方で「酒に呑まれる」「人に見られる」のように受身の用法と間違えられやすいし、「起きる」「寝る」「受ける」「助ける」などでは「もう一人で起きられる」「なかなか寝られない」と可能の言い方とも競合するため、誤解の生じない「お飲みになる」「お笑いになる」「お受けになる」や、「お休みなさる」「お帰りなさる」形式の敬意表現に傾きやすい。あるいは、「見られる」は「ご覧になる」、「居る」「行く」「来る」は「いらっしゃる」のように、別の敬語動詞で言い換えるのが普通で、「られる」敬語の出番は甚だ少ない。

▽お召になる／召し上がる／いらっしゃる／おっしゃる／おかくれになる

ただし、漢語の場合は「観戦される」「出張される」「旅行される」「受験される」「指揮される」「演奏される」と、和語動詞よりは出現頻度はいくぶん高い。

❖「られる」敬語の誤用

敬意を表す「おっしゃる」のような敬語動詞に「られる」を添えて「先生のおっしゃられたことは」のような言い方は、二重敬語となって具合が悪い。

また、上位者に対してものを言う謙譲の動詞「申す」に「られる」を添えた「先生の申されたことは」は、謙譲と尊敬が一緒になって具合が悪い。

同様に、軽視の意識で用いる「おる」(居る)に「られる」を添えた「××先生、おられたら至急職員室まで」も、正しい日本語ではない。

たい・たがる【希望】

一、「たい」「たがる」の発想

当人および第三者の希望意識を表す。実現を希望する自身の行動(自動詞の場合)、その対象に対して向ける希望行為(他動詞の場合)の動詞に付けて用いる。当人から発せられる希望意識には「たい」を、話題として取り上げた人物の希望意識として受け止める場合には、「たがる」を用いる。話者自身のその折の希望には「早く帰りたいなあ」と「たい」が用いられ、他者でも、当人のその折の希望意識の発露としてとらえ述べる態度の文では「彼も帰りたいらしい」「彼女も帰りたいのだ」「あの人も帰りたいそうです」と「たい」で表される。それに対して、第三者の希望意識を傍観者の視点で解説する態度の文では、「子供たちはみな帰りたがっている」と「たがる」が用いられ、話者自身のことでも「僕は彼らみたいに妄りに帰りたがらないよ」と、その折の心情の発露ではなく、自身の有り様として解説的に叙述する。このような態度の文では、「たがる」が現れる。

▽いったい私は美穂と別れたがっているのか、それとも別れたくないと思っているのか、私は時々自分で考えてみた。（北原武夫『妻』）

これは、助動詞ではないが、「欲しい」の文でも同じで、「お小遣いが欲しい／お小遣いを欲しがる」と、欲しいと思う主体とそれを受け止める話者の視点の差によって使い分けがなされている。

▽玄関先に脱ぎすててある紅い緒の立った雪駄をほしいような気がしたのは、自分ながら意外であった。（室生犀星『性に目覚める頃』）

▽「欲しがりません勝つまでは」（戦時中の標語）

「たい」は「欲しい」同様、形容詞型活用で、「たがる」は動詞型である。形容詞、特に感情感覚形容詞は、当人のその折の内なる感情や感覚を端的に表明する言葉であり、動詞は対象主体における現象の生起を客観的に叙述する語である。「うれしい／うれしがる、喜ぶ」「懐かしい／懐かしがる」「暑い／暑がる」「痛い／痛がる」など皆、同様の発想の差を言い分けている。

二、希望「たい」の用法

1、「たい」の文語形

「たい」は文語では「たし」であった。その「し」の子音が落ちて「たい」と変わった。文語調の文では「たし」が用いられる。

▽ふらんすへ行きたしと思へども
ふらんすはあまりに遠し（萩原朔太郎「旅上」）

2、「たい」文型（「が～たい」と「を～たい」）

以前は、述語「～たい」は「水が飲みたい」と「が」を受けるのが正しく、「水を飲みたい」のような「を」

を立てる言い方は、誤りであるとされていた。この問題はいろいろ議論されてきたが、今日ではどちらの言い方も正しい日本語であるというのが定説である。歴史的にも、すでに室町時代の抄物をはじめ、江戸・明治に至るまで、どの時代にも「が」「を」どちらの例も現れている。したがって、今日の「を」を取る言い方を誤りとする根拠はまったくない。ただし、「が」「を」どちらに導かれるかで、「たい」の発想はまったく異なってくる。

従来説かれていた両文型の違いは、およそ次のようなものである。

(a)「が〜たい」は、他動詞に付く場合、対象の名詞に直接続く例がほとんどである。それに対し「を〜たい」のほうは、その間に長い語句の挟まる例が極めて多い。裏を返せば、間に他の文節を挟む例は「が〜たい」にはなりにくいということである。

(b)両表現の違いは焦点の差であり、「が〜たい」は前の名詞に焦点が置かれ、「水が飲みたい」なら、飲みたいことを前提として、それが「水」であると述べている。

一方、「を〜たい」は「たい」の前の動詞に焦点が置かれ、「水を捨てたい」なら「水の処置」を前提として、それは「捨てること」であると述べている。

要するに、言い換えれば、「何が飲みたいのか」の前提に対して、「私の飲みたいのは水だ」と述べる代わりに、「が」の**転位文**で「水が飲みたい」と水を強調する。それに対し、対象の「水」をどうしたいのかの前提に立てば、「(私は)水を捨てたい」と**判断の文**になる。

何が飲みたいの？　↓水が飲みたい。
水をどうしたいの？↓水を捨てたい。

(c)「飲みたい」の欲求に対して「水が」と答える発想は自然であるが、「捨てたい」という欲求が先にあって、「何を？」と考える思考手順は自然ではない。その結果、前に来る名詞とそれを受ける動詞とのそれぞれの意味が「が」「を」いずれの文型を取るかを左右していると言える。

▽孝行をしたいときには親はなし

(d)「お家へ帰りたい」のような自動詞を受ける「〜たい」は、以上の問題とは無関係である。

例で確かめておこう。

▽しかし法要らしい法要も久しく怠っていることであ

り、自分が世にあるうちに五十年忌が営みたい、という望みに対してまで、秀吉は同意しようとしなかった。

（野上彌生子『秀吉と利休』）

「営みたい」という心の願いを前提にして、営みたいのは「五十年忌だ」と発想する。前の名詞「五十年忌」が直接「営みたい」に係っている。

▽それと同時に、誰かにひょいと出会って、此の自分の妙な動物園行きを、さりげなく笑いの種にしたくもあった。

（久米正雄『虎』）

「笑いの種にしたい」の欲望がまずあって、いろいろ考えた末「そうだ、動物園行きを笑いの種にしよう」と結論したわけではない。「を～たい」文型を取っている点からも、まず「動物園行き」をどう活用しようか？と考えた挙げ句、「そうだ、笑いの種にしよう」の結論に至ったと解釈すべきだろう。「を」格の名詞「動物園行き」と「したくもあった」との間に「さりげなく笑いの種に」といった語句が挟まれているのも、先の(a)の説明どおりである。

▽「これはひどい話だ」私はそれを物語った友人に云った。「一体復讐をしたければ、その死人は、男に対してすべきであった」

（小泉八雲『破約』）

「何がしたい？／復讐がしたい」の発想は普通ではない。「復讐をする？　しない？」の答えとして「復讐をしたい」と考えるのがノーマルな順序であろう。

▽いえ、あたしはお産の苦しみを味わいたいのです。生まれたときの、元気な産声《うぶごえ》を聞きたいんです。

（結城昌治『ひげの生えた赤ん坊』）

▽ゆゑもなく海が見たくて海に来ぬ　こころ傷みてたへがたき日に

（以下すべて石川啄木）

▽こころよく人を讃めてみたくなりにけり　利己の心に倦めるさびしさ

▽どんよりとくもれる空を見てゐしに　人を殺したくなりにけるかな

▽晴れし空仰げばいつも口笛を吹きたくなりて　吹き

てあそびき

▽吸ふごとに鼻がぴたりと凍りつく　寒き空気を吸ひたくなりぬ

▽目の前の菓子皿などをかりかりと噛みてみたくなりぬ　もどかしきかな

以上の六首は啄木の歌の「他動詞＋たい」形式のすべてである。「が～たい」が一句しかないが、「が」を取る希望意識が先にあって、その対象を「何が」と答える発想としては、最初の歌「見たいなあ／何が／海が」は「が～たい」の発想そのものである。

二番目以下の作は、「讃めてみたい」「殺したい」「吹きたい」「吸いたい」といった欲望が先に起こって、さてそれから「誰を殺そう」「何を吹いたり吸ったりしたい」などという発想はあり得ない。「人をどうしたか」「口笛を吹くか吹くまいか」「この菓子皿を……噛んでしまおう」というヲ格の対象がまず頭に描かれて、それに対してどうしたいのかを述語動詞に「たい」を添えて希望の意志表明を行なうのである。

「たい」には、二つの発想パターンがあるのである。

ない・ぬ【打消】

一、形式・意味から見た否定

1、否定表現とは

話題として取り上げる対象やある状況に対して、当人の抱く予想や、意識内での基準から見て、その認定範囲からずれていたり、その基準とは反対の状態にあるとの判断を表す表現である。予想や基準どおりとの判断は肯定として表現される。ただし否定には、必ずしも〈肯定〉対〈否定〉の関係を取らず、「無理に反対することもないさ」のような、その折の状況や相手の意志・判断などが、当方の考えるあらまほしき方向と食い違っていることから、それに同意しないことを示す表現として用いられたり、また、「この小説ちっとも面白くない」のように己の予想や基準から大きく外れ隔たるとの認識においても否定の表現が使用される。

2、否定的意味の形式

日本語には、「ない」や「ず」を付けて叙述内容を打ち消す文法レベルの否定のほか、語彙レベルでの否定も見られる。否定を意味する漢語接頭辞「不」や「非」などを語中に含むものと、語義そのものが否定的意味である場合など、多彩である。

(1)「否、非、不」などの漢語の接頭辞によるもの

▽否認、否決／非礼、非常識、非公開／不完全、不承知、不確か／無差別、無意識／反主流派、反社会的

(2)否定の応答詞

▽いえ／いいえ／いや／ううん

＊日本語は否定形（ない）と否定応答とで形式が異なる。（英語では no/not/nothing などN音でそろっている）

(3)形容詞「ない」

▽時間が無い／無い袖は振れぬ／面白くない／静かでない

(4)打消の助動詞「〜ない／〜ぬ／〜ざる」

▽〜ない「行かない／知らない／来ない／降っていない／返って来ない」

▽〜ぬ（ん）、〜ず、〜ざる「わからぬ／見ず知らず／帰らざる川」

◆形容詞「ない」と助動詞「ない」との区別

(a)形容詞は自立語である。そのため「ない」の前に付属語の助詞が立ち得る。

▽財産はない／寒くはないか／面白くもない話／賑やかじゃない／心臓は右にない

(b)打消の助動詞「ない」は動詞の未然形に付くから、「は」や「も」をその前に入れることはできない。「知らはない」とか「勉強しもない」とは絶対に言えない。

(c)しかし「ず」や「ぬ」「ざる」なら、同じ打消の助動詞ゆえ、置き換えはもちろん可能である。

▽知らない→知らぬ／勉強しない→勉強せぬ／働かないで→働かずに／見ない聞かない言わない→見ざる聞かざる言わざる

しかし、形容詞の「ない」は、品詞の異なる付属語の「ず」や「ぬ」と置き換えることはもちろんできない。

例えば、「寒くない」を「寒くぬ」と言えないのは、両者の文法的性格が異なるからである。すなわち、形容詞の場合「ない」は「寒くて／寒くない」のように連用形に続くから、未然形接続の「ぬ」は接続できない。

(d)形容詞「ない」はそれだけで述語に立つことができる。また、形容詞・形容動詞に直接続く。一方、助動詞の「ない」はそれだけで述語にならず、動詞に付く。

3、意味面における否定——負極語（負相語）

単語の意味が本来、否定的な意味を持っているもの。肯定の意味方向を（＋）とし、否定の意味方向を（－）と考えるとき、「＋－」の両方向、つまり正負の極に対立する語があり、これを**対極語**もしくは**双極語**という。その負に当たる側の語が負極語（負相語）である。

▽生／死、インフレ／デフレ

負の側は、人についての語の場合、差別語となりやすい。「正」（＋）のほうは多数派で、標準ないしは一般と考え、それを否定する側を特別のものとして差別するからである。

先の2、(1)「否、非、不」などを伴う語は、多くこの対極語に属する。

その他、「駄目だ、手遅れだ」なども否定的意味を内包する負極語である。

❖否定形式と語種との関係

「駄目だ」「無理だ」「手遅れだ」などの負極語（負相語）を除けば、あとは「不可能／非常識／否認／無差別／反比例」など接頭辞「不、非、否、無、反」の付く漢語か、「アンチ」(anti-)の付いた「アンチテーゼ」「アンチ巨人」のような外来語（洋語）および外来語を含む混種語ぐらいで、和語には否定を表す接頭辞がないから、助動詞の「ない」や「ぬ」の力を借りて否定表現を行なうということになる。

4、形は否定形だが、意味が打消とならない場合

日本語には形式上は否定の文だが、全体の意味としては肯定となる表現が種々ある。

▽お礼の申しようもありません／あなたが居ないときじゃないと駄目なの／雨の降らない前に帰りましょう／転ばぬ先の杖

いずれも「ない」が用いられているが、意味的には否定とはならない。その逆の形が「嘘つけ！」（＝嘘をつくな）や「もう一遍言ってみろ」である。肯定の命令表現であるが、実際は「嘘をつくな」「言ってはいけない」の否定的内容となっている。

5、「ない」表現の表す意味

「ない」は基本は否定だが、文脈によってさまざまな意味に分化する。叙述の内容に対する話者の心が疑問形や助詞の添加によって「ない」に付加され、一つの表現文型として形成される。

(1)否定　「学生ではない／あまり面白くない／窓が閉まらない」

(2)否定疑問　「面白くないのかい？／まだ食事を済ましてないの？」

(3)確認（同意を求める）「もしもし、田中さんじゃないかい？／君には難しくないか？」「私の帽子知らないかしら？／あの子お宅へ行ってないかしら？」

(4)婉曲（念を押す）「こっちがいいんじゃないの？／雨でも降るんじゃないかしら？」

(5)肯定推量　「田中さんじゃないだろうか？／彼も行くのではなかろうか？」「彼も行ってるんじゃないか？」

(6)否定推量　「他に望めないのではないだろうか／考えていないのではなかろうか」

(7)肯定感動・感嘆　「やあ、田中さんじゃない！／綺麗じゃないか！／けなげなことではないか！／悲しい話じゃない！」

(8)否定感動　「なあーんだ、田中さんじゃないの！／全然動かないのか！」

(9)肯定願望・希望　「今晩いい夢見ないかしら？／早く来てくれないかなあ…」

(10)否定願望　「今晩もいやな夢見ないといいが／その事、彼が知らないといいがなあ」

(11)肯定勧誘・命令　「一緒に行かない？／そろそろ始めないかい？／早くしないか！」

⑿否定勧誘・禁止　「学校へ行かないとこうか？／お昼食べないとけ！」

二、形容詞の「ない」

1、「ない」の意味分類

形容詞の「ない」にはいろいろな意味がある。

(a)事物が存在することを否定する認定「ある／ない」

(b)成立を予想した話題が期待に反して不成立に終わることの認定

▽「質問ある？／ない」「家には車は無い」「あいにく一円も無い」

(c)場面・話題を限定して、そこでの存在を否定する認定

▽余の辞書に不可能という文字はない／財布の中に金が無い／正しい位置にない／右側には心臓はない／一学期にはテストはない／このページに誤植はない／相手には敵意はない

(d)事物を存在させようとしても作り出せないの意識。現在の目的に当てるには、不十分・不足だ。

「色男、金と力はなかりけり」「英語力がない」「あ、もう時間がない！」など。「あまり、ほとんど」などの程度副詞が付き得る。逆の「ある」には「かなり、相当」などが付く。

▽余命いくばくもない／金は結構あるが、興味が全くない

＊ただし程度性を持った事柄か複数の集合体に限る。本来、単一のもの（例 盲腸、妻など）では程度副詞は付かない。「盲腸があまり無い」とか「私には妻がほとんどいない」などとは言わない。

(e)状態形容の形容詞や形容動詞を受けて、「あまり寒くない」「静かでない」のように、完全にはその状態に至ってないことを表す。

「ない」
- 非存在↓(a)、(b)、(c)
- あるが、その対象や目的に当てるには不足↓(d)
- その状態に至らず↓(e)

2、「ある／ない」「いる／いない」の使い分け

日本語では人や事物の存在に「ある／いる」の両語があって、使い分けている。同じように非存在にも、その否定形で使い分けを行なっているのだが、「ある」のほうは「あらない」という形は現在用いられず、形容詞の「ない」で表し、「いる」のほうは打消の助動詞を添えて「いない」と言う。そこで、種々の表現の形がどのような主体の場合にそうなるのか、左に整理してみよう。

⑴有生・有情の存在・非存在

人・動物↓いる／いない（存在／非存在）
　　　　ある／ない（所有／非所有）

▽客／生徒／家族／妻／猫／ペット

⑵無生・非情の存在・非存在

物・事柄↓ある／ない

▽車／金／電話／暇／仕事／愛情

⑶状態性の存在・非存在

事柄↓〜する・〜しい・〜だ／〜ない
（現状／状況否定）

▽すっきりする、寂しい、静かだ／すっきりしない、寂しくない、静かではない

⑷行為・現象の生起・非生起

↓〜する／〜しない（成立／不成立）

▽働く、考える、死ぬ、降る、実る／働かない、考えない、死なない、降らない、実らない

3、否定表現と「は／も」の添加

否定することは、期待や予想に反して〝そうではないのだ〟と提示する発想。その事物・事象を取り立てて、〝それが思いきや、そうではない〟と述べる。この取り立て意識が強調の「は」の発想に繋がる。

▽「雨が降っている／雨は降ってはいない」「行きはしない」「学校へ行く。郵便局へは行かない」

(1)各形式

雨だ　雨でない　雨でハ／モない
寒い　寒くない　寒くハ／モない
静かだ　静かでない　静かでハ／モない
書く　書かない
書いてある　書いてない　書いてハ／モない
書いている　書いていない　書いてハ／モいない
書く　書きハ／モしない
書いてある　書いてありハ／モしない

(2)品詞と否定の型（＊印は助動詞の「ない」）

(a)「ない」だけで使用↓「ある／ない」　「時間がない」
(b)形容詞に　「寒くない」
(c)形容詞＋は／も　「寒くはない」
　形容動詞＋は／も　「静かではない」
　名詞＋断定「だ」＋は／も　「子供ではない」
(d)動詞＋て　「書いてない」
(e)動詞＋は／も＋し　「来はしない＊」
(f)動詞に　「帰らない＊」

▽暑いです／暑くないです／暑くありません／暑かったですね
▽暑いでしたね（不成立）／暑くなかったです
▽暑くないでした（不成立）／暑くありませんでした

三、問答の型と否定表現との関係

1、否定使用の場面

否定表現の現れる場面を問答の型から分類すると次のようになる。

(1)質問文の答えとして

(a)判定要求の表現――相手に肯否の判定を求める
▽「あなたは留学生ですか？／いいえ、留学生ではあ

りません」「英語が話せますか？／いいえ、話せません」

(b)選択要求の文――複数の判断を示して相手に選ばせる。「はい」は相づち。

▽「あなたは留学生ですか、違いますか？／はい、私は留学生ではありません」「生まれは東京ですか、大阪ですか？／いいえ、私は東京でも大阪でもありません。京都です」

(c)説明要求の表現――疑問詞によって問い掛けて、相手から答えを引き出す。「いいえ」の打ち消し表現は現れない。「はい」は相づち。

▽「あなたのお国はどちらですか？／はい、私の国は中国です」「なぜ日本語を勉強するのですか？／はい、……だからです」

(2)相手の主張や念押しの答えとして（否定形は相手の主張を認めない文）

(d)認定要求の表現――こちらの意見の認否をただす。確認表現。

▽「あなたは留学生ですね／いいえ、私は留学生ではありません」「英語が話せるんでしょう／いいえ、話せません」

(3)期待や予想の外れ

▽なあんだ、この西瓜ちっとも冷えてないなあ

(4)いきなり否定文で話し掛ける

▽今日は雨は降りそうにもありませんね／バスはなかなか来ませんなあ

(5)事柄や状況説明として否定の形で提示する

▽わからない人は手を挙げなさい／日が暮れないうちに帰りましょう

2、否定によるテンス・アスペクトの移行

問答における問い掛けと答えとで、表現の時制等にずれの生ずる場合が見られる。「〜する／〜した／〜している／〜していた」が否定表現となることによって、その形を変えるのである。いわゆるテンスやアスペクトが移行するのである。そのルールに反すると非文となって

日本語として成り立たない。

▽「王君はもう帰国したかい？」
「いや、まだ帰国していない」（×しなかった）
▽「昨日大阪では雨が降ったか？」
「いいえ、大阪では降らなかった／降らない」
▽「彼は理由知っている？」
「いや、知っていない／知らない」

同様の例をいくつか挙げておく。

⑴あなたは理由を知っていますか。
はい、私は理由を知っています（成立）
　　　　　知ります（不成立）
いいえ、私は理由を知りません（成立）
　　　　　知っていません（不成立）
⑵彼は理由を知っていますか。
はい、彼は理由を知っています（成立）
　　　　　知ります（不成立）
いいえ、彼は理由を知りません（成立）
　　　　　知っていません（成立）
⑶あなたは知っていましたか。
はい、私はもう知っていました（成立）
いいえ、私はまだ知りません（成立）
いいえ、まだ知っていません（不成立）
いいえ、まだ知りませんでした（成立）
いいえ、まだ知っていませんでした（不成立）
⑷彼はもう知っていましたか。
はい、彼はもう知っていました（成立）
いいえ、彼はまだ知りません（成立）
いいえ、まだ知っていません（成立）
いいえ、まだ知りませんでした（不成立）
いいえ、まだ知っていませんでした（成立）

四、打消と呼応する副詞

助動詞「ない」は動詞に付いて、その行為や作用・現象・存在などの成立を否定する。否定は単に非成立という論理一辺倒でなく、話者の意識の有り様によって否定にもさまざまな様相が色付けされる。否定の有り様を示す副詞によって、叙述の中で適宜示されるのである。主なものを掲げておく。

❖打消を事前に予告する副詞

あだやおろそかには（／では）…ない　例 〜できない／〜扱えない
あながち…とは限らない／…とは言えない　例 〜嘘とは…／〜間違いとは…／〜無駄とは…
あまり…ない　例 〜見かけない人／〜売れない商品／〜良くない品
一概に（は）…ない　例 〜そうとも言い切れない
いっこうに…ない　例 〜うだつが上がらない
いっさい…ない　例 〜おかまいなし／〜差し支えない／〜問題としない
おいそれとは…ない　例 〜教えない／〜分かるまい
皆目《かいもく》…ない　例 〜見当がつかない
必ずしも…とは限らない　例 〜最高とは…／〜善人とは…
からきし…ない　例 〜意気地がない
決して…ない　例 無駄にはならない／〜忘れない
さして…ない　例 〜待たせない
さっぱり…ない　例 〜上手にならない
さほど…ない　例 〜面白くない
さらさら…ない　例 〜疑わない／下心など〜ない
少しも…ない　例 〜疑うところなく
絶対に…ない　例 〜狂わない時計
全然…ない　例 〜休まないで働く
たいして…ない　例 〜働かない
絶えて…ない　例 悪い噂は〜聞かない
断じて…ない　例 〜許せない
ちっとも…ない　例 〜はかどらない
つゆ…ず　例 〜疑わず
てんで…ない（俗語）　例 〜面白くない／〜儲からない
どうしても…ない　例 〜帰りたくない／〜分からない
到底…ない　例 〜許せない
どうにも…ない　例 〜我慢がならない
特に…とは限らない

例 ～安いとは～／～良い環境とは～

とても…ない　例 ～なじめない／～頼めない

なかなか…ない　例 ～なつかない／～見つからない

なにも…ない　例 ～発見できない

なんら…ない　例 ～差し支えなし

二度と…ない　例 ～見られぬ顔／～再び現れなかった／～会いたくない

べつだん…ない　例 ～変わったこともない

別に…ない　例 ～何ということもない

まさか…ない　例 ～無断で帰るわけにもいかない

まだ…ない　例 犯人は～見つからない

全く…ない　例 ～恥じるところがない／～見かけない顔

まるで…ない　例 日本語が～分からないらしい

まるっきり…ない　例 ～知らない連中

まんざら…ない　例 ～知らないでもない噂／～いやでもない様子

みだりに…ない　例 ～声を掛けてはいけない

滅多に…ない　例 ～見かけぬ珍しい品

滅多なことでは…ない　例 ～驚かない

もうとう…ない　例 謀反の心など～ない

ゆめゆめ…ない　例 ～油断なきよう心すべきだ

ろくに…ない　例 ～挨拶もしない失礼な奴

五、打消に関するさまざまな問題

1、打消と「です／ます」体

日本語は、普通体のほか丁寧体など、数種の文体を備えているが、特に丁寧体の場合、肯定文と否定文、「です／でした」の違いによって、形式が歩調をそろえているとは限らない。正しい日本語となるよう注意が必要である。

暑いです／暑くないです／暑くありません／暑かったですね／暑くなかったです／暑くありませんでした

……成立

暑いでしたね／暑くないでした……不成立

2、「～なくて」と「～ないで」の使い分け

打消「ない」が接続助詞の「て」を伴って種々の文型の中で用いられるとき、文型ごとに「なくて」の形で用いられる場合と、「ないで」と音変化を起こす場合とが見られる。どのような場合に撥音「ないで」となるのか、左に整理しておく。

①（誘発）学校へ行かなくてはいられない　（△）
　学校へ行かないではいられない　（○）
②（許容）学校へ行かなくてもいい　（○）
　学校へ行かないでもいい　（○）
③（義務）学校へ行かなくてはいけない　（○）
　学校へ行かないではいけない　（×）
④（義務）学校へ行かなくてはならない　（○）
　学校へ行かないではならない　（×）
⑤（依頼）学校へ行かなくてください　（×）
　学校へ行かないでください　（○）
⑥（優先）学校へ行かなくて働け　（×）
　学校へ行かないで働け　（○）
⑦（選択）学校へ行かなくて帰って来た　（×）
　学校へ行かないで帰って来た　（○）
⑧（原因）学校へ行けなくて帰って来た　（○）
　学校へ行けないで帰って来た　（○）
⑨（対比）彼女は行かなくて、彼は行く　（○）
　彼女は行かないで、彼は行く　（○）
⑩（理由）学校へ行かなくて困る　（○）
　学校へ行かないで困る　（○）

3、「いけない」と「ならない」

義務や強制を表す言い方に「～いけない」と「～ならない」の二つの言い方がある。どのような形式のときどちらの方式となるのか、一定の決まりが見られるので、左に整理しておく。

(a)「いけない」グループ	(b)「ならない」グループ
…なければいけない	…なければならない
…ないといけない	…ないと　×
…てはいけない	…てはならない

…たらいけない　…たら　×
…といけない　…と　×
▽税金を払わなければ(a)(b)／払わないと(a)
失敗しては(a)(b)／したら(a)／すると(a)

4、否定の位置

打消の「ない」は文中のどの部分を否定するのかによって、文の中での位置が定まってくる。特に、前に立つか後に来るかで文意に差の出てくる場合があるので気をつける必要がある。

(a)来ないはずだ／来るはずはない
(b)来ないつもりだ／来るつもりはない
(c)来ないわけだ／来るわけはない

来ないことを予想する前者に対して、文末に「ない」と否定する後者は、そのような事態をはっきり打ち消す態度の現れで、前者のような曖昧さがない。断言しているのである。もっとも、(a)の「来ないはずだ」を未来についての予想と取らず、後で来られなかった訳を聞かされて「それなら来ないはずだ」と納得する事後理解の解釈も成り立つ。(b)ではそのような解釈は不可能。一方、「来ないわけだ」の(c)では、事後理解の解釈しか成り立たない。逆に後者「来るわけはない」に、「彼は風邪で寝ているから、来るわけはないよ」のように事前のことにも、また、事後に訳を聞かされて納得する事後理解とも、どちらの解釈も可能である。

▽彼女は、旅行中であった。郷里に用事が出来て、帰っている。まだ何日間かは、会えないはずであった。
（澤野久雄『見知らぬ人』）

(d)面白くなかったです／面白くありませんでした

文意は同じだが、「なかったです」に違和感を持つ向きも多いだろう。「……なかったですか」とか「……ですよ」と終助詞を伴えば自然さは増す。

(e)なぜ窓を開けないで寝たのか？
なぜ窓を開けて寝なかったのか？

共に意味することは同じだが、前者の肯定形での問い掛けには高飛車な強い叱責の調子が伴いやすい。それに比べて文末を否定の形で問い掛ける後者には、「……なかったのか？ ……すればよかったのに」という反語的な含みのある表現となり、そこに優しい思いやりの気分が醸し出される。否定の位置一つで相手に対する話者の心根が示される良い例である。

5、二重否定

日本語には否定したものをもう一度打ち消す独特の表現法がある。よく「二重否定イコール肯定」と言われるが、日本語の否定は単なる論理ではない。否定には先の(e)の例のように、深い感情が込められている。その感情を二重に畳み掛けるのであるから、意味の含みと、それに伴う感情の陰影は単なる肯定表現では到底表しきれない深いものがある。例で見よう。

▽できなくはない／できなくもない　できないこともない／できないではない／できないでもない／できないわけでもない／できないというわけでもない／できないとは限らない／できないとは思われない／できないとは言えない

その他「言わないことじゃない」「するもしないもないじゃないか」など、これでもかとばかりの念押しや、もって回った言い方の何と多いことか。

▽須貝「びっくりなすったでしょう」
諏訪「驚いたわ」
須貝「だから、言わないことじゃない」
（森本薫『華々しき一族』）

▽「急に要ることがなけれァ、暫く借りとくかな」
「借りるも貸すも、そんなこと。……第一、これ、誰のお金ってこともないぢやァないか」

（里見弴『みごとな醜聞』）

▽「毎日同じものをきているからいかん。たまには生活を変えろ」とおっしゃる。変えるも変えないもないもんです。ぼくは勤め人ですから洋服がなければ、会社へは行けない。
（清水きん『夫山本周五郎』）

六、「ない」を含む慣用的な表現文型

(a)彼ほど馬鹿じゃない。（程度・比較）
(b)面会できるほど軽症じゃない。／面会できないほど重症だ。（程度・例示）
(c)これほど素晴らしいものはない／ことはない。（程度・強調）
(d)松の木が一本あったに過ぎない。（強調・軽視）
(e)彼は来ないかもしれない。（推量）
(f)学生の中には眼鏡を掛けているものも少なくない。（強調）
(g)我々は一庶民でしかない。（強調）
(h)一円の価値すらない／さえない。（強調）
(i)鼠一匹すら見当たらない／さえ見当たらない。（例示・強調）
(j)手術しないかぎり（しない以上）助からない。（条件）
(k)カンニングをしてはいけない／してはならない。（禁止）
(l)金を払わなくてはならない／払わなくてはいけない。（義務・命令）
(m)先に帰るわけにはいかない。／行かないわけにはいかない。（義務）
(n)来るわけはない。／来ないわけはない（確信・強調）
(o)食えないばかりじゃない。水さえ飲めないのだ。（累加）
(p)言葉を知らないばかりに、散々な目にあった。（因果関係）
(q)泣き出さないばかりだった。／下へも置かないばかりのもてなし。（比況）

七、否定形式の慣用句

付録として、慣用的な言い回しの例を掲げておく。

1、形容詞「ない」を伴う慣用句

余すところがない／蟻の這い出る隙もない／合わせる顔がない／生きた空がない／生きた心地もしない／意気地がない／痛くも痒くもない／一も二もなく／浮かぶ瀬がない／嘘も糸瓜もあったものではない／縁もゆ

かりもない／（～を）おいてほかにはない／お礼の申しようもない／影も形もない／数えるほどしかない／可もなく不可もない／苦もなく～／屈託がない／芸がない／心にもない／仕方がない／冗談じゃない／捨てたものでもない／席の暖まる暇もない／是非もない／立つ瀬がない／他愛がない／血も涙もない／手がない／手もなく～／できた義理ではない／同日の論ではない／取りつく島もない／とんでもない／何の苦もなく～／何のことはない／にべもなく～／抜け目がない／根も葉もない／願ってもない／能がない／ひとたまりもない／腹蔵のない／普通の体ではない／枚挙にいとまがない／まんざらでもない／身も蓋もない／身も世もない／見る影もない／（～に）目が無い／面目次第もない／申し分がない／ものの数でもない／（～ないものはない／立錐の余地もない／碌でもない／訳がない／訳はない／我にもなく～

2、否定形式の慣用句・打消の助動詞を伴う慣用句

開いた口が塞がらない／足元へも寄りつけない／頭が上がらない／意に充たない／言うに言われぬ～／一糸乱れず～／一糸もまとわず～／糸目を付けない／犬も食わない／動きが取れない／うだつが揚がらない／海のものとも山のものともつかない／大きな声では言えない／おくびにも出さない／押しも押されもせぬ～／風上に置けない／体が続かない／間髪を入れず～／気が利かない／気が気でない／気に食わない／聞く耳を持たない／切っても切れない／ぐうの音も出ない／口が減らない／愚にもつかない／首が回らない／言を待たない／心ならずも～／ご多分に漏れず～／事ともしない／下へも置かぬ／水火も辞せず／相撲にならない／俗世間にとらわれない／そうは問屋が卸さない／反りが合わない／昼夜をおかず～／昼夜を分かたず～／辻褄が合わない／手が付けられない／手が出ない／手が回らない／手に負えない／手に付かない／手の舞い足の踏むところを知らず／手も足も出ない／手を濡らさず～／梃子でも動かない／どうにもならない／時を移さず／時ならぬ～／毒にも薬にもならない／どこの馬の骨かわからない／とてもじゃない／途方もない～／ともに天を戴かず／取り返しがつかない／取るに足りない／鳴かず飛ばず／なっていない／にっちもさっ

ちもいかない／似ても似つかぬ〜／煮ても焼いても食えない／二の句が継げない／能でない／脳味噌が足りない／のっぴきならない／歯が立たない／歯に衣を着せない／馬鹿にならない／箸にも棒にも掛からない／肌身離さず〜／鼻持ちならない／話にならない／離れるにも離れられない／びくともしない／引っ込みがつかない／一筋縄ではいかない／氷炭相容れない／腑に落ちない／笛吹けど踊らず／（〜の）ぶんにも〜とは思われない／屁とも思わぬ／骨身を惜しまない／水もたまらず〜／水も漏らさぬ〜／見るに忍びない／見るに耐えない／虫が納まらない／虫が好かない／虫も殺さぬ〜／目が離せない／目にもとまらぬ〜／目も当てられない／目もくれない／ものともせず／ものも覚えぬ／止むに止まれず／やむを得ない／矢も盾もたまらず〜／油断も隙もない／指を差させない／夜も日も明けない／容易ならない〜／欲にも〜できない／埒があかない／ろれつが回らない／論をまたない／論ずるに足りない／脇目も振らず〜／（〜する）わけにはいかない

ない・ず・ぬ・ざる【打消】

一、打消「ず」の用法

	連用	終止	連体	仮定
「ない」系列	なかっ なく	ない	ない	なけれ
「ぬ」系列		ぬ（ん）	ぬ（ん）	ね
「ず」系列 （ず＋ある）		ず	ざる	

▽とうとう来なかった／時間に来なくて／今日は来ない／しなければならない／知らぬ 存ぜぬ／そんなこと知らんよ／待てど暮らせど来ぬ人を／知らん顔をしている／せねばならぬ／見ず 知らずの人／見ざる 聞かざる 言わざる

❖活用形の説明

未然形に「なかろ」を立てる説もあるが、これは推量の「う」を伴って「なかろう」の形で用いる。が、今日では、一方に「ないだろう」の言い方があり、それが主流となっているので、ここでは未然形は立てないことにする。「ぬ」系列と「ず」系列を一つにまとめるのが一般だが、語源的には別類であろう。「ざる」は「ず＋ある」の発音がつづまったもの。

二、否定表現の形式

「ず／ぬ」系列は「ない」系列に比べて歴史が古いだけに、今日使われていない用法がある。

降らなかった／×
降らなくて／降らず（に）（＊しなくて／せずに）
降ってない／×
降らない／降らぬ（＊し〜／せ〜）
降っていない／降っておらぬ
降らないのに／降らぬのに（＊し〜／せ〜）
降りはしない／降りはせぬ
降らなければ／降らねば（＊し〜／せ〜）
降らなければならない／降らねばならぬ

▽義民のことなどに一言もふれず、問題の三、四号建設を訴えた度胸のよさには、満場のあっけにとられたぞね。（杉浦明平『義民顕彰式』）

▽昨日は男と旅行することになろうとは夢にも思わず、夜逢うことさえむずかしいと言い出した男と、いっそ別れるなら……（古井由吉『空の上』）

▽根上にいわせれば、出世のためには手段を選ばずで、おかげでいまは、ロンドン支店長。（城山三郎『隠し芸の男』）

❖二様の義務の言い方

「する」の打消形で義務・強制を表す言い方には次の二種がある。

(a)なければならない／(b)ねばならぬ

歴史的には(a)は関東系、(b)は関西系であるが、現在では「……しなければならぬ」「……せねばならない」の混合形式も用いられている。

▽うっかりしていると、始終なぐられてばかりいなくてはならない。（幸田文『みそっかす』）

▽島の人たちへの償いのためにも、私は私なりにまじめにつくします、という気概を見せなければならなかった。（大城立裕『竜宮』）

▽きみはわかるか、余計者もこの世に断じて生きねばならぬ。（小林秀雄『Xへの手紙』）

▽僕の武蔵野の範囲の中には東京がある。しかしこれはむろん省かなくてはならぬ。（国木田独歩『武蔵野』）

▽堪え難い針先の苦痛を、一と月も二た月もこらえねばならなかった。（谷崎潤一郎『刺青』）

三、打消を含む固定した言い回し

1、一つの言い回しに見られる「ず」の例

言わず語らず／思わず～した／～を物ともせず／～にもかかわらず／そうとも知らずに／ちっとも怪しまず／言わずと知れた／一糸まとわず／一糸乱れず／間髪を入れず／心ならずも／ご多分に漏れず／水火も辞せず／昼夜をおかず／昼夜を分かたず／手の舞い足の踏むところを知らず／手を濡らさずに／時を移さず／ともに天を戴かず／鳴かず飛ばず／見ず知らずの人／矢もたまらず／止むに止まれず／矢も盾もたまらず～／付かず離れず／食うや食わずの毎日／飲まず食わず／肌身離さず／引きも切らず／笛吹けど踊らず／脇目も振らず／どうぞ悪しからず／わからず屋／わからずじまい／食わず嫌い／恥知らず／恩知らず／物知らず／世間知らず／恐いもの知らず／命知らず／身のほど知らず／親不知／行き方知れず／当たらずといえども遠からず／相も変わらず／三日にあげず

2、「ず」で打ち消す形のことわざ

悪銭身につかず／笛吹けど踊らず／井の中のかわず大海を知らず／魚の目に水見えず／親の苦労子知らず／おごる平家は久しからず／渇すれど盗泉の水を飲まず

／清き流れに魚棲まず／雉子も鳴かずば撃たれまい／君子危うきに近寄らず／後悔先に立たず／弘法は筆を選ばず／立つ鳥跡を濁さず／虎穴に入らずんば虎子を得ず／天は人の上に人を造らず、人の下に人を造らず／二兎を追うものは一兎をも得ず／百聞は一見にしかず／覆水盆に返らず／仏造って魂入れず／論語読みの論語知らず／ローマは一日にしてならず

＊副詞「絶えず（～する）／相変わらず（～だ）／遠からず（～する）／取りあえず（～しておく）／我知らず（～する）／知らず知らず（～てしまう）」も、この「ず」に由来する。

3、一つの言い回しや格言に見られる「ざる」の例

～ざるを得ない／有り得べからざること／働かざる者、食うべからず／過ぎたるは及ばざるが如し／聞くは一時の恥、聞かざるは末代の恥／人学ばざれば道を知らず／見ざる、言わざる、聞かざる（「ざる」を「猿」に懸けて用いたもの）

4、一つの言い回しや格言に見られる「ぬ」の例

あらぬ疑いを掛けられる／見てみぬふり／知らぬ存ぜぬ／知らぬふりをする／言うに言われぬ／一糸乱れぬ行進／押しも押されもせぬ／聞く耳もたぬ／愚にもつかぬ噂／下へも置かぬもてなし／～は言を待たぬ／仕事が手に着かぬ／てこでも動かぬ／時ならぬ賑わい／似ても似つかぬ顔／抜き差しならぬ立場／屁とも思わぬ／水も漏らさぬ警戒／鼻持ちならぬ態度／～を物ともせぬ／世はままならぬ／虫も殺さぬ顔／無理からぬ事／目にも留まらぬ早業／ものも覚えぬ／止むに止まれぬ思い／容易ならぬ事態／予期せぬ事／分かりはせぬ／分かりもせぬくせに／知らぬ存ぜぬを決め込む／浮かぬ顔／あらぬ疑い／帰らぬ人／消えぬ痛み／口の利けぬ子供／行きたがらぬ場所／言わぬが花／知らぬが仏／転ばぬ先の杖／捕らぬ狸の皮算用／鳴く猫は鼠を捕らぬ／武士は食わねど高楊子／門前の小僧習わぬ経を読む／播かぬ種は生えぬ／こう暑くてはかなわん／知らん顔をしている／知らぬ顔の半兵衛を決め込む

た【確述】

一、概観

「た」は過去や完了を表すのではない。

▽昨日先生に会いました。／明日先生に会います。

は確かに「昨日」のことには「会いました」と「た」が付き、明日の話には「会います」と「た」を伴っていないが、

▽来週も試験あります。／来週も試験ありました。
▽昨日私の家のほう、雨は降らない。／昨日私の家のほう、雨は降らなかった。
▽あなたは田中さんですね。／あなたは田中さんでしたね。

のような例になると、「た」の有無は、主題の時とは関係しない。次の例もそうだ。

講演の司会者が、まず次のように講師と演題を紹介する。

「本日は「暮らしの注意」の二回めとして、××大学教授の長谷川幹彦さんから『つゆどきの暮らし』についてお話を伺うことにいたします。」

そして、講演の後で、

「ただいまのお話は、××大学教授の長谷川幹彦さんでした。」

と結びの挨拶をする。問題は、その文末の形式で「……伺うことにいたします」「……長谷川幹彦さんでした」と、初めは未来形、結びは過去形を用いている点である。一般に話の前だから未来形、終わった後だから過去形になっていると考えられがちだが、そうではない。日本語の「た」の使用は、必ずしも現在から見て事の成立が未

来か過去かで定まるわけでない。その証拠に、両文の文末形式を入れ替えて、「……についで伺うことにいたしました」「ただいまのお話は……長谷川幹彦さんです」と言い換えても、いっこうに不自然ではない。スル形でも、シタ形でも、どちらでもよいということは、助動詞「た」が、事の過去か否かを意味するものではない、ということである。確かに過ぎ去った過去の事象を述べるとき「昨日先生に会いました」と「た」を用い、「昨日先生に会います」とは言わない。反対に未来の事柄には「明日先生に会いました」とも言わない。だが、このことから直ちに「〜た」は過去を表し、現在や未来のことには使えないと断定するのは早計に過ぎはしないか。例えば、

「来週試験あったかしら？／さあ、ちょっと待って（と言って手帳を見て）、ああ、来週も試験ありました」

という対話の中の「〜た」は、どう考えても過去のこととは思われない。

「明日いちばん早く来た人が窓を開けなさい」

の例も同様。また、過去の事実でも、否定なら「昨日私の家のほう、雨は降らない」と、ことさら「た」を付けなくとも、決して誤りではない。つまり、過去のことか否かは叙述内容が決めることで、それに付属した「た」の働きで決まるわけではない。もっとはっきり言えば、「た」で示される話者の判断が、過去や完了した事態の認定と重なる点が多いために、比較的過去・完了の文末に現れることが多いというまでのことである。このように「た」の本義がテンスとは別のところにあるため、過去のことでも「た」の現れないこともあり、また、未来や時と関係のない叙述内容にも、「た」の伴う例が見られるということである。では、「あなたは田中さんでしたね」とか、「やっぱり火星に衛星ありましたよ」のような、時と関係ない文脈で「た」が現れるのを、どう説明していったらよいだろうか。

「何々した」「何々だった」で表される状況や事柄が必ずしも時と関わるものでないとすると、「た」そのものは本来、動詞のテンスを担う役割の語とは言えないので

はないか。果たして日本語の動作的叙述にテンスなる概念を持ち込む必要があるのかという本質的な問題にまで立ち至るのである。

　日本語の「た」は決してテンス（時制）を表すものではない。「た」が付いているから過去のことだというのは誤りで、その証拠に「明日テストあったっけ」と未来のことにでも「た」は付き得る。つまり叙述内容においての時点に左右されているのではないということである。日本語の「た」が助動詞であることからも分かるように、叙述している事柄に対しての話者の姿勢、把握の有り様を形に表したものなのである。

二、「〜た」の意味と機能

　例えば外出先で思わぬ不運に行き当たったとする。そこでことわざ「犬も歩けば棒に当たる」を比喩的に用いて、「犬も歩けば棒に当たったよ」と述べたとき、話者の気持ちは、あのことわざの持つ概念的な意味を叙述の内容として、それを実生活における具体的な事例という個別的な事象として振り返り、間違いなくそのことわざのような事実が起こったのだと主張する。つまり、そのことわざにただ一つ「た」を添えることにより、話者は、今、叙述したことわざの内容（それは客体的な事柄）に、己の判断や認識（内なる主体的な作用）を加えて相手に伝えることとなる。日本語の助動詞と言われる語彙「だ／ない／た／らしい／そうだ／かもしれない／だろう／う／よう」などは、いずれも前に述べた客体的な叙述内容（「命題」ともいう）を表現主体がどのように受け止めたか、断定か否定か、確定か推定か、それとも意志表明か、そうした判断を下す役割をこれら助動詞が担うのである。

　そこで、過去・完了と言われる日本語の助動詞「た」も、命題の中で直接「時」を表しているわけではない。今述べたように、話者の主観的な認識を添える「た」は、ただそれを個別的な事象として振り返り、間違いなくそのような事実が成立しているのだと判断する。したがって、話中の「時」がたまたま過去である場合には、その事象を振り返って、その成立を確かなものと認識する結果、「回想」の意味合いが「た」に付随することとなる。一見、「以前」ないしは「完了済み」の事柄を表すと思われがちな「た」ではあるが、そのような客体界の状況叙述ではなく、主体の確認意識の現れ、その副産物としての「回想」意識と考えてよい。極めて主体的な心理作用の言語化なのである。

三、「～た」文型の種類と意味

⑴名詞文

本来はその判断自体を確かなこととして認知するのであるから〈確述〉。

(a)一般的事実

発見……鯨は哺乳動物だった（確述）

(b)話者にとって不確定な事柄

確認……君は田中君でしたか？（確述）

梅かと思ったら桃だった（確述）

推量……彼は犯人らしかった（確述）

有罪かもしれなかった（確述）

(c)〝時〟とともに変化する事象・過去の話題・異なる場面での話題　↓回想となる

……当時彼は課長であった（回想）

昨日も雨だった（回想）

上海は雨だった（回想）

⑵形容詞文

現在の状況・状態の認知なら「美しい！」「暑い！」と形容詞をそのままの形で示せばよい。それに「た」を添えるということは、話題とする事柄の状態を振り返って認知することであるため〈回想〉となるのが本来。

(d)属性

……彼は本当に偉かった（回想）

公園は綺麗だった（回想）

(e)感情・感覚

……その時は悲しかった（回想）

足が痛かった（回想）

(f)推量・伝聞

……彼の話によると、その地方は寒いらしかった（回想）

(g)応対・挨拶　↓確述となる

……それは良うございました（確述）

有難うございました（確述）

現状を話題とする挨拶言葉では、間違いなくそのような心情に当方があるとの認識表明ゆえ〈確述〉となる。

なお、決まり言葉としての挨拶では、夕形は存在しない。「新年おめでとうございます」「お早うございます」を「〜ございました」と言う訳にはいかない。

(3) 動詞文

動作性の動詞＋タ

現象や動作の生起を内なる己が認識して、それが間違いなく成立したと認めるのであるから〈確述〉意識となるのが本来。

(h)瞬間現象・行動
開始……雨が降ってきた（確述）
完了……彼はいま出掛けた（確述）
完了……今帰ったよ（確述）

(i)精神活動
……彼はしまったと思った（確述）
あ、わかった！（確述）
よし、決めた！（確述）

(j)自覚
……腹が減ったなあ（確述）

(k)言語活動
遂行……じゃ、頼みましたよ（確述）
遂行……うん、約束した！（確述）
命令……さあ、買った買った！（確述）

(l)一般的事実の個別化・抽象的事柄の具体化
発見……猿も木から落ちたよ！（確述）

(m)過去の話題・異なる場面での話題　↓回想となる
……昨日も雨が降った（回想）
上海も雨が降った（回想）

存在詞＋タ

(n)事物の存在への現時点での認識
発見……あ、ここにあった！（確述）
主張……私はずっとここにいた（確述）

(o)過去の話題、異なる場面での話題　↓回想となる
……当時も駅前に交番があった（回想）
あの町にも交番があった（回想）

状態性の動詞＋タ

状態的なものはすでに認識状態にあるため、「た」によって、それが間違いないことと振り返る〈回想〉。

(p)継続現象や状態
……雨が降っていた（回想）
高い山が聳えていた（回想）

(q)結果の現存状態
……窓が開いていた（回想）
窓が開けてあった（回想）
(r)その折の状況知覚
願望……水が飲みたかった（回想）
推量……彼は出掛けるらしかった（回想）
知覚……いい匂いがした（回想）

＊意志表出（〜う／〜よう／〜まい）、推量（〜だろう）、命令・禁止（〜しろ／〜するな）には「〜た」文型は存在しない。これらは話題とする事柄への叙述ではなく、現時点における内なる己から発する心の表出ゆえであろう（「〜だろう」には「〜ただろう」の言い方はあるが、「〜だろうた」の形は存在しない。前者は外なる叙述内容ゆえに「た」が現れるが、後者は内なる己の心の表現だから「た」形は生じない）。

四、確述表現が回想意識を伴う場合

回想とは、叙述すべき内容の成立時点が表現を行なう現時点より以前であるため、話者がその内容の事象を時間的に振り返り、〝そうであったよ〟と回顧する発想である。したがって、表現事象と表現時との間に時間差を生む叙述内容でなければならない。

(1)名詞文

名詞文は本来、「時」の観念が伴わないから、「た」は確認意識のみとなり、結果としてその判断自体を確かなこととして認知するのである。一般的事実も「鯨は哺乳動物だった」「やはり時は金だった」と「た」を伴うことによって不確実な事柄の確認となり、個別的問題も、「君は田中君でしたか？」「あの人は加藤さんだったよ」と断定的な確認意識となる。もし推量判断なら確認するわけにはいかないから、単に「有罪かもしれなかった」の確述意識を添えるだけとなる。ただし、名詞文でも、客体内の問題として、時とともに変化する事象なら、「彼は当時課長であった」「頂上は雨だった」のように、確述判断に回想意識が付加されてくる。

(a)叙述内容が〝時〟とともに変化する事象である場合

▽そのころ彼はまだ課長じゃない。係長だった（回想）（「係長だ」の言い換え可）

名詞文は時の観念を伴わない判断の文であるから、「た」を伴えば確認・確述となる。それが回想となるためには特別の条件が加わった場合に限られる。

(b) 〝時〟を示す語によって、過去の話であることが明示されている場合。

▽去年も文化の日は雨だった（回想）

＊時を示す名詞や副詞がなければ、「おや、今年も文化の日は雨だった！」のように発見・確認（この場合は回想でないから、「おや、今年も文化の日は雨だ！」の言い換えも可）。これは動詞文でも同様。

「当時もここに交番があった」「おや、ここに交番があった！ここで道を聞こう／おや、ここに交番がある！　ここで道を聞こう」

このような例からも、「た」は個別的問題意識での確認・確述判断の語で、過去や完了でないことがわかるであろう。

＊東北方言では、例えば電話で「もしもし、森田でした」といきなり呼び掛けたり、店員が「これお幾ら？」と聞かれて即座に「三百円でした」と答えたりする。

(2) 形容詞文

形容詞および形容動詞による叙述は、現時点での当人の感懐（感情・感覚形容詞文）、ないしは対象の状態性の認知（客観形容詞文）である。例えば「足が痛い！」「海は広いな、大きいな」はその折の心の発露。したがって「た」を伴うと、その折感じたり把握したりしたことを現時点で再確認する発想となって、結果として「回想」となる。過去のその折の感覚は「足が痛い！」の言い切り形（終止形）で、それを後の回顧として「痛かった」と振り返る。動詞文なら、「足が疲れた！」と「た」を伴っても、足の疲れを現時点で間違いなくそうだと認識するだけである。回想とするためには「あの時は」「昨日は」の限定が必要だ。
一般に形容詞文は、属性の「彼は本当に偉かった」「公園は綺麗だった」、感情・感覚の「その時は悲しかった」「足が痛かった」、他者からの情報による推量判断「彼の話によると、その地方は寒いらしかった」のように、確述意識に回想性が伴う。ただし、感覚的な状況把握でない挨拶言葉は、「た」が確述意識しか示せない。

「それは良うございます／良うございました」
「有難うございます／有難うございました」

個別的事柄への確述的態度が「た」の有無を左右する。同じ挨拶言葉でも「新年おめでとうございます」「お早ようございます」は、個別的問題ではないから確述意識の入り込む余地はなく、「た」は付かない（方言を除く）。個別的なら「ご結婚、本当におめでとうございました」となり得る（〝間違いなくそう感じています〟という確述意識の発想）。このような例からも、「た」は個別的問題意識での確認・確述判断の語で、過去や完了でないことがわかるであろう。

(3) 動詞文

「た」は外なる客体界の事象に対して、それの様態（動詞の場合は「成立」ないしは「存在」）を確かにそうであると認定する己の判断である。認定対象の時の有り様を示しているのではない。客体内での現象生起の「時」とは関係なく、あくまで内なる己がその文脈における「今」という時点で、その対象の様態を間違いなくそうだと認識する判断の現れである。「（教員名簿で調べて）先生のお宅にファックスありました」と言っても、過去にはあって現在は無いという客体的な状況を叙述しているのではない。「先生のお宅にファックスあります」と言ってもいいところを、「ありました」と述べることによって、ファックスのあることを「今」という現在において確かなことと認定する表現である。それだけに「無いかと思ったが、実はありましたよ」の強い心理的裏付け意識がつきまとう。一般には「その頃、先生のお宅にファックスがありました」とすると、過去の「た」と考えられがちだが、これも、その当時ファックスのあることを「今」という時点で確かにそうであると認定しているだけのことである。ただ「その頃」という指定によって、叙述内容の時が過去のこととなり、結果として、現時点での認識作用「た」に回想の気分が付随することとなるのである。「さっきからずっとここに居ました」「(刑事の尋問に答えて)その日はずっと家に居ました」の差についても同じことが言える。「(鬼ごっこで)あ、ここに居たぞ!」を発見の「た」などと呼ぶことがあるが、そこに居ることを「今」という時点で確かなことと把握する点で、「た」に違いがあるわけではない。客体界の状況に応じてさまざまな付随的意味が添い加わるが、それをいちいち分類することは、辞書的な意味分類にすぎない。

次に動作性の動詞について。例えば鬼ごっこで「あ、見付けた!」と言った場合、一般には見付ける行為が今成立したという意味で、完了の「た」などと呼ばれている。確かに瞬間的な成立や、継続性の開始・終了は、見方によっては事の完了と取れなくもない。しかし、それは対象における状況変化の成立という問題で、話者の認定といった主体的認識行為とは別物である。叙述内容における客体的な諸状況から「その小惑星は友人が一昨年見付けた」は過去、「刑事が今、犯人を見付けた」は完了と区別しても、「た」の本質は見えてこない。確述意識が「た」の付加をもたらすと考えれば、さまざまな動作性の叙述も、現実的体験か観念的事柄かの差はあるとしても、それの成立を強く認識する判断として、すべてが説明可能となる。

一般的事実・真理の個別化
……「猿も木から落ちたよ」
瞬間現象・行動
……完了「日はいま沈んだ」「今帰ったよ」「うん、約束した!」
……遂行「じゃ、頼みましたよ」「よし、決めた!」
……思考「彼はしまったと思った」「あ、わかった!」
……感覚「腹が減ったなあ」

これら「落ちる/沈む/帰る/頼む/…」等の瞬間動作動詞は、言い切り形のままでは、ことわざのような恒常的一般性、ないしは不確定な未来のこととなって曖昧なため、「た」の働きによって個別的・具体的事象となし、確定的なものとの意識に変える。このほか、「さあ、買った買った！」「どいた！どいた！」（命令）など、いわゆる**不変化助動詞**の「た」も、相手が確実に命令に従うのだという、事の成立を強く心に描く話者の心理・信念（すなわち確述意識）が「た」によって示されている。

▽おい隆ちゃん、降りた、降りた、降りなきゃ登って行って引きずり降ろすよ、と怒鳴っても、益々むささびのように樹にへばり附いていた。
（野上彌生子『哀しき少年』）

五、「〜ている／〜てある」文型と「た」

「〜ている」「〜てある」表現や、「〜たい」「〜らしい」その他、継続や状態の動詞は、形容詞などと同じく現在の様態を述べているため、「た」を添えることにより、その様態が間違いなくそうであったと認識する回想意識が確述判断に付加される。

継続現象や状態
……「雨が降っていた」「山が聳えていた」
結果の現存
……「窓が開いていた」「窓が開けてあった」
現在状態
……推量「彼は出掛けるらしかった」
……願望「水が飲みたかった」
……知覚「いい匂いがした」

これらは話者の過去における体験に基づく回想である。このような**体験回想**でない、知識や情報として得た事柄を「〜ていた」の形で叙述する文型もある。

▽その頃は、唐の国はとうに滅んでいました。
▽昔ある所に一人の若者が住んでいた。

物語などにしばしば登場する叙述形態である。これは「〜ていた」の形を取っていても、先の体験回想とは異なる。観念としての過去の事柄を「〜た」で振り返るのであるから、強いて言えば**観念回想**ということになるが、それはすなわち（実在か空想かは問わないとして）過去の事態を回想風にとらえる確述意識の一種と考えてよい。

なお、「〜ている／〜てある」文型でなくとも、過去を示す語彙の明示があれば回想となり得るのは、名詞文の場合と同じである。

▽その頃はよく雨が降った。
▽当時も駅前に交番があった。

また、「現在状態や継続状態」を表す場合にも、「腹が減る」のような未来形を除けば、「水が飲みたい」「いい匂いがする」「彼は出掛けるらしい」と具体的な現時点の事象描写の文なら、「〜た」の付加によって話者は表現行為遂行の現時点からそれを眺め回想することになる。事象が話題の場の中に転移したのである。

六、言い切り形「〜た」文型の意味分類

言い切り「〜た」文型の中心的意味は〝確述〟意識の言語化にあると考えられる。〝回想〟も叙述内容に応じた派生的意味の添加で、基本は〝その事物・事象を間違いなくそうだと認識する〟話者の確述意識だと言ってよい。過去においてそのような事象・事態があったという話者の確かな認識の成立は、回想における確述だとも言える。話題の事柄を現在にとらえるか、過去のこととして回顧するか、それは発想の基本の違いではなくて、話題成立の状況の差でしかない。

(1) 回想

他者や外の事物の上に起こった現象は〝過去〟であるが、話者の思い出として語られれば〝回想〟となる。さらにその現象を話者自身のこととしてとらえれば〝経験〟となる。これらの差は話者の認識の違いでしかない。

▽祖父は一九六二年に死んだ（過去）
▽彼は昨年日本に来た（過去）
▽そんなこともあったね（回想）
▽あの人は本当に偉かった（回想）
▽私は学生時代三回富士山に登った（経験）
〔「彼は」とすると〝過去〟となる。〕

(2) 確述

(a) 完了

▽日本に来てもう七か月経った

▽終わったから帰ります／雨が降ってきたらしい

(b) 確認、その他

▽先生の家にファックスあったかしら（確認）

▽火星に衛星あったっけ（確認）

▽明日授業あったかしら（確認）

▽あなたはどなたでしたか（確認）

▽あなたは田中さんでしたね（確認・念押し）

▽じゃ、頼んだよ（念押し・確述）

▽あの人は以前からここにいた（確述）

▽どうも有難うございました（確述）

▽先生お車が参りました（確述）

▽やっと電車が来ました（期待の実現）

▽早く帰ったほうがいい（強調）

▽そうだ、今日は日曜だった（想起）

▽「先生、火曜日はいかがでしょうか」「火曜日ですか。ちょっと待ってください、手帳を見ますから……あっ、火曜は駄目です。授業がありました」（想起・発見）

▽あ、ここにあった（発見）

▽なんだ、夢だったのか（発見）

▽先生のお宅にファックスありました（発見）

▽やっぱり君だったのか（予想の的中）

▽まあ、呆れた（驚愕・驚嘆）

▽こりゃ、驚いた（驚愕・驚嘆）

(c) 命令

▽さあ、並んだ、並んだ。

▽早くバスから降りた、降りた。

▽（相撲で）残った、残った。

七、複文における「〜た」の働き

述語が複数回現れる文脈でも、その文脈の中でそれぞれ叙述する事象が間違いなく成立したとの認識に立って、話の筋をさらに先へと進める意識となる。叙述するその事象が、その段階で過去の扱いになるということではない。また、よく言われているような、「〜た」の段階までに述べられた事態が時間的に先行して、それの成立を踏まえて、その後に起こる事象を以下に続ける。「以前／非以前」「了／未了」の順序で文脈が展開するというのも、多くの例では確かにそうだが、絶対的なものでもない。すでに述べたように、「〜た」の本質は話者の認識の有り様を文脈に添えるものであって、〝確述〟なる名称を与えたのもそのことを踏まえている。時間観念の上に立って過去か否かを弁別する働きではない。文脈内のその個々の事象に対し、その文脈内の時点において〝確かなもの〟とその折々に判断を下し進めていくだけで、だからといって、たまたま先に叙述した事象が後の文脈で取り上げる事象より時間的に先行しているという理由は一つもない。この問題は「〜た」の働きの問題ではなくて、文章展開の構文に左右される問題である。

▽明日いちばん早く学校へ来た生徒が、教室の窓を開けなさい。（「来た……開けなさい」と、行為の順序が時間の順序と一致している。）

▽昨日いちばん早く学校へ来た生徒は、父親の車でやって来た。

過去の時の明示ゆえ、「た」は回想となると思われるが、それは文末の「やって来た」に係る。「いちばん早く学校へ来た」のほうは、その生徒の登校を確かなものと認識した確述の「た」である。間違いなく最初に登校した生徒を話題として取り上げ、「父親の車でやって来た」と確述するとともに、「昨日」とのかかわりで〝回想〟の「〜た」へと意味が派生する（このような場合は、初めの「〜た」に先行する事象が後続の事象より時間的な順序が前だというルールは成り立たない）。

八、連体修飾「〜した名詞」形式

言い切り形「赤い靴を履いた。」は〝今、赤い靴を履いた〟行為の完了を表す。しかし、「赤い靴を履いた女の子」の修飾形では、時を表す「今」のような語がないかぎり、行為の完了とはならず、その女の子の属性説明として状態化し、動作性の意味は薄れる。「赤い靴を履いている女の子」ないしは「赤い靴の女の子」に相当する。「赤い色をした屋根」などは、「赤い色をする」といった動作そのものが存在しない。「赤い色をしている屋根／赤い色の屋根／赤い屋根／赤屋根」と限りなく体言的意味に近づく。「何々した何」は全体として体言的な意味を志向する句構造だということである。

属性所有（状態を表す）の発想の「〜した名詞」を、他形式との置き換えの可否を基準として分類すると、次のようになる。他形式との並立が厳しくなるほど、より状態的性質が強い（言い換えれば、動詞の動作的性格、「た」による動作性への確述意識が弱まる）と見てよい。最終的には連体詞へと辿り着く。

①〜する名詞／〜している名詞／〜した名詞

（自動詞）「道に沿う／沿っている／沿った町並み」「似通った点」「仕事に適した人」

（他動詞）「赤みを帯びた肌」「憂いを含んだ目」

②〜している名詞／〜した名詞

（自動詞）「塩味の効いている料理／効いた料理」「開いてる窓／開いた窓」「親に似た子」「苦みばしった顔」「さらさらした粉」「尖った棒」「洒落た服」「ばかげた失敗」「しっかりした袋」「砕けた親爺」「太った力士」「ありふれた品」「整った顔」「澄んだ目」「冷えたジュース」「曲がった胡瓜」「日に焼けた肌」「変わった模様」

（他動詞）「警棒を持っている人／持った人」「眼鏡を掛けている人／掛けた人」

③〜してある名詞／〜した名詞

（他動詞）「絵に描いてある餅／描いた餅」「焼いてある餅／焼いた餅」「開けてある窓／開けた窓」「削ってある鉛筆／削った鉛筆」

④〜する名詞／〜している名詞

（自動詞・状態動詞）「遠くに聳える山／聳えている山」

⑤〜する名詞／〜した名詞

（慣用的な言い回し）「そういうこと／そういったこと」「…という話／…といった話」「…にちなむ名前／…にちなんだ名前」

⑥〜した名詞

（連体詞）「主だった人」「表立ったこと」「こうした場合」「大それたこと」「ふとしたはずみ」「ちょっとした工夫」「れっきとした家柄」（「歴とした〜」）

「た」は決して過去や完了ではない。叙述内容に対する話者の認識、確述意識の現れである。これは属性所有「川に沿った道」「赤い色をした屋根」のような連体修飾句を作る「た」にも、また、複文中の「た」にも言えることである。例えば「赤い色をした屋根」という現状描写は、「赤い色をした」全体で一つの状態を表し、決して「した屋根」でも「色をした屋根」でもない。何かを為したという動作性の完了や過去と解することは不可能で、間違いなく赤い色の屋根という確述意識としか取りようがない。

九、条件形（仮定形）の「たら」

「た」が対象とするその事柄を確かなことと認識する意味であることから、「たら」の仮定形で条件文を作っても、決して仮想の条件を立てるわけではない。

1、「なら／ば／と」との比較

以下は「〜たら」条件文の例である。これを比較の意味で、断定の助動詞の仮定形「なら」、および、接続助詞「ば」「と」による条件文に言い換えられるか、対比してみた。置き換え可能な文には○印を、不可能なものには×印を付してある。なお、「ここまで来たら」を「ば」に言い換えるには「ここまで来れば」のように活用形を変えなければならない。以下それぞれ条件形式に応じて語形を変えるという含みで比較したものである。

＊上段は「なら」、中段は「ば」、下段は「と」である。

もし雨が降ったら、迎えに来てください。	○××
先生に会ったら、よろしくお伝えください。	○××
暑かったら、どうぞ窓をお開けください。	○○×
酒が無かったら、ビールでもかまわないよ。	○○×
ここまで来たら、もう一人で帰れます。	×○×
行って来たら、よかったのに。	×○×

よろしかったら、どうぞ来てください。	×○×
この道をしばらく行ったら駅に出るでしょう。	×○○
春が来たら花が咲く。	×○○
八時に出たら九時に着く。	×○○
この犬は主人を見たら、走って来る。	×○○
暇さえあったら眠っている。	×○○
勝てたらいいが、さてどうなることか。	×○○
よく見たら、そんなに若い人でもない。	×○○
外へ出たら叱られるぞ。	×△○
辞書を引いてみたらそんな説明は何一つない。	××○
そんなことを言ったら、承知しませんよ。	××○
外へ出てみたら雨が降っていた。	××○
彼は本を閉じたら、立ち上がった。	××○

2、「〜たら」条件の意味

「〜たら」は、前件で述べた事象・状況が間違いなく成立したとの判断において、(a)（現在・未来の場面では）その成立場面における己の意志的な表示を、(b)（過去の場面では）その成立した場面における事象の認識を表す。

現在・未来のほかに過去のことについても用いられるところは、断定「だ」のところで触れる「〜なら」とは正反対である（「なら」は現在・未来のことにしか使えない）。「〜たら」は確述の「た」の一側面であるから、時制とは関係なく、文脈中のその折々の話者の確述意識によって条件設定が可能なのである。

3、「〜たら」条件の発想と意味

(1)仮定

〔ほぼ確実と思われる状況を想定して、その際の在り方を特定する。後件は己の意志による働き掛け〕

▽暑かったら、窓を開けてくださいね。
（トキハ、バ）……現在のこと

▽午後雨が降ったら、洗濯物を入れて頂戴。
（タ場合）……未来のこと

▽飛行機が止まったら、安全ベルトを外してください。
（タトキ）

▽先生に会ったら、よろしくお伝えください。
（タトキ）

▽デパートへ行ったら手袋を買おう。（タトキ）

▽人を見たら泥棒と思え（タトキハ）

⑵既定

〔現在の状況を認識して、話者の意見・態度を述べる〕

……現在のこと

▽ここまで来たら、もう一人で帰れます。（バ、ノデ）

〔完了した時点の状況において、展開する現状を示す〕

……過去のこと

▽外へ出たら雨が降っていた。（タトコロ）

▽トンネルを出たら、雪がひどく積もっていた。

（タトコロ）

＊後件は〝外界〟の現状。文末は「〜た」形。

❖補足説明

「〜たら」接続は確述意識の「〜た」に由来する。前件内容を、たとえ仮想や未来の出来事であるとしても、その己が観念として確かに成立したとの認識に立って、その文脈場面に視点を置いて、己の取るべき意志的な事柄を後件で示す。なお、「〜たら」が断定「だ」を受けて「〜だったら」文型になると、断定の仮定法として「〜なら」に近づく。条件法でない主題提示の⑴「〜なら」（一五一頁参照）を除けば、ほかはすべて「〜だったら」に置き換えられる。

「たら」には右に述べたような条件表現のほかに、「そろそろ出掛けたら」のような、相手が行動を起こすことを促す用法のあることも付け加えておこう。

十、動詞の音便に伴う「た」の濁音化

▽あの小説はもう読んだ。

の「だ」は、「手紙はもう書いた」の「た」と同じく、今問題としている確述の助動詞「た」である。前に来る動詞の語尾の音に引かれて「た」が「だ」と濁音に変わる現象で、「だ」の前が必ず「ん」の撥音となるところから、撥音便と呼ばれている。動詞語尾の撥音便に伴って「読みた」が「読んだ」に移行するわけである。同じ

「だ」でも、「今日はよい天気だ」や「私は元気だ」のような、名詞（天気）か形容動詞（元気だ）の語幹に続く「だ」は、断定の助動詞ないしは形容動詞の語尾で、ここで問題とする「だ」とは性格が異なる。確述の「だ」は必ず動詞（用言）に続き、前が撥音便となっている。
　動詞の活用語尾が撥音便となるのは、ナ行・バ行・マ行の場合で、「た」を伴うと濁音化して「だ」に変わる。所属語彙を例示しておく。

ナ行　死ぬ→死んだ（「死ぬ」のみ）

バ行　飛ぶ→飛んだ
遊ぶ、浮かぶ、選ぶ、及ぶ、転ぶ、叫ぶ、飛ぶ、並ぶ、運ぶ、滅ぶ、結ぶ、呼ぶ、喜ぶ

マ行　住む→住んだ
編む、汗ばむ、怪しむ、危ぶむ、歩む、哀れむ、慈しむ、勤しむ、痛む、悼む、挑む、卑しむ、営む、生む、膿む、恨む、羨む、潤む、拝む、惜しむ、噛む、屈む、囲む、かじかむ、霞む、悲しむ、刻む、きしむ、黄ばむ、組む、口ずさむ、窪む、悔やむ、苦しむ、黒ずむ、気色ばむ、込む、拒む、好む、さげすむ、沈む、親しむ、しぼむ、しゃがむ、住む、済む、澄む、すくむ、進む、涼む、すぼむ、企む、畳む、佇む、頼む、楽しむ、たるむ、縮む、因む、ついばむ、つかむ、包む、つまむ、摘む、積む、富む、馴染む、懐かしむ、涙ぐむ、悩む、にじむ、ぬくむ（温）、睨む、妬む、飲む、望む、臨む、育む、励む、運ぶ、阻む、孕む、ひがむ、潜む、ひるむ、踏む、含む、膨らむ、微笑む、まどろむ、むしばむ、揉む、目論む、止む、病む、休む、歪む、ゆるむ、読む、淀む

❖撥音便の機構

撥音便は母音の脱落と子音の転化から起こる。その機構を「飛ぶ」を例に示しておく。

原型	↓ 母音脱落	↓ 子音転化
tobi-ta	tob-ta	ton-da
飛びた	飛ぶた	飛んだ

らしい・う・よう・そうだ・ようだ【推量】

付　だろう・かもしれない・ちがいない・はずだ・つもりだ

一、概観

一般には推量の助動詞として「らしい、う、よう、まい」「そうだ、ようだ」を掲げているが、「だろう、でしょう」を含める説（時枝文法）もある。しかし、日本語教育の立場からいうと、連語形式であっても意味的に共通するところの多い「だろう」（「だ」の未然形「だら」＋「う」）や、「かもしれない、ちがいない、はずだ、つもりだ」等も合わせて扱うほうが都合がよい。

一口に推量とは言っても、扱う範囲はかなり広い。不確実な状況に対する話者の想像として推定的に判断を下す言葉である点で、右に掲げた言い回しは互いに共通するところがある。不確実さの生ずる状況として、

(a)場所を異にするため未知・未見の現状を、恐らくこうであろうと想定する場合。

(b)未来のことゆえ未定な事態を、たぶんこうなるであろうと想像する予測。

(c)過去にあった事態に対して、事実とは異なる状況にあったと仮定して、仮に想像する反実仮想。

(d)抽象的な論理の世界で導かれる結果や帰結を観念として推定する場合。

(e)ある状態から次の状態へと移行する寸前での、状況変化を感知する判断。あるいは、ある現象の生起を予測ないしは察知する「将然」の判断。

例で示せば次のようになる。

(a)今、甲子園では雨が降っているらしい。

(b)明日は雨が降るだろう。

(c)あの列車に乗っていたら事故に遭っていたろう。

(d)両者が化合すれば新しい物質が生まれるはずだ。

(e)机の上のチョークが落ちそうだ。

これらに共通する点は、いずれも不確実な事態で、そ

れに対する話者の推量的判断、もしくは他者からの情報を手掛かりとする伝聞的判断である。当然、状況に応じて話者の判断の有り様も異なり、それに対応する推量の表現もいろいろ多彩である。と同時に、共通する事態として他の表現形式に言い換えられる文脈も多い。⑵の場合で言うなら「明日は雨が降るだろう」を「降るらしい」「降るかもしれない」「降りそうだ」「降るはずだ」「降るに違いない」と種々の言い方が可能で、それによって状況に対する話者の判断の内容も異なっていく。したがって、各表現形式ごとにその意味特徴と類義の他の言い方との違いを認識しておく必要がある。

二、文脈差による推量表現の差異

1、～う／～よう／つもり

五段活用動詞には「行こう」「話そう」のように「う」が、一段活用には「見よう」「起きよう」「寝よう」「食べよう」のように「よう」が続く。これは形式上の問題で、両語の表現・意味面での違いはない。「まい」は打消の意志ないしは推量であるが、現在はあまり用いられていない。

▽泣くまいと思っても自然と涙がこぼれてくる。
▽もう金輪際口を利くまい。

などはまだ自然なほうだが、若い世代は「口を利かないつもりだ」のほうを選ぶだろう。意志ではなく、否定推量「明日は雨は降るまい」となると、「降らないだろう」のほうが落ち着く。

「～う／～よう」には意志、勧誘、推量、動作作用の始動、状態変化の生起などがある。否定的意味の「～まい」は意志と推量しか表せない。「～う・～よう」と類義の「つもり」と競合するのは意志表現の場合。「はず」とは推量で競合する。

次に「よう、つもりだ、かもしれない、はずだ、だろう、ちがいない」が使えるか否かを、主体の人称の違いから検討してみよう。

▽私は明日出掛ける。
「よう、つもりだ、かもしれない」のみ可。
「だろう、ちがいない」は使えない。
▽彼は明日出掛ける。
「よう」のみ不可。ほかはすべて使える。
▽意志「やるだけはやってみよう」
勧誘「さ、ご飯にしよう」
推量「間違いないと言えよう」
動作作用の始動「バスが児童の群れを避けようとするところへ、車が突っ込んできた」

「〜う／〜よう」は現在では自身の意志の表明にもっぱら用いられ、傍観的な「雨は午後には止もう」のような言い方は廃れたようである。その点、今は流行らない「〜まい」は自身の意志「もうギャンブルには手を出すまい」、傍観的な「雨は午後になっても止むまい」どちらにも使用できる。「〜だろう／〜ないだろう」が「〜う／〜まい」の推量に代わった。

❖状態移行を表す用法

状態変化の生起「〜う／〜よう」も現在はほとんど現れない。
▽粕淵を過ぎて浜原に入ろうとするところから江ノ川を眼界に入れつつ……　（斎藤茂吉『鴨山考』）
▽あの「雪の野を赤あかと赫かせながら山のかなたに落ちてゆこうとしている日」を見たいと思うからなのです。　（堀多恵子『来し方の記・辰雄の思い出』）
▽平野がしだいに起伏する丘陵地帯になり、やがて丹沢山塊の山波につらなろうとする、その境目になる谷間の村の小高い山の上にあった。　（和田傳『花嫁祭』）

2、〜らしい／〜ようだ

共に推量を表すが、「〜ようだ」は本来「まるで子供のようだ」に見るような比況の意味を表し、それが後に「どうも風邪のようだ」と不確かな断定を表すようになった。はっきりそうと断言できない自信の無さの表明形式なのである。それが推量と通じるというわけである。

「〜らしい」はある根拠に基づいて〝……に違いないのだ〟と己に言い聞かせる意識の語。自身の内側だけの感覚、己の胸のあたりを指差して「どうもこのへんが痛いようだ」という場合、「このへんが痛いらしい」とは言えない。他者のことなら「彼はこのへんが痛いらしいよ」と言えるが、これは彼の訴えという外部の情報を根拠としているからである。自身のことでも、手がかりとなる根拠がほかにあれば「手が汚れたところをみると、顔に泥でも付いているらしい」と言える。「〜ようだ」は自身の感覚に基づく直観的な判断。「〜らしい」は外在する情報を手掛かりの、やや客観的な推量判断である。

次に例文を掲げて、それらの文脈状況から推量の「ようだ」「らしい」「そうだ（伝聞）」「かもしれない」が判断として可能か否かを検証してみよう。

❖「ようだ／らしい／そうだ（伝聞）／かもしれない」の可否

①感覚的な推量

▽（私は）ちょっと右の耳が痛い〜。
「私は」なら、「ようだ」のみ可。
「彼は」なら、「らしい」「そうだ」も可。

▽あの人は左利き〜。
四語すべて可。

自身の肉体的・精神的な内発状態では「ようだ」が、他者の状態に対する推理では広く「らしい」「そうだ」（伝聞）が用いられる。外在する情報を手掛かりとするためである。推量の「そうだ」も、

▽彼は右の耳が痛そうだ。

と、他人の状態を推察するわけであるから、使用できる。自身の場合でも、自身の内発感覚のほかに、他者から得た情報として、

▽この程度の病気なら寝てれば治る〜。

も「かもしれない／ようだ／（―り）そうだ／らしい／

そうだ（伝聞）」と、いずれも可能である。「らしい」と「そうだ（伝聞）」は外から得た情報によっている。こうなると、次の根拠に基づく推量となる。

②根拠に基づく推量

▽彼は最近掏摸《すり》に遭った〜。

「かもしれない」のみ不可。ほかはすべて可。

▽先生の話によると僕は総代に選ばれる〜。

「ようだ」はやや不自然。ほかはすべて可。

▽聞くところによると、あの会社は火の車〜。

「ようだ」はやや不自然。「かもしれない」は不可。

「掏摸」の例は前後の状況から当方の勘として「ようだ」も言えるが、以下の例は伝聞とはっきりわかるため、「ようだ」は使えない（「そうだ」伝聞の項を参照のこと）。

3、〜そうだ／〜かもしれない

推量の「〜そうだ」は現在の状況に対しての話し手の主観的な勘による判断。「このへんに魚がいそうだ」「何か訳でもありそうだ」。同じ文脈「午後から雨になるかもしれない」は話者の勝手な仮定的推量。特に根拠はない。一方「午後から雨になりそうだ」は全くの仮想ではなく、未来にそうなるであろうことを現状（例えば、辺りがだんだん暗くなってきたからなど）を拠り所に予想する。が「〜らしい」ほど客観性のある外的根拠は特にない。何となくそんな気分がするのである。しかし、「〜かもしれない」よりは当たる確率は高い。現状判断という点で「〜そうだ」には、そうなる寸前「枝が折れそうで危ない」「おしっこが出そうなの」いわゆる〝将然〟の現象生起の用法もある。「雨になりそうだ」も、まさに雨になる寸前との認識が主観として生じているのである。

▽今頃はもう家に着いているかもしれない。

話者の主観による勝手な判断である。着いているかいないか、判断の根拠は全く存在しない。それだけに予想の当たる確率は低い。このような状況の文脈を「そうだ」に置き換えることはできない。

▽おかしいのでつい笑ってしまいそうだ。

のような現状の何かに起因して、ある状態を引き起こす寸前の気分になる、これが「そうだ」の発想である。「かもしれない」に言い換えることはできない。

「そうだ」には状態形容の形容詞や形容動詞に付いて（動詞は連用形に付くが、形容詞類は語幹に付く）、その対象の現状から感覚的に得られる何らかの手掛かりをもとに、対象の状態を推量する。

▽この柿は渋そうだ。

まだ青さがいくぶん残っているからなど、視覚的に得た何らかの根拠をもとにした主観的な推量である。「見た目にはいかにも渋そうだ」と言えるように、実際は渋くないかもしれない。渋さを強く仮想する主観に頼る表現である。一方、これを「渋いかもしれない」とすると、渋いか甘いか確率半々の単なる不確実な判断にすぎなくなる。

なお、「そうだ」には、言い切り形として、対象への語り掛け的気分で述べる「そうな」の形もあることに触れておきたい。

▽あんずあまさうなひとはねむさうな　（室生犀星）

これは伝聞の「そうだ」にも見られる特異な言い切り形式である（伝聞「そうだ」の項［一四六頁］を参照）。

4、～はずだ／～ちがいない

▽少し熱がある。風邪を引いたにちがいない。

勘として事態や事柄を確信的に推量する。同じ勘に頼るにしても、「ようだ」や「らしい」と違って〝間違いない〟という信念に基づいている。「はずだ」のほうは、

▽風邪で寝ているから彼は来ないはずだ。

と、確たる客観的根拠による推測となる。

▽学生が多いのは近くに大学があるからにちがいない。

これを「はずだ」に換えるには、

▽学生が多いから、近くに大学があるはずだ。

としなければならない。「学生が多いのは」の原因として「近くに大学があるから」と理由づけする。近くに大学があることは想定しており、それが原因で、だから学生が多いのだろうと己の主観として推量する。もう少し確信的に主張するなら「近くに大学があるからだろう」ということになる。一方、「はずだ」の文は、学生が多いという確たる根拠に基づいて、それゆえ「間違いなく近くに大学があるはずだ」との判断に立ち至る。強い信念が「はずだ」に込められる。

5、～だろう／～かもしれない

▽たぶん午後から雨が降るだろう。
▽あるいは降るかもしれない。

どちらも推量気分の発話だが、「かもしれない」は正解の確率の低い単なる仮定推量。「だろう」は、「彼が犯人だというが、果たしてそうだろうか」に見るように、推量というより、はっきりと言い切ることを控えた断定の保留である。〃ほぼ間違いないと思うが〃の気分で、慎重さや自信の無さから断定をぼかす言い方となる。

▽あの本はたぶん図書館にあるだろう。
▽約束の時間になったから、じき彼は来るだろう。

はっきり断言するには多少の曖昧さが残るため、「だろう」と判断を和らげている。これが「ちがいない」となると、かなり確信的な推量。「はずだ」になれば、ほぼ間違いないといった信念に裏打ちされた判断となる。しかし、いずれの言い方でも「たぶん」といった推量的な副詞が係り得るところは、まだ完全な断定とはなっていない。

▽空が暗くなってきた。あるいは雨が降るかもしれない。

副詞「あるいは」とあるように、降るか降らないか確率はかなり低い推量判断である。このような例は、もちろん「だろう」で言い換えることはできない。

三、推量表現と副詞との関係

「たぶん」や「あるいは」等の副詞によって述語の推量の在り方に差が生ずることはすでに述べた。ここではそのような推量表現と深くかかわる副詞との関係について整理しておこう。取り上げる推量形式は、助動詞か否かに関係なく「う／よう、つもりだ、かもしれない、（〜し）そうだ、ようだ、らしい、ちがいない、はずだ」の九形式である。このうち「う／よう」は自身の現在の意志表現として一人称主体の場合にかぎり、「つもりだ」と「かもしれない」は自身の場合は、確実か不確実かの差はあるが、未来における予定。三人称主体の場合なら、他者の行動に対する予測となる。その他、自身のことへの推量にも他者のことに対する推量にも用いられるものとして「ようだ、らしい、ちがいない」があり、また、もっぱら三人称主体に対しての話者の推量を表しているものとして「だろう」「はずだ」が存在する。変わったものとして、推量の「（〜し）そうだ」があり、まさに事が起こる寸前の状態（将然）として、一人称にも三人称にも見られる。整理すると次のようになる。

(a)当人自身の意志

「う／よう」

(b)当人自身の意志と他者への推量

「つもりだ」「かもしれない」

(c)当人自身における状況判断と他者に対する推量

「ようだ」「らしい」「ちがいない」

(d)他者に対する推量。自身の場合は反実仮想

「だろう」「はずだ」

(e)当人自身の感覚や他者の現状に見られる将然状態

「（〜し）そうだ」

さて、これら推量表現の語と諸種の副詞類とが意味的に組み合わせが可能かどうか、推量の在り方と副詞が導く状況の有り様とがうまく対応する場合と、適合しない場合とが生ずる。ここでは次の副詞類を対象に解説を進めていくことにする。

❖問題とする副詞類

(a)時を問題とした副詞類

(過去) とっくに
(現在) 今頃は
(未来) ぼつぼつ／いずれ／おっつけ、程なく／まもなく／やがて、じき／今にも／すぐにも／当分

(b)程度を問題とする副詞類

(程度性) たいてい／かなり、相当、ずいぶん／よほど／いくぶん、若干
(否定の程度) たいして、全然、ちっとも

(c)仮想の副詞

(仮想) もし～たら／よもや、まさか／あるいは、もしかしたら、ひょっとすると、ひょっとして
(予想) どうやら／たぶん、おそらく、きっと／確か／さぞ／やはり

(d)必然の副詞

(必然) もちろん
(信念) 絶対に、決して／あくまでも

これらの副詞類と推量表現とのかかわり合いについて検討していく。

(1)う／よう

当人自身の現在意志を示す発想ゆえ、「ぼつぼつ」「いずれ」「すぐにも」「やはり」「もちろん」とは対応するが、単なる推量、過去の事象、他者主体の副詞類とは共起しない。

(2)つもりだ

「う／よう」と重なる部分が多いが、当人自身の意志表示のほか他者の意志を推量する言い方でもあるため、「じき出掛けるつもりだ」「決して知らせないつもりだ」など自身の意志説明の場合にも、他者の心中を推し量る場合にも、どちらにも使用できる。それだけ主観的な自己の意思表示というよりも、第三者的に己の計画を説明する客観性が強い言い方だと言える。

「つもり」は意思表示を意味する語であるから、「とっくに」のような過去の事柄や、時に関する「今頃は」「今にも」、仮想「ひょっとして」、予想「確か」「さぞ」、程

度を表す「たいてい」「かなり」「相当」「ずいぶん」「よほど」「いくぶん」「若干」など意志と無関係な副詞は「う／よう」はもちろん、「つもりだ」の文にも現れない。

(3) かもしれない

未決定の自己の未来の予定や、他者における諸状況への主観的な推測に用いられる。したがって、かなり実現の可能性の高い未来の事項「いずれ」「おっつけ」「ほどなく」「まもなく」「じき」「今にも」等には「かもしれない」の言い方は存在しない。程度性の語も、判断の手掛かりがあってほぼ間違いないと見て取れる意味の副詞には共起しにくい。「たいてい来ないかもしれない」とか「ずいぶん参っているかもしれない」「よほど疲れているかもしれない」などの言い方はできない。曖昧さのあまりない、正しさの確率が高い意味の副詞も同様で、「きっと来ないかもしれない」とか「明日は確か雨かもしれない」「あれではさぞ窮屈かもしれない」などと言えば不自然な日本語となる。「たぶん」や「もしかしたら」「あるいは」など、不確実な予測の語を用いるべきである。

(4) ようだ

自身の感覚や勘を頼りに現状を類推する。断定するには十分な根拠がなく、曖昧さ不確かさを残す判断の表明である。したがって、判断の手掛かりのない事柄には「ようだ」は使いにくい。離れた場面での事柄は、情報がない以上「とっくに家に着いたようだ」とか「今頃は風呂に入っているようだ」などと言うことはできない。未来の事柄も同様で、「じき届くようだ」と言えば、「それほど時間は掛かりません」との知らせを受けての発話であって、何も知らせもないのに、ただ勘でもって「じき届くだろう」の意味で「届くようだ」と表現することはできない。

「だいぶ酔っているようだ」「風もいくぶん収まってきたようだ」「あくまでも固辞するようだ」に見るように、他者主体の場合、己が目でとらえた現状を不確かながらも叙述する表現で、対象となる現状がない仮定的な事柄、仮想の「よもや」「まさか」「もしかしたら」「ひょっとして」や、予想「おそらく」「きっと」「さぞ」「たぶん」などには、「ようだ」の言い方は存在しない。

(5)らしい

「らしい」は「ようだ」と歩調をそろえている部分が多いが、外から入った情報を根拠にしているため、「ようだ」より遥かに確実性がある。そのため伝聞に基づく推量「すぐにも出発するらしい」は、じゅうぶん可能な日本語であるが、「すぐにも出発するようだ」となると現状に接した話者の内省的な感覚によるだけに、信憑性は低下する。

伝聞や現状を手掛かりとするのが「らしい」であるから、離れた他者の現状を想定する「今頃は飯でも食っているかもしれない／にちがいない／だろう／はずだ」を「ようだ」はもちろん「らしい」でも言い換えることはできない。

(6)ちがいない

不確かさの強い「ようだ」「らしい」と異なり、「ちがいない」は絶対的な自信に満ちた確信的な断定である。そのため、他の推量表現と違って、さまざまな副詞の文脈に広く対応する。その点では「〜だ」「〜である」の断定に極めて近い。「あの本はたぶん図書館にあるにちがいない」は「たぶん図書館にある」の断言に近く、「ちがいない」で己の信念を表明している。

このような「断定」に近い断言の表現ゆえ、むしろ曖昧性を含みとして持つ「空が暗くなった。あるいは雨が降るかもしれない」などは、「あるいは降るにちがいない」と言い換えるわけにはいかない。「もしかしたら」「ひょっとして」「まさか」等、仮想の表現も、不確かさという点で「ちがいない」が使えない。

(7)だろう

断定をぼかす言い方としての「だろう」も、「ちがいない」同様、さまざまな副詞の文脈に広く対応する。もともと断定の「である」に推量の「う」の伴ったもので、強い断定意識を「う」で和らげている。弱い断定という意味で、「だ／である」に加える含みの強弱として「ちがいない／だろう」が断定の両隣に位置していると言ってよい。したがって、「ちがいない」の使えない文脈、および文脈を支える副詞は、同様に「だろう」にも使いにくい。不確かさ、実現の不確実な状況などを表す副詞には共起しない。「今にも倒れそうだ」これを「今にも倒れるにちがいない／倒れるだろう」と言い換えると、何となく不自然な日本語との感を拭えない。「ちがいない」の駄目な仮想の副詞「まさか」「あるいは」「ひょっとすると」などは「だろう」にも馴染まない。

なお、「彼らもいずれ分かってこよう」のように意志ではなく他者への推量として「う／よう」を用いることもあるが、現在は断定を和らげる「だろう」を用いて「いずれ分かってくるだろう」と言うほうが自然である。

⑻はずだ

確たる根拠に基づいて極めて可能性の高い予測を下す、それが「はずだ」の基本的な発想である。「彼は風邪を引いて寝ているから、出席できないはずだ」の文に適当な副詞を添えるとすれば、信念とも言える「絶対に」の強い判断から、軽い予想「たぶん」「恐らく」まで可能である。不確実な曖昧さ「かもしれない」レベルの「あるいは」「もしかしたら」「ひょっとして」段階は、「はずだ」のレベルから外れ、使用することができない。

「はずだ」が承知済みの情報から引き出される当然の結果として下す判断ゆえ、〝推量〟というよりも〝当然の帰結〟と言ったほうが実態に即している。そのため、「あれほど号泣するところを見ると、よほど悲しいにちがいない」のような、事の程度性に対する推測判断段階の文脈には「はずだ」は使えない。同様の理由で、状況の程度を推し量る「愛する人に先立たれて、さぞ悲しいことだろう」も「はずだ」では言い表せない。

そうは言っても「はずだ」という以上、未確定の事態に対して多少の推量気分は宿す言い方ゆえ、例えば「三日も休めばたぶん治る～」も「にちがいない」「だろう」と並行して「はずだ」も使用可能である。「はずだ」には「治るはずなのに、なぜ長引いているのだろう」に見るように、単なる勘頼りの推量とは違って、はっきりした根拠に基づく結論という因果関係に裏打ちされている。

⑼そうだ

「～そうだ」は現在の状況に対しての話者の勘による判断、ないしは、じきそうなるであろうことを現状を拠り所に予想する。何となくそんな気分がするのである。当たる確率は高い。また、自身の身体的感覚として、生起する寸前状況であることの察知にも用いる。いわゆる

〝将然〟と呼ばれる用法で、現象生起に対する感覚表明である。

「そうだ」が、このように勘や感覚に頼る特異な推量であるため、これまで述べた他の推量表現と違って、共起する副詞は甚だ少ない。寸前状況であるというところから「今にも」「すぐにも」等がしばしば一緒に用いられる。が、その他の副詞類は特に「そうだ」の状況と結び付くものが見当たらない。「もうぼつぼつ出掛けそうだ」「かなりはかどっていそうだ」「若干遅れそうだ」など「そうだ」の文中で用いられているが、叙述の内容における副詞の用法で、特に文末の「そうだ」と呼応しているわけではない。むしろ「そうだ」の文は「ママ、おしっこが出そうなの」「何か一波乱ありそうだ」のように、誘導する副詞を出さないのが普通なのである。

以上の「そうだ」は動作性の動詞に付いて、その動作の生起を問題とする意味であるが、このほかに、形容詞・形容動詞に付いて、対象の現状を推量する用法もある。この場合は、その現状の示す程度を指示する程度副詞が係り得る。しかし、これも叙述の内容における副詞の用法で、特に文末の「そうだ」と呼応しているわけではない。

▽かなり甘そうだ／いくぶん酸っぱそうだ／とても穏やかそうな人

四、各形式における「タ」形、打消形、丁寧形

これまでに扱った推量表現形式のほかに、当然を表す「べきだ」も加えて、それらが「タ」形・打消形・丁寧形で表されるとき、どのようなパターンを取るか、整理しておく。

なお、＊印はやや不自然な言い方。

(1)「タ」形

×　／　×

行ったつもりだ　／　行くつもりだった

×　／　行きそうだった

行ったようだ　／　行くようだった

行ったらしい　／　行くらしかった

行ったかもしれない／行くかもしれなかった
行ったにちがいない／行くにちがいなかった
行っただろう／×
行ったはずだ／行くはずだった
×／行くべきだった

(2) 打消形

行かないでおこう／×
行かないつもりだ／行くつもりはない（※）
*行かなさそうだ／行きそうにない
行かないようだ／×
行かないらしい／×
行かないかもしれない／×
行かないにちがいない／×
行かないだろう／×
行かないはずだ／行くはずはない（※）
×／行くべきでない

※「行かないつもりだ／行くつもりはない」「行かないはずだ／行くはずはない」と同様の二様の言い方を取るものに「行かないわけだ／行くわけはない」がある。両者では文の意味に若干の差が見られる。「行かないつもりだ」はあくまで予定。「行くつもりはない」は完全否定で、断定。

(3) 丁寧形

行こう↓行きましょう
行くつもりだ↓行くつもりです
行きそうだ↓行きそうです
行くようだ↓行くようです
行くらしい↓行くらしいです
行くかもしれない↓行くかもしれません
行くにちがいない↓行くにちがいありません
行くだろう↓行くでしょう
行くはずだ↓行くはずです
行くべきだ↓行くべきです

(4) 丁寧形の打消形

行かないでおこう↓行かないでおきましょう
行かないつもりだ↓行かないつもりです

行かなさそうだ* → 行くつもりはありません
行かないようだ → 行かなさそうです*
行かないらしい → 行きそうにありません
行かないかもしれない → 行かないようです
行かないにちがいない → 行かないらしいです
行かないだろう → 行かないかもしれません
行かないはずだ → 行かないにちがいありません
行くべきではない → 行かないでしょう
→ 行かないはずです
→ 行くはずはありません
→ 行くべきではありません

※「行かないべきだ」の言い方は存在しない。

❖補説

「ようだ」には願望等を表す「ように」の用法がある。

▽この家が、柱一本残らず焼けますように。〈願望〉（津村節子『遺書』）

▽宿題を忘れぬように。〈命令・指示〉

べし【当然】
付　まじ・じ・まい・ん

一、文語体での「べし」

「べし」はもともと文語での助動詞であったが、その用法の一部が現代語の中に残ったものである。したがって文章語的性格を帯びており、口頭語では「欠勤届を出しておくべきだよ」のように、連体形「べき」がもっぱら用いられ、他の活用形は「池の魚を釣るべからず」「なるべくしてなった今日の栄光」「直ちに帰るべし」のように硬い表現の文中でか、慣用化された決まり文句としての使用が普通である。文学作品、特に韻文では、いずれも文語的文体の中での使用である。

▽朝、東京を出でて渋川に行く人は、晝の十二時頃、新前橋驛を過ぐべし。（萩原朔太郎「新前橋驛」）

▽秋の声まづいち早く耳に入る　かかる性持つかなし

むべかり

▽白玉の歯にしみとほる秋の夜の酒はしづかに飲むべかりけれ　（若山牧水）

牧水の歌の例などは、左の『万葉集』での使用法とさして変わらない。

▽験なきものを思はずは一坏の濁れる酒を飲むべくあるらし　（『万葉集』大伴旅人）

二、口語体での「べし」

現代語としての一般的な用い方には、以下の意味での使用例が見られる。基本の意味は〈当然〉であるが、前後の文脈によって、それに〈義務〉や〈命令〉〈禁止〉その他、種々の意味合いが添い加わる。

(1) 基本義の〈当然〉の意味で用いたもの

そのものの置かれた立場や状況などから推して必然的に定まる結果として事態を叙述する。

▽国民に奉仕する公人としてのあるべき姿

▽第一毛を以て装飾されべき筈の顔がつる〳〵して丸で薬罐だ。　（夏目漱石『吾輩は猫である』）

＊漱石は「されるべき」と言わず、連用形を受けた「されべき」の形を用いるのが常であった。

▽有り得べきこと／有り得べからざること／来るべきものが来た

(2) 〈推量〉の意味が添い加わったもの

当然そうあるはずだの意味から、推量的気分が生まれる。

▽「風雨強かるべし」　（広津和郎の小説）

▽懐中に手を差し入れ、かの縮ねたる黒髪を取り返し立去ると見れば忽ち睡りは覚めたり。山男なるべしと云へり。　（柳田国男『遠野物語』）

(3) 〈義務〉の意味が添い加わったもの

当然なすべきことだの義務意識が付加されたもの

▽学生である以上、校則には従うべきだ。

▽受賞に甘んぜず、これからも更なる努力に励むべき

だ。

▽「そう、そう、花に風。風だ。花のアントは風」「まずいなあ、それは浪花節の文句じゃないか。おさとが知れるぞ」「いや、琵琶だ。」「なおいけない。花のアントはね、……およそこの世で最も花らしくないもの、それをこそ挙げるべきだ。」（太宰治『人間失格』）

(4)〈伝達・命令〉の意味が添い加わったもの

当然そうするのが最も妥当なところとの判断。それを他者に強く求める。当然意識が勝っているため、強い要求、すなわち〈命令〉となるのである。

▽速やかに退去すべし／対抗車に注意すべし／躊躇せず断固行なうべし

(5)〈禁止〉（後に打消が来る）

行為内容を否定する強い命令表現意識は、言ってみれば〈禁止〉の表現である。

▽断りなしに構内に入るべからず。

(6)〈可能〉の意味が添い加わったもの

当然そのようであるべきだの意識は、〝そうなれるように〟の義務意識から、さらに可能性を課す意識へと進展する。

▽親の死に目に会うべく、ひたすら家路を急いだ。

▽同じ選手とは言っても、国を代表する選手たちとは並ぶべくもない。

▽エリートコースに乗るなど望むべくもない。

▽「故舊忘れ得べき」（高見順の小説）

(7)〈適当〉の意味が添い加わったもの

周囲の事情や事の成り行きから当然想定される結果の状態が、現状においては適当であるとの判断。

▽持つべきものは良き女房

▽灯火親しむべき候

(8)〈必要〉の意味が添い加わったもの

そうあって当然との意識は、それが必要との気持ちにつながる。

▽風に舞ひたるすげ笠の

何かは道に落ちざらん
わが名はいかで惜しむべき
惜しむは君が名のみとよ。

（芥川龍之介『或阿呆の一生』）

これは芥川の詩「相聞」の「二」であるが、吉田精一は、この一節を〝自分の名前などはどうして惜しもう〟と訳している（『日本近代文学大系』）。「いかで……べき」から反語的意味となり、〝どうして惜しむ必要があろうか？ まったくない〟と解釈できる。

(9) 〈意志〉の意味が添い加わったもの

当然そうであるのがよいという考えは、その実現を強く目指す意志の表明にもつながる。同じ「相聞」の「三」には、次のようにある。

▽また立ちかへる水無月の
嘆きを誰にかたるべき。
沙羅のみづ枝に花さけば、
かなしき人の目ぞ見ゆる。

〝いかんともしがたい愁心であり誰に語って晴らすべもない秘密の「嘆き」である。〟と吉田精一は解説している（『日本近代詩鑑賞』）。「この嘆きの心をいったい誰に語ろうぞ」といった気持ちであろう。

三、古代語を受け継ぐその他の推量の助動詞

1、否定推量「まじ」「じ」

古代語には否定推量の助動詞として「まじ」と「じ」が用いられた。「まじ」は〝そうあるべきでない〟という意味で、「べし」と対応し、その否定に当たる。一方「じ」は、〝ないつもりだ〟の打消意志を表す。

▽学生にあるまじき行ない
▽すまじきものは宮仕い

といった言い回しに「まじ」が生き残っている。

▽月のごとき母は世にあるまじよ
良きこころのみ保てる女もあるまじよ

（室生犀星「良い心」）

▽負くまじき相撲を寝物語かな　（与謝蕪村）

〝負けるはずのない〟の意で〈当然〉の否定である。一方「じ」は、〝ないつもりだ〟の否定意志か、〝ないようだ〟の否定推量を表す。

▽我劣らじと（「自分は人に負けまいと」の打消意志「まい」に当たる）

▽そうはさせじと

▽冬来りなば春遠からじ。　（シェリー「西風の賦」）

▽降るとも見えじ春の雨、水に輪をかく波なくば、　（文部省唱歌「四季の雨」）

2、まい（否定推量）

「まじ」が「まい」に変じたもので、否定の推量か否定の意志を表す。現在では前者は「〜ないだろう」を、後者は「〜ないでおこう」（〜ないとこう）を用いることが多く、「まい」はあまり用いられない。

▽恐らく現実がかくも繊細な、かくも精密な方法で透視されたことは未だ曾てあるまい。　（堀辰雄『プルウスト雑記』）

▽まだ質問が無理のようなら出直して来なければなるまい。　（津村節子『遺書』）

▽痩せても枯れても五百石取りの旗本が、根も葉もない虚言を吐きはすまい。　（杉本苑子『謀殺』）

▽一層ふくれ上がってくる苛だたしさを見すかされまいとして、口笛を吹いてみた。　（井上光晴『鯖浦の長い日』）

3、推量「ん」

古代語の「む」に由来し、今日の「う」はその変化形。現代語でも、文語調の言い回しにこの「ん」の生き残りが見られる。

▽あに図らんや／さもありなん

▽彼の病室には、「雖千万人吾往」という自筆の額がかけられてあった。　（新島正『ユーモア』）

後の例は「千万人といえども吾往かん」（孟子）で、「往かん」は「往こう」という意志を表す。

ようだ・ごとし【比況】

一、比況とは

そのものの様態を他のものでたとえることを比況と言い、そのとき用いられる言い方として「ようだ」「みたいだ」「ごとし」がある。

「ようだ」の「よう」は「様」、つまり様子・様相で、それに断定の「だ」の伴ったものであるから、丁寧文体になれば当然「ようです」と変形する。そのような様相であると判断することは、ほかと比べて似ている、あたかもそれらしく見える、たぶんそれかもしれないという例示から比喩、さらに推量的な意味にまで「ようだ」の意味は広がる。

「みたいだ」は本来、俗語的で話し言葉でしか用いられない。歴史的には「見た様《よう》だ」すなわち、そのような有様であるの意で、「ようだ」とほぼ同じ発想である。

「ごとし」は古代語「ごと」「如し」「如くなり」に由来する語で、今日では「光陰矢のごとし」のようなことわざや、「よって件《くだん》のごとし」など文語調の文章、それに「有って無きがごとし」など特定の決まり文句として残っている程度である。

「ごとし」の「ごと」は、古くは「こと」で、同じという意味の体言であった。それに形容詞を造る接尾辞の「し」が付いたもので、「同じような」の意味である。

二、比況の種類

1、直喩「～ような／～ように」形式

(1)比喩的な用法（比況）

「AはBのようだ」「BのようなA」の文型で、Aの様相を説明するのに、Aの特徴を連想させる別のBでもって、Bに近い感じのAと説明する。Aの説明としてBが引き合いに出されるのである。Bは比喩として慣用化されたものもあるが、文学などでは話者の自由な連想で提示されることも多く、Aとはかなり離れた属性である場

合、感覚的な類似性に頼ることとなる。作者の狙う感覚的類似性の有り様を読み取ることが求められる。

▽女は返事のかわりにおかしそうに「ふふ……」と、なまじろく、うどんのような捩れたかおをしながら、しずかに、ふふ……と微笑った。（室生犀星『愛猫抄』）

▽笑いでもしなけれやこんな話はできないよ。あたしの身にもなって見ておくれ。と、のぶはまた固い頬の肉で蒟蒻《こんにゃく》のように笑った。（和田傳『沃土』）

▽鮮やかな銀色の髯を植えた口を開いて、大きな獣の欠伸をした。開いた口の中は鮮紅色で、牡丹というよりは薔薇の開いたようだった。（久米正雄『虎』）

このような個人の感覚的な類似性に頼る比喩のほか、

▽おい隆ちゃん、降りた、降りた、降りなきゃ登って行って引きずり降ろすよ、と怒鳴っても、益々むささびのように樹にへばり附いていた。（野上彌生子『哀しき少年』）

▽留さんは何遍もかかっていったが、ころりころりしまるで大根のように転がされた。（広津和郎『訓練されたる人情』）

▽鋳型で固められたような論理一点張りでゆく批判の弱点を、私たちはこの辺にも見出だすことが出来るだろう。（新島正『ユーモア』）

など、AとBとのそれぞれの属性が極めてはっきりした類似性を持ち、客観性があるため、理解されやすい比喩も多い。さらに、より一般化された比喩となると、万人に共通の理解のある比喩となっていく。慣用的な比喩と言ってよい。

❖慣用的な比喩の例

直喩「〜ような／〜ように」を用いた形式で、一般化されたものは多い。比喩の内容によって分類すると、次のようになる。

性格

ハイエナのような嫌な奴／禿鷹のような残忍な男／女の腐ったような女々しい奴／竹を割ったようなさっぱりした気性

身体
氷のように冷たい手／豚のように肥っている／綿のように疲れる

心
鏡のような心境／猫の目のようにくるくる変わる／大船（「親船」とも）に乗ったような（安心の）気持ち／砂を嚙むような苦い思い／血の出るような辛い思い／血のにじむような努力／手に取るようにわかる／蛇に睨まれた蛙のように心がすくむ／身を切られるような辛い思い／目から鱗が落ちたような思い／夢から覚めたように真面目になる／相棒を失い、片腕をもがれたような気分／地獄で仏に会ったような有り難さ／泉のようにこんこんと湧き出る知識

労働
こま鼠のようにまめまめしく働く／血のにじむような努力／馬車馬のようにひたすら働く

言語
奥歯に物が挟まったような言い方／吐いて捨てるようにつぶやく／嚙んで吐き出すように言った／嚙んで含めるように言い聞かす／いかにも見て来たように話す／矢のような催促／取って付けたような挨拶／判で捺したような通り一遍の挨拶

声
絹を裂くような女の叫び／気の狂ったように泣き叫ぶ／火が付いたように激しく泣く／鈴を転がすような美しい声／玉を転がすような美しい声

表情
狐に摘まれたような不可解な表情／こぼれるような笑み／棒を呑んだように目を白黒させている

態度
言い合わせたように皆黙っている／鬼の首を取ったように得意になる／木で鼻を括ったような態度／掌《てのひら》を返すように態度が急に変わる／苦虫を嚙みつぶしたような顔

行為
割れるような拍手／蜘蛛の子を散らすように逃げ去った／腫物に触るように注意して人に接する／火がついたように泣く／目を皿のようにして捜す／湯水のように惜し気もなく使う／見て来たかのように話す

動作

小鳥のような軽やかさ／目の覚めるような演技の鮮やかさ

人間の状態

忘れたように痛みが消える／堰を切ったように涙がこぼれる／地獄で仏に会ったようで助かった／盆と正月が一緒に来たような忙しさ／身を切るような寒さ／水も滴るような美しさ／泉のようにこんこんと湧き出る知識／堰を切ったように才能がほとばしる／夢から覚めたように、しばし呆然としている

人間行為の状態

蚯蚓《みみず》がのたくったような下手な字／目の覚めるような鮮やかな技／猫の目のように態度がくるくると変わる／真綿で首を絞めるような冷酷なやり方／割れるような拍手／取って付けたような挨拶

物の状態

絵に描いたような美しさ／手の切れるような新しい一万円札

事柄の状態

赤子の手をひねるように簡単だ／掌《たなごころ》を返すように容易だ／芋を洗うような混雑／木に竹を接いだよう（ちぐはぐだ）／気が遠くなるような話／雲をつかむような話／降って湧いたような話／歯の抜けたような寂しい感じ／判で捺したように毎回同じだ／目の覚めるような素晴らしい景色／息を呑むような光景

現象

飛ぶような売れ行き／羽が生えたようにどんどん売れる／水を打ったように静かになる／蜂の巣をつついたような騒ぎ／火の消えたような寂れよう

▽「君も老いたね。」劇評家も亘の方をじっと見乍ら、何気なしに云った。深井はこの言葉を聞くと、水を掛けられたように真面目に復った。（久米正雄『虎』）

▽相愛の男女が、一途に思いつめた結果、完全なる結合を死をもって証する、ということには、馬車馬のようになどという言葉とは、およそ対蹠的な清純なものをさえ感じないではないが、（新島正『ユーモア』）

⑵例示の用法

「赤子の手をひねるように簡単だ」というとき、「赤子の手をひねる」という部分は、「簡単だ」「簡単さ」の例として、

赤子の手をひねるのと同じくらいにと、説明的に例示しているわけである。例示の用法は、示された例はあくまで本題の説明として引き合いに出された例えにすぎない。

▽たゞそなたにまでも尼も同様にさせてしまってはきのどくと思うばかりにさっきのようにいったのだけれどもその神のようなこゝろを聞いては礼をのべることばもない　（谷崎潤一郎『蘆刈』）

▽ほうれん草のような青野菜を多用することが大切です。

▽当地のように四季の変化の激しい地域では、どうしても衣や住の面で年中追い回されることになる。

青野菜や四季の変化の激しい地域を問題としているのであって、「ほうれん草」や「当地」は主題ではない。しかし、時として例示というよりは本題に近い例もまま見受けられる。

▽当地のような四季の変化の激しい地域は、どうしても衣や住の面で年中追い回されることになる。

「当地のような」は、例えというよりは文の主題であって、以下の「四季の変化の激しい地域」がその内容説明となっている。「四季の変化の激しい当地は……」の意味である。

(3) 内容説明としての用法

主題として取り上げている事柄の内容を具体的に説明する手立てとして、「AはBのようである」もしくは「BのようにAは……」式に述べる表現法である。Bには名詞より、まとまった句や叙述の立つ場合が多い。

▽以上説明いたしましたように……／以上のような理由で……／反対意見が出ないように予め根回しをしておく／内容は次のようなものである

▽忠臣蔵には此の近くのかいどうに猪や追い剝ぎが出たりするように書いてあるからむかしはもっとすさまじい所だったのであろうが　（谷崎潤一郎『蘆刈』）

▽確峰一家と福富は何となく自然に一つに融け込むような親しさすらも覚えてきた。（井上友一郎『竹夫人』）

▽一年間は自分に宛てがわれたこの机を、神から与え

られた国土であるかのように眺めまわした。　（阿部知二『地図』）

▽身体じゅうでぶつかってやりたいようだった憤りも、栓の抜けたように、もう残ってはいないで、（野上彌生子『哀しき少年』）

▽開いた口の中は鮮紅色で、牡丹というよりは薔薇の開いたようだった。がそれも一分間と経たずに、虎はまた元のような静けさに帰った。（久米正雄『虎』）

このような個人の感覚的な類似性に頼る比喩のほか、

⑷不確かな状態として示す用法

AがB状態であることを感知する言い方で、主題Aの状態や状況は、Bで述べた様子に近いとの判断。

▽そんな時に濁った赤座の眼は悲しそうにしぼんで、濁流の中に注ぎ込まれているようであった。

（室生犀星『あにいもうと』）

A「赤座の眼」が、あたかもB「濁流の中に注ぎ込まれている」状態に近い印象を与えるという点では⑴比況であり、A「悲しそうにしぼんだ眼」の内容説明としてB「濁流の中に注ぎ込まれているような眼」という意味では⑶内容説明である。が、解釈のしようによっては、「濁流の中に注ぎ込まれている」と見て取ることは、あくまで話者の推測であって、確かなことと断定しているわけではない。ここに「ようだ」が〈不確かな断定〉の意味合いを帯びてくる。

⒜婉曲としての用法

「社長、お車が参りました」と端的に述べることをせず、「お車が参ったようです」と遠回しに言う。はっきりと言いすぎることは相手に対して失礼との意識から、お車が参ったらしい様子だと婉曲に言う。このような言い方は日常しばしば行なわれることで、「雨が降ってきたようだね」「生活が苦しいようなら、少額だけれど融通してあげてもいいよ」と、それとはっきり断定せず、自身の感覚として示す表現法である。したがって、あくまで話者の主観としての判断ゆえ、事実と一致するか否かは不明である。

(b)推量的気分を表す用法

「テスト一週間延びたようだよ」は、延びたことをはっきりと認識していて、ただ婉曲に「ようだ」と言っているのなら、一種の修辞法としての(a)の用法だが、情報が定かでないために推量的に用いているとしたなら、(b)の用い方となる。(a)か(b)かは状況次第である。なお断定をぼやかすことは曖昧さを残す判断となるため、推量的な発想となる。

▽これだけ虎の気持になれゝば、あとは自分で勝手に跳ね狂えるように感じた。（久米正雄『虎』）

跳ね狂えるような気分の〈比況〉は、同時に、恐らく跳ね狂えるだろうとの認識であり、〈推量〉と差がなくなる。ただ、「ようだ」は話者自身の主観的な認識判断で、他者から入った情報に基づく推測「らしい」とは根本的に相違する（推量「らしい」の項を参照のこと）。「ようだ」とあれば、話者当人の不確かながらの認識判断に決まっている。

▽更に半月経った。明らかに蜘蛛は細くなって来た。そして、体色が幾分かあせたようだ。（尾崎一雄『虫のいろいろ』）

▽女の子はぬかるみに膝をついて「ああっ」というはげしい泣き声を立てたようであった。（伊藤整『馬喰の果て』）

▽私がしゃがんで合掌すると、子供たちもおとなしく私のうしろにしゃがんで合掌したようであった。（太宰治『斜陽』）

2、直喩「〜ごとき／〜ごとく」形式

「ごとく」系列の言い方も「ようだ」同様、比況、例示、内容説明としての用法、不確かな断定、いずれの例も見られる。

(1)比喩的な用法（比況）

▽光陰矢のごとし／山のごとき大波

▽はじめ処女のごとく、あとは脱兎のごとくにだ。（李恢成『長寿島』）

▽さるにてもはしたなき厨女かな、なになればとて彼

女はうどんの如く、いな、マカロニのごとくもげらげらと転げ笑うにや、（北原白秋『山荘主人手記』）

▽藤沢といふ代議士を弟のごとく思ひて、泣いてやりしかな。（石川啄木）

▽やまひある獣のごときわがこころふるさとのこと聞けばおとなし（石川啄木）

(2)例示

「阿修羅のごとき形相」「綺羅星のごとく居並ぶ」と言ったとき、「まるで阿修羅そっくりの」という意味では(1)の比況だが、形相の有り様の例として「阿修羅」が引き合いに出されたという意味では(2)の例示でもある。

▽貴様ごときにそうやすやすと負けてたまるか！

「ような」(2)同様、右の例も、例示というよりは主題提示（「貴様などに」の意）の用法と言ってよい。

(3)内容説明としての用法

▽石をもて追はるるごとくふるさとを出でしかなしみ消ゆる時なし（石川啄木）

▽蠅は、何本か知らぬが、とにかく足で私の額につながれ、無駄に大げさに翅をぶんぶんいわせている。その狼狽のさまは手にとる如くだ。（尾崎一雄『虫のいろいろ』）

(4)不確かな状態として示す用法

▽わが抱く思想はすべて金なきに因するごとし秋の風吹く（石川啄木）

▽何となく、今年はよい事あるごとし。元日の朝、晴れて風無し。（石川啄木）

＊「ごとし」はことわざや文語的な言い回しによく現れる。主なものを挙げておく。

阿修羅のごとき形相／有って無きがごとし／（挨拶が）型のごとく進む／綺羅星のごとく居並ぶ／光陰矢のごとし／実の息子のごとく振る舞う／彗星のごとく現れた新人／掌《たなごころ》を返すがごとく容易な業／右のごとく相違ありません／山のごとき大波

そうだ【伝聞】

一、推量と伝聞との違い

様態や推量を表す「そうだ」は「雨が降りそうだ」のように、文中にある動詞の連用形に付随し（形容詞類では「寒そうだ」と語幹に付随して）断定を婉曲化する働きであったが、ここで問題とする〈伝聞〉の「そうだ」は、「雨が降る。」といった区切りの付いた文を受けて『雨が降る』そうだ」と、その文が他者から受けた情報であることを表明する。一般に伝聞の「そうだ」は終止形に付くと説明されているが、用言述語の場合は終止形で終わる文に、体言述語の場合は「明日は雨だそうだ」のように、やはり文全体を受ける。「そうだ」は助動詞であるから、終助詞で終わる文を受けるわけにはいかない。他者の「雨が降るよ」の発言を「そうだ」で伝えることは不可能である。「そうだ」は直接話法の叙述ではなく、他者からの情報を伝える間接話法の言い方なのである。

さて、「そうだ」の「そう」は「相」で、様相を意味する。〝そのような様を呈している〟という認識なのである（「様」の音便という説もある）。そこで、連用形に付随して使われると、連用形とは本来「雨が降り・ます」のように、事の生起が未来に成り立つ可能性を残す含みか、あるいは「水引草に風が立ち／立って」と中止法や「〜て形」で断定を後続叙述に委ねる曖昧さを含む活用形であるため、そのような不確かさを内包する様相にあるということは、連用形接続の「そうだ」は推量的気分がどうしても付きまとう。その叙述内容を受けて「そうだ」と述べ、文を結ぶのであるから、その叙述内容全体がそのような様を呈しているという曖昧さを残す推量的気分となる。

一方、文接続の「そうだ」では、どうこうだと断定しきった文末を受けるため、はっきりそうだと言える様相に先行叙述があるとの認識となり、そのような認識は、傍観者として先行叙述を眺める視点に立っているわけであるから、結果として他者による発話内容を「そのようだ」と伝える表現となる。つまり間接話法として聞き手に伝える〈伝聞〉の「そうだ」となるのである。

二、伝聞の意味

「そうだ」は「そう＋だ」、つまり様相を意味する形式名詞の「そう」に断定の助動詞「だ」の付いたものである。伝聞の場合は、他者から入った情報が、そのような状況にあると相手に伝える。「……というふうに聞き及んでいる」の意。

▽さすが加奈子が他人に嫁ぐことを福富は寂しく思ったそうだが、しかし事実が否応なく運んでしまうと、思いのほか平静な気持ちで居られた。　（井上友一郎『竹夫人』）

▽岡山藩の家老なにがしは……家族を挙げて北海道に移住した。家老の息女などが、牛を牽いて開墾をしているそうだが、寒い淋しい北海道まで行って、そんな荒仕事をするのはお労わしいと噂されていた。　（正宗白鳥『戦災者の悲しみ』）

▽近頃悪い人買が此辺を立ち廻ります。それで旅人に宿を貸して足を留めさせたものにはお咎めがあります。あたり七軒巻添になるそうです。　（森鷗外『山椒大夫』）

「お父上もお元気だそうで安心しました」の連用形用法と、「とても元気なのだそうだ」の終止形用法とがあるが、文末の言い切り形として、昔話などでは「……だそうな」の形も見られる。

▽一番目の姉は笛吹峠へ、二番目は和山峠へ、末の妹は橋野の太田林へ、それぞれ飛んで行って、其処の観音様になったそうな。　（柳田国男『遠野物語』拾遺一）

（［一二三頁］を参照）

▽待てど　暮らせど　こぬひとを
宵待草の　やるせなさ
こよいは　月も　出ぬそうな　（竹久夢二『宵待草』）

▽人にきくと、夜なかまで若者が集まって、酒を呑んだり歌もうたったりする、飲食店であるそうな。　（水上勉『鳳仙花』）

だ・である【断定】

一、断定の性格

　叙述の内容に対して、それが間違いなくそうであるとの判断を下し、全体を一つの文としてまとめる働きを持つ助動詞。叙述の内容は主語述語を中心とする論理的な関係のものでも、また、「雨だ」「私の責任だ」のような事物そのものでもかまわない。もともと叙述すべき内容を持つこれらの語句だけでは、単一の語か単なる単語の羅列にすぎない。それに「だ」や「である」を添えることによって、全体が一つの文としてまとまり、言い切りの文としての文法的性格が与えられるのである。前者を統覚作用、後者を陳述作用と呼ぶ。このような性格は、動詞や形容詞など用言にはすでに備わっているので、「すぐ出掛けるだ」とか「わしは言っただ」「それでいいだ」のような言い方は正しくない（準体助詞「の」を添えれば全体が体言的性格に変わるから、「すぐ出掛けるのだ」「わしは言ったのだ」「それでいいのだ」のように正しい日本語となる）。方言的な言い方では、

▽むかしあったけど、発電所をつくるとき伐り払ってしまっただ。（杉浦明平『義民顕彰式』）

のような例も見られるが、「だ」が文全体を受けていると見るべきだろう。なお、用言以外なら、副詞「もっとゆっくりだ」、接続詞「しかしだ」と断定の助動詞が付き得るし、一見用言に接続しているように見えるが、文としてのまとまりには「いわゆる犬も歩けば棒に当たるだ」と「だ」が続く。

　断定の古い言い方は「なり」であるが、今日でも「本日は晴天なり」、算盤の練習で「一円なり、二円なり、三円なり……」といった形が見られるが、あまり例は多くない。いわゆる「也」であるが、俳句なら、

▽柿くへば鐘が鳴るなり法隆寺（正岡子規）

などの例も見られる。古語では「なり」は動詞にも接続した。

今日、断定の助動詞には「だ」「である」系統と、「な、なら」系統とが存在するが、「な」系統は古代からの「なり」の流れを汲むものであり、「に・あり」が約まって「なり」となり、それが現在の「な、なら」の源流となっている。一方、「だ」系統は「で・あり」から出たもので、「であり→であ→だ」と形を変えていったと考えられている。「であ」は一方で「じゃ」の形も生み、「おお、そうじゃ」のように方言として現在も用いられている。

「な、なら」系統が「なり」の末裔であることから、「なり」が「鐘が鳴るなり」のように動詞にも接続するように、「雨が降るなら」と「なら」は動詞にも直接続く（連体形の「な」は不可）。

以上のように、現代語の断定の助動詞には、性格の異なる「だ」系統と「な」系統とが併存するため、かなり厄介な問題をはらんでいる。なお、「だ」の丁寧体「です」には、「な」系統はない。活用表で見よう。

	未然形	連用形	終止形	連体形	仮定形
だ系統	だろ・う	だっ・た	だ		
な系統				な・の…	なら

二、断定の助動詞と形容動詞との差

先の活用表からも明らかなように、名詞に断定の助動詞の添ったものと形容動詞とは極めて類似している。学説によっては、形容動詞をすべて名詞に断定の助動詞の添ったものとして一括するものも行なわれている（時枝文法）。しかし、細かく見ると、種々の点で相違が認められる。特記すべき点は、

①名詞に係る用法で、前述のように断定の助動詞の連体形「な」は、一つは準体助詞「の」で受けて、

▽明日雨なのが気に掛かる／明日は雨なのだ／明日は雨なので運動会はない／雨なのに開催するんですか

となるか、形式名詞を介して、

▽彼が犯人なはずはない／彼が犯人なものか

となるのが常で、実質名詞に係る例は見当たらない。形

容動詞なら、「賑やかな町並み」「勇敢な水兵」のように一般名詞を自由に修飾する。

②断定の助動詞は名詞を受けるが、実質名詞に係り得ないため、代行として格助詞「の」の力を借りて「故郷の町並み」「鷗の水兵さん」とせざるを得ない。このことから、共通の語に係る「〜の」形と「〜な」形では、句の意味に差が出て当然である。

▽自由の女神／自由な女神

「自由の〜」は〝名詞対名詞〟の関係ゆえ、「自由」を象徴する女神の意味だが、「自由な〜」とすると状態形容の形容動詞ゆえ、解放されて自由な身分の女神となってしまう。『幸福な王子』（オスカー・ワイルド）も同様。三島由紀夫の『豊饒の海』は、どのように解釈すべきか。

「な」と「の」の違いは、「健康な人」と「健康の秘訣」を比較すればよく分かる。「健康な」はその「人」の状態形容だが、「健康の」は「健康に対する」で、「秘訣」の対象を指しているにすぎない。

③形容動詞は状態形容の語であるから、その状態の程度性を表す副詞を冠することができる。

▽彼は至って健康だ。（「健康だ」は形容動詞）

「名詞＋だ」は、そうであると強く指し定める断定の働きゆえ、程度性は関係ない。

▽彼の取り柄は健康だ。（「取り柄＝健康」）

に、「至って」のような程度の副詞を挿入することはできない。類似の例を挙げておこう。

▽彼女はとても贅沢だ。

普段気を付けねばならぬ点は贅沢だ。

④「〜なら」形も当然のことながら、形容動詞の場合と断定の仮定形の場合とで差が出る。

▽そんなに賑やかなら、僕もお祭りを見物するか。

賑やかさなら、初詣のほうがもっと混雑するよ。

▽とても元気なら、まず大丈夫。

元気さなら、どの子にも負けない。

三、「〜なら」条件法について

仮定形は、活用形の名称としては「仮定」であるが、実質は必ずしも仮定条件とばかりは限らない。また、条件法とはならない用法も多少見られる。２、で取り上げた(1)の〝主題を表す用法〟がそれで、話題を提示する「そのことなら、方がついている」と、話題を限定する「好きな果物なら蜜柑だ」とは、どちらも「〜なら」が「〜は」に言い換えられる用法で、条件表現とはなっていない。

１、仮定条件の発想と種類

まず条件接続という点で「なら」と共通の働きを見せている「たら」についても適宜対比して、断定の助動詞「だ」の仮定形が表す条件表現の特色について一覧しておく必要がある。

❖各条件形式の比較（なら／だったら／たら）

以下に掲げた例文は、すべて「なら」条件なら可能な文である。そこで、「なら」に近い「だったら」と、確述の「た」のところで触れた「たら」条件とが果たして言い換えが可能かどうかを比較してみた。

＊使用が可能なものには○印を、不可能な場合は×印を記してある。接続形式の関係上、例えば「面白いなら」は「面白かったら」のように、先行語の活用形を変えるという前提での比較である。なお、○×印は、上段は「だったら」、下段は「たら」についてである。

ペンが無かったのなら、鉛筆でもよかったのに。　××
彼が家を建てたのなら、私にもできぬはずはない。　××
日本の代表的な食べ物なら、刺身だ。　○×
私が鳥なら、飛んで帰るんだが。　○×
大学生なら、そのくらいの理屈はわかるはずだ。　○×
君がそんなことを言うなら、僕にも言い分があるぞ。　○×
家を建てるのなら、少しは融通してあげたのに。　○×
危険が伴うということなら、手術は見合わせよう。　○×
先生のお宅に伺うなら、この書類も持って行ってね。　○×
そんなに面白いなら、僕も読もう。　○×
もし雨が降るなら、迎えに来てください。　○○
先生に会うなら、よろしくお伝えください。　○○
暑いのなら、どうぞ窓をお開けください。　○○
酒が無いのなら、ビールでもかまわないよ。　○○

2、「〜なら」の発想と意味

まず、「〜なら」形を取る例を、意味と用法から分けて列挙し、それを手掛かりに、この条件法の発想の特徴を見ていくことにする。

(1)主題〔初めに触れたように「〜は」に言い換え得る、主題を表す用法で、条件表現ではない〕

▽そのことなら、もうとうに方がついています。（ハ）……話題提示

▽日本の代表的な食べ物なら、刺身とてんぷらだ。（ハ）……話題限定

(2)仮定・仮想〔あり得ない空想、または考えられない事態を想定して意見を加える〕

▽僕が鳥なら、飛んで帰るんだがなあ。（ダッタラ）

▽もし僕がやるんなら、まずこっちから始めるな。（ノダッタラ）

▽会社を辞めるくらいなら、死んだほうがましだ。（ダッタラ）

▽これがみんな黄金なら、どんなに素晴らしいことだろう。（ダッタラ）

(3)予想・予定〔ほぼ確実な未来の予想・予定を示す〕

▽先生のお宅へ伺うなら、これをついでに届けてください。（ノダッタラ／ノナラ）

▽もうじき電車が来るなら、警報機が鳴り出すはずだ。（ノナラ）

(4)既定・現在のこと〔現在の状況を認識して、話者の意見・態度を述べる〕

▽きみがそんなことを言うなら、僕にも言い分がある。（ノナラ）

▽大学生なら、そのくらいのことはわかっているはずだ。（デアル以上）

❖各表現法の発想

(1)主題は「〜は」への置き換えも可能なように、題目の限定取り立てでしかなく、条件表現とは関係ない。同じ名詞に直接する例であっても、(2)の仮定・仮想は「僕が鳥なら＝僕が鳥であるなら」のように「……であるなら」と文末の陳述性を内包し、また「もし僕がやるんなら」に見るように用言述部を受けることも多く、仮

定条件の範囲に入る。前件で示された仮定的な状況がもし成立した場合に、それに対する己の認識や意見を提示する。現実のことでないとしても、その仮想した状況が観念として現在あるとの〝現時点意識〟に立っている。

▽同じ阿呆なら踊らにゃ損よ。

のように、仮想でない現実の事態を踏まえての〝そうであるならば〟意識の例も見られる。

(3)(4)は話者の外側にある現状を感知して、そのような状況においての対象の有り様や、話者の態度・行為を相手に示す。話者の外側にある現状が、未来に生起する前段階（例「先生のお宅へ伺うなら～」）なのか、現在の事柄（例「そんなことを言うなら～」）なのかは情報内容の差でしかなく、話者の現状認識という点では特に差はない。

「～なら」(2)～(4)の共通点は、外から入った現状情報に対して話者が〝現時点意識〟で事前に下す意志的内容の提示である。(3)「先生のお宅へ伺うなら」も伺う前に相手に依頼をするのであり、「電車が来るなら」〝警報機が鳴りだす〟と前もって判断する。(4)「そんなことを言うなら」では、すでに相手が述べ終えた段階であるが、述べた結果の事後を問題とする意識ではない。述べることに対して当方に意見があるという〝事前の己の心情〟を提示する発想である。この点が「～たら」との決定的な違いである。「～たら」条件は過去のことにも未来のことにも言い及べるが、「～なら」条件はもっぱら未来のことについてしか述べることができない。

◆断定の「なら」と伝聞の「なら」

〝外から入った現状情報〟には二種類ある。「先生のお宅へ伺うなら～」にも、相手の身仕度や服装・持ち物などを見てそう思う己の判断と、「これから先生のお宅へ伺うが」という相手の言葉を聞いて知る伝聞判断の二つである。この差は「なら」の持つ二つの発想に由来している。すなわち、古語「なり」の持つ(a)断定の意味と、(b)伝聞の意味とを兼ね備えていると見てよい。話者が対象の状況に接して〝そうであるなら〟と認定の判断を下す〝断定〟と、他者より入った情報に基づいて〝そうであるなら〟と伝聞情報を手掛かりに、後件に己の意志を開示する、ないしは相手に伝え訴える。対象の状況に接し、また、他者より情報を受け取るということは、〝今〟という現在の時点における体験を設定条件としている。また、時には己の観念内に浮かぶ仮想の事象を前提に立てることもあり、現時点の意識という点では特に差は認められない。

❖「なら」と「たなら」の使い分け

「〜なら」条件は「今そこに在るなら〜」「明日そこへ行くなら〜」と、現在・未来の事象にもっぱら用いられ、過去のことには「〜たら」「〜たなら」で表す使い分けが見られる。

四、「である」について

「吾輩は猫である」（夏目漱石）とか、「雲は天才である」（石川啄木）のように、「何は何だ」の述部を「である」で結ぶスタイルもある。今日でも文章の文体としては〝である体〟が一般であるが、それは「である」で結ぶ文型が、主題に対する説明的な述語といった気分を添えるためであろう。文章表現の場合、状況説明の叙述はどうしても解説的なスタイルに流れやすい。それには「である」体の説明的・言い訳的文型が打ってつけというわけである。

一方、「だ」の言い切り形は口語、それも「早くするんだ」のように、ぞんざいな男言葉との感が拭えない。説明的な内容の文に使用しても、筆者の主張という性格が出てしまい、解説的な叙述には不向きな文型となってしまう。そのため、解説的な〝である体〟の続く叙述の中に、いきなり「だ」体の文を挿入すると、筆者の個人的な見解が寄せられた部分というふうに読者には解される。

▽人は、完全のたのもしさに接すると、まず、だらしなくげらげら笑うものらしい。全身のネジが、他愛なくゆるんで、之はおかしな言いかたであるが、帯紐といて笑うといったような感じである。諸君が、もし恋人と逢って、逢ったとたんに、恋人がげらげら笑い出したら、慶祝である。必ず、恋人の非礼をとがめてはならぬ。恋人は、君に逢って、君の完全

のたのもしさを、全身に浴びているのだ。

（太宰治『富嶽百景』）

「慶祝である」の説明的叙述に続いて、「必ず」以下はその叙述された内容への筆者の意見や主張である。そのため、読者への問い掛け語り掛け的性格が強い。「非礼をとがめてはならぬよ」とか「ならぬぞ」、あるいは「全身に浴びているのだからな」と話し言葉特有の終助詞や語り掛け調の言い回しを付加することも可能なスタイルなのである。

一般に小説など文学作品は、論説文に比して、状況説明よりは生じた事態を現象生起の連続として追っていくスタイルが多い。そのため、名詞述語文に「である」を付した説明的叙述や、用言を受ける「……するのである」「……なのである」といった、これも説明的・言い訳的スタイルの文はさほど出現しない。「……する」「……している」「……した」形式の動詞や形容詞述語の文に偏りがちである。そのため、いわゆる「だ」「です」「である」の文末形式は出現頻度が低い。また、作家ごとに偏りが見られる。

❖文体の確立について

いわゆる言文一致運動は、明治の十年代から二十年代にかけて、時の先覚者らの言動にすでに見られるのであるが、実際の表現活動としては、明治文学の世界での試みが有名である。二葉亭四迷の『浮雲』に見る「だ」体にはじまり、山田美妙の『胡蝶』など独特な「です」体、さらには尾崎紅葉『多情多恨』等によって完成された「である」体が知られている。

丁寧文体としての「です・ます」体のほかに、「である」と組み合わせた軍隊用語的な「であります」体、さらにより丁寧な「でございます」体がある。特殊なものとしては「お猿のお尻は真っ赤でござる」のような「でござる」もあるが、一般にはあまり用いられていない。

▽「第三十六号何か。」看守はようやく彼に発言を許した。「はあ。何か作業させてほしいのであります。」第三十六号は弱々しい声で言った。

（野間宏『第三十六号』）

▽春は早うから川辺の葦に、蟹が店出し、床屋でござる。

（北原白秋『あわて床屋』）

です・ます【丁寧】

丁寧文体としては「です・ます」が最も一般的である。論説文での使用はまだ少ないが（文芸評論家の中村光夫の評論などが数少ない例の一つ）、その柔らかい語り掛け調から啓蒙的な新書類の文章では最近かなり盛んに用いられている。文学作品では作家ごとに差が見られ、また、児童文学で愛用される傾向も見られる。同一の作家でも芥川龍之介のように、作品の質によって文体を使い分ける例も多い。

1、丁寧の意味

一般に敬語の範囲として尊敬・謙譲・丁寧と並べることが行なわれているが、尊敬と謙譲は「れる・られる」の項で述べたように（七三頁）、叙述内容における当人対上位者間の敬譲意識による行為の表し方である。一方、「です・ます」で代表される丁寧表現とは、あくまで話者（話し手および文章の作者、作中の人物）が聞き手・読み手に対しての心遣いとして表現に加える丁寧意識の形式化なのである。叙述そのものの有り様で、叙述内容とは無関係である。

2、「です・ます」の使い分け

「です」は肯定文の場合、名詞述語文および形容動詞述語の末尾に用いられ、「ます」は動詞述語専用の丁寧形式である。形容詞述語の場合は、「おいしいです」「寒いです」の言い切り形式はまだ規範的とは言いがたく、後に終助詞の伴う「おいしいですね」「寒いですか」「暑いですよ」のような言い方にしないと落ち着きが悪い。否定文では、

▽まだ学生です／もう学生ではありません
▽夜は静かです／静かではありません
▽早いですね／早くありませんね

のように「ます」形式が現れる。「〜ないです」の言い方はまだ規範的なものとは言えない。「た」形の場合も

▽行きません／行きませんでした

のほうが穏やかで、「行かなかったです」は標準的とは言えない。

3、複文における丁寧体の在り方

複文においては前件と後件の二か所に述語が現れるが、「です・ます」はどのように現れるか。一般には文全体を統括する最末尾の後件述語に一つ添えればよいと考えられているが、実際には前件・後件それぞれに添えて用いる場合が多い。特にどちらにすべきとの規範は存在しない。

▽自分は東北の田舎に生まれましたので、汽車をはじめて見たのは、よほど大きくなってからでした。

（太宰治『人間失格』）

▽その中学校のすぐ近くに、自分の家と遠い親戚に当る者の家がありましたので、その理由もあって、父がその海と桜の中学校を自分に選んでくれたのでした。

（『人間失格』）

「生まれたので、……からでした」「家があったので、……選んでくれたのでした」としても一向に差し支えない。研究者によっては、「から」と「ので」で多少の差が見られ、「から」は「……ですから、……です」「……ますから、……ます」と前後にそれぞれ丁寧形が出やすく、「ので」の場合は「……ので……です／ます」と丁寧のスタイルが文末に統括される傾向が強いとの調査を報告している。これは「から」の文は、「……だから、それで」と「から」でいったん途切れ、新たに意見を加える意識が強いためと解釈され、一方「ので」は、前後が一体として論理関係を結ぶ一まとまりの気持ちが強いことの現れであろう（三〇四頁）。

4、丁寧文体の現れる語

話者の、聞き手・読み手に対しての心遣いとして表現に加える丁寧意識は、文末に現れるだけでなく、複文の展開部分、接続助詞「から」「ので」「し」などの前にも現れる。「ですから」「ですので」「ですし」「ですが」「ですけれども」等がそれである。同様、独立した接続詞にも丁寧形が生じ、「だが」「であるが」に対して「ですが」

「でありますが」「でございますが」が生まれる。これはその他の「から」や「ので」などでも同じで、歩調をそろえている。

5、「ございます」体について

ごく丁寧な「ございます」調は一般会話では年配の女性言葉としてしか現れないようである。文章の例では

▽或日の事でございます。御釈迦様は極楽の蓮池のふちを、独りでぶらぶら御歩きになっていらっしゃいました。

（芥川龍之介『蜘蛛の糸』）

のような例も見られるが、今日では極端に丁寧な文体との感は否めないであろう。現在ごく一般的に用いられる「ございます」の例は、挨拶用語に限られる。

▽明けましておめでとうございます。
▽お早うございます。
▽有難うございます。

＊なお、個別的な挨拶でないかぎり、「〜た」形は現れない。「明けましておめでとうございます」「お早うございます」に「た」を付けて「明けましておめでとうございました」とか「お早うございました」と言うわけにはいかない。同じ「おめでとうございます」でも、個別的な例では、

▽「お陰さまで息子が受験に合格いたしました」
「それはおめでとうございます」

とも、「おめでとうございました」とも、どちらも可能である。「た」は確述の項でも触れたように（一〇七頁）、話者のその事柄に対する強い認識の現れであるから、「おめでとうございました」と「た」を付けることによって、心からなる慶びの態度を表明しているのである。「有難うございます」「有難うございました」についても同様である。

第二部

助詞編

は【係助詞】

付　が（主題と主語）

一、「は」と「が」の文法的相違

1、係助詞・副助詞

係助詞は広義には副助詞の一種と見られるが、格助詞の後には来るが前には立ち得ない点で、副助詞と区別される。副助詞は種々の語に付いて、その事物の取り立て・限定・添加ないしは程度の意識を加える働きがある。一般に副助詞としては「まで／でも／だけ／ばかり／ぐらい／など／やら／か」等が属するとされ、係助詞として「は／も／こそ／さえ／しか」等を挙げる。「は」や「も」のように、述語に言い切りの形を要求し、文末の陳述にまで係っていく働きを持つものを副助詞から切り離して係助詞として扱うのである。したがって、「いちおう行ってはみたが」や「見もしないで突き返された」のような、主題を示す働きでない場合は、係助詞とするわけにはいかない。同じ「は」や「も」でも、文中での働きによって係助詞となったり副助詞扱いとなったりするわけである。なお、係・副の両者をまとめて「とりたて詞」となす考えもある。

2、主題を示す「は」と主語の「が」

主題を示す係助詞「は」を考える場合には、「主題＋ハ」文型として見ていく必要がある。以下、これを「ハ文型」と呼ぶことにする。ハ文型は、「リンゴは」と言ったとき、そこが課題の場となって、「果物だ」と解答を与える。一つの文の中が「課題／解答」の二部構成になっており、「リンゴは」の部分に、「他の物はどうか知らないが」といった対比・排他の意識と、複数の中からリンゴを取り立てる意識とが込められている。そして、述部で「果物だ」と判断を下す。係助詞「ハ」には対比・排他と取り立ての意識が込められていると言えよう。

ところで、これとは別に、格助詞「が」を用いて「リンゴが果物だ」という文も考えられる。この場合、「リンゴが」は「何が果物だ」の解答として「リンゴが」と言っており、「リンゴ＝果物」という構図において、述語「果物だ」の主語としての位置を占めている。同じ「果物対リンゴ」を問題とする文において、二様の言い方を日本語は持ち、「～は」のほうを主題、「～が」のほうを主語として区別する。これは後程それぞれの章で詳述するが、もう少し複雑な構文を取ったときの「～は」「～が」の係る範囲と文法的な性格の違いから、両者の所属を分けているわけである。

二、語の意味と「何ハ述語」文型との関係

1、「～ハ」の判断文の発想と使用語彙との関係

「～ハ」の判断文の例

▽春は曙。（『枕草子』）
▽箱根の山は天下の険。（鳥居忱《まこと》「箱根八里」）
▽黄金虫は、金持ちだ。（野口雨情「黄金虫」）
▽蛍のやどは川ばた楊《やなぎ》（文部省唱歌、井上赳「蛍」）
▽我は海の子白浪の　さわぐいそべの松原に（文部省唱歌、宮原晃一郎「われは海の子」）
▽時は春。日は朝。朝は七時。（ブラウニング、上田敏訳「春の朝」）
▽沖の暗いに白帆が見える　あれは紀の国　蜜柑船（蜜柑取唄）
▽吾輩は猫である。（夏目漱石）
▽雲は天才である。（石川啄木）
▽富士は日本一の山。（巖谷小波「富士山」）
▽坂は照る照る鈴鹿は曇る　間《あい》の土山雨が降る（「鈴鹿馬子唄」）

「何は」で題目を提示し、述部「何だ／どんなだ／どうする」でそれへの解答を示す。したがって、題目提示は即「何は？」の形で解答要求の問い掛け文を構成し、述部はそれへの解答となる。判断文は「何は？」と「何だ」の二部構成で、時には二者の問答の形で構成されることもある。「帰る燕は木の葉のお船ネ」（野口雨情）は、質問「帰る燕は？」に対して「木の葉のお船ネ」と答える問答形式を取っているのである。そのため、時に解答は、話題の事柄や場面からの類推で察しがつく場合、必ずしもその題目についての属性や働きそのものを述べ

るのではなく、自由に連想によって答えを示していく。「燕は？」に対して「木の葉の舟」というのは、論理としては正しくない。しかし、渡り鳥の燕が「帰る」ということの連想として「木の葉の舟」と答えることは、それに乗って帰るのだなという理解が可能な範囲ゆえ、十分に成り立ち得る表現だといってよい。「AはBだ」は決して概念としての「A＝B」ではない。そのため、

▽赤ワイン白ワインどっち？　僕は赤。
▽会場は裏の地図をご覧ください。
▽レコードはビクターを使いました。

など、外国語に直訳することのできない表現が日本語として罷《まか》り通るのである。

❖固定観念となった判断文

「は」による判断文「AはBだ」の解答部分「Bだ」が人々の共感を得、人口に膾炙し一般に流布すると、

▽ふるさとは遠きにありて思ふもの
（室生犀星「小景異情」）
▽富士には月見草がよく似合う
（太宰治『富嶽百景』）
▽花の命は短くて、苦しきことのみ多かりき
（林芙美子）
▽人間は考える葦である。
（パスカル）

のような名言・名句となり、さらに一般社会の通念として格言やことわざとなり、固定した一つの観念として定着する。

あうは別れの始め／空き樽は音が高い／秋茄子は嫁に食わすな／秋の日は釣瓶落とし／明日は明日の風が吹く／板子一枚下は地獄／一銭を笑う者は一銭に泣く／色は思案の外／縁は異なもの／男は度胸女は愛嬌／親子は一世、夫婦は二世、主従は三世／金は天下の回り物／口は禍の門／芸は身を助ける／失敗は成功の本／蛇《じゃ》の道は蛇／子は三界の首っ枷《かせ》／粋は身を食う／過ぎたるは及ばざるがごとし／栴檀は二葉より芳し／善は急げ／大は小を兼ねる／旅は道づれ世は情／短気は損気／血は水よりも濃い／忠言は耳に逆らう／沈黙は金

／出る杭は打たれる／情けは人の為ならず／名は体を表す／逃がした魚は大きい／二度あることは三度ある／寝る子は育つ／馬鹿と鋏は使いよう／花は桜木、人は武士／早起きは三文の徳／人は見掛けによらぬもの／武士は食わねど高楊枝／餅は餅屋／良薬は口に苦し／類は友を呼ぶ

〔参考〕

▽春は曙。夏はよる。秋は夕暮。冬はつとめて。

『枕草子』の冒頭の有名なこの叙述は、後世、四季の美的標準となり、

▽心なき身にもあはれは知られけり鴫立つ沢の秋の夕暮　（西行法師）

のように歌われたが、次のような異論も現れた。

▽薄霧のまがきの花の朝じめり秋は夕べと誰か言いけむ　（藤原清輔）

▽見わたせば山もと霞む水無瀬川夕べは秋となに思ひけむ　（後鳥羽上皇）

❖現象文と転位文

格助詞「が」のところで述べるが、「鍵が掛かっている。」のように、現状をそのまま「何がどんなだ／どうしている」と「主語ガ述語」文型で叙述するのを**現象文**と呼ぶ。これに対して、「鍵はどうなっている？」の解答として「鍵は掛けてある。」のように「何ハ」で題目を提示し「何は何である／どうなっている」とその題目についての有り様を述語の部分で説明する言い方が、今問題としている**判断文**である。もし質問が「何が掛けてあるのか？」であれば、答として「鍵が掛けてあるんです。」と主語「鍵が」の部分が解答となり、「鍵は」は「鍵が」に入れ替わる。このような、述語ではなく主語の部分が解答となる表現を**転位文**と呼ぶ。

判断文		転位文
「運転手は　君だ。」	→	「君が　運転手だ。」
「車掌は　　僕だ。」	→	「僕が　車掌だ。」

▽「運転手は君だ。車掌は僕だ。」あとの四人は？

「電車のお客。」

2、対比判断の「〜ハ」

判断文「私は社長です。」には二様の解釈が成り立つ。「私は？」の課題に対して単に「社長だよ。」と応ずる、外なる対象「私」のみを視野の射程に収めた場合（すなわち中立的な主題の文）のほか、A^1、A^2、A^3……と複数対象をとらえて、そこからA^1のみを取り立てて「Aハ」と述べる場合も考えられる。他のA^2、A^3……を排除し、取り立てるA^1と対立させる意識であるから、結果として対比意識が「Aハ〜」の部分に込められる。しかし、前後の文脈や談話の場面が無いかぎり、この両者の区別は上辺だけからでは付けにくい。文型「A^1ハ〜だが、A^2ハ〜だ。」の複文構造を取ることによって、はっきりする。対比強調の主題の文となる。

▽天上影は変らねど、栄枯は移る世の姿。　（土井晩翠「荒城の月」）

▽坂は照る照る鈴鹿は曇る間の土山雨が降る

▽旅は道づれ世は情け

3、主語・述語に立つ名詞の意味関係によって決まる述定型と同定型

(1)「下位語ハ上位語だ。」形式

①鯨は哺乳動物だ。　（述定型、基本型）

　鯨 ＜ 哺乳動物

②あの方は英語の先生です。　（述定型、基本型）

　あの方 ＜ 英語の先生

(2)「上位語ハ下位語だ。」形式

③将軍は徳川家康だ。　（同定型、派生型）

　将軍 ＞ 徳川家康

④英語の先生はあの方です。　（同定型、派生型）

　英語の先生 ＞ あの方

「AハBダ」文型において「AガBデアルコト」と訳せる形式は「**述定型**」と呼ばれ、基本型と考える。主題Aにおける有り様としてBが立つわけであるから、この型では、動詞・形容詞はBとなる。

一方、同じ「AハBダ」でも、「AデアルノハBダ」と訳せる形式は「**同定型**」と呼ばれ、派生型と考える。この型では、まずBの有り様をAとして立て、それに当たるのはBだと解答する。したがって、動詞・形容詞は「の」を伴ってAの位置に立つ。

(3)A・B共に名詞の場合は、

社長は私です（同定）→私が社長です（転位文a）

同定文を転位した〝転位文a〟は、一般的な転位文である。また、

私は社長です（述定）→社長が私です（転位文b）

と、述定文を転位した〝転位文b〟は、特殊な転位文である。「どなたが社長さんですか」の問い掛けに対しては、転位文aで答えるのが一般。転位文bの解答を求める場面といえば、「いろいろな役職があるが、どの役職があなた？」といった極めて特異な問答でしか使用されない。

(4)種々の名詞が「AハBダ」のA・Bに立つ場合、その組み合わせによって述定か同定かが決まってくる。左に示しておこう。

「代名詞は固有名詞だ」（述定）「彼は太郎だ」

「固有名詞は代名詞だ」（同定）「太郎は彼だ」

「代名詞は普通名詞だ」（述定）「君は運転手だ」

「固有名詞は普通名詞だ」（述定）「太郎は運転手だ」

「普通名詞は固有名詞だ」（同定）「運転手は太郎だ」

「普通名詞は代名詞だ」（同定）「運転手は君だ」


「運転手は君だ、車掌は僕だ、あとの四人が電車のお客」というとき、述定の「ハ」文型「君は運転手だ。」の語順を転じて「運転手は君だ。」とすれば同定の表現となる。それを再び反転させると、「君が運転手だ。」の転位文aができる。「述定判断文→同定判断文→転位判断文a」の構図が見えてくる。問答の形に直すと、

「僕の役割は何？」→「君は運転手だ。」

「運転手は誰？」→「運転手は君だ。」

「誰が運転手？」→「君が運転手だ。」


となる。では、述定判断文「君は運転手だ。」を「運転手が君だ。」と反転させたらどうなるか？ 問答に直すと、

「運転手・車掌・お客といるけれど、どれが僕なの？」
→「運転手が君だ。」

複数選択肢における解答の文としてしか機能しない。上位語をガ格に据えて、「動物が馬だ。」などとは普通言わない。転位文bは日常あまり現れない特異な表現文型である。

4、同語反復文（「AハAだ」文型）について

判断文は「A≠B」と異なる概念同士を、AはBに当たると認定して結び付ける判断の文である。しかし、まれに「AハAだ。」文が現れる。理屈から言えば、「Aハ？」に対して「Aだ。」と答えるのは無意味だが、現実には存在する。

(a)グループ

▽（獅子文六は、原稿が）早目に出来ているので、担当の記者さんは気をもまなくてすんだと思う。しかし、仕事は仕事とけじめをはっきりつける人で、ある人など原因はよくわからないが、たいへんに厳しくしかられ、とうとう泣き出されてしまった。

（岩田幸子『笛吹き天女』）

▽九二年の八千メートル峰登山で雪崩に流されて、一時意識不明になったこともある。「行きやすくなったとはいえ、ヒマラヤはヒマラヤ。背伸びすれば危ない。

（「人、近藤和美さん」『朝日新聞』平成十一年十月十六日）

(b)グループ

▽美空ひばりは美空ひばり、江利チエミは江利チエミである。存在の仕方が違う。江利チエミの人気が、たとえ美空ひばりをしのいだとしても、美空ひばりから受ける畏敬は変わらない。（阿久悠『愛すべき名歌たち』）

(a)グループ（逆接形式）

「腐っても鯛は鯛だ。」「馬鹿でも親は親。」「利口そうでも子供は子供だ。」「僅差の判定でも負けは負けだ。」「お前にやったんだと言われても、やはり借金は借金だ。」「何と言われようとも、僕は僕だ。」

(b)グループ（対比形式）

「昔は昔、今は今。」「昨日は昨日、今日は今日。」「親は親、子は子。」「それはそれ、これはこれ。そこのところをわきまえてくれなければ。」

❖同語反復文の意味

判断文は、外なる対象Aを話題として取り上げ、「Aハ？」の課題への解答として「Bだ。」の認識判断を下す。そのBがAへと置き変わったということは、述語の「Aだ。」は、内なる話者（己）の認識把握によって評価されたAということになる。文頭の「Aハ〜」のAは、あくまで題目として取り上げられた客体的な事物。外なる事物として指示されているだけ。判断の結果としての評価は受けていない。同じ「A」が立っても、認識には大きな差がある。述語「Aだ。」のAが評価性を帯びたAということは、それなりの内容を含んだAだと理解される。「利口そうでも子供は子供だ。」の初めの「子供」は、〝子供というもの〟といった一般性。〝どんな子供でも〟と、ただ「子供」を話題として取り上げている指示機能の対象にすぎない。後の「子供だ。」のほうは、話題として取り上げた〝子供というもの〟への話者の認識判断として、〝やはり幼稚で、まだ精神的には未熟な段階にある〟との評価性が述語の形で添えられている。

この文型に類したものとして、「太郎も太郎だ。」の「〜モ」文型、さらには慣用句化した強調表現「折も折」「今が今」「皆が皆」「世が世なら」「無いものは、無い」、それにことわざ「蛙の子は蛙」「餅は餅屋」等、発想に共通のものがいくつも見られる（係助詞「も」の項［一八〇頁］を参照のこと）

三、複文における「は」「が」と名詞の意味

「私はホテルから会社へファックスを送った。」の傍線を施した名詞の部分を順に取り出して、述語「送った」の後に位置を移し、「私は……送った」全体をその名詞に係る連体修飾句とすると、

①ホテルから会社へファックスを送った私は……しました。
②私が会社へファックスを送ったホテルは……です。
③私がホテルからファックスを送った会社は……です。
④私がホテルから会社へ送ったファックスは……です。

右の例文のように、従属句の中では「私は」は「私が」へと転じる。そのため、一般に〝従属句の中では

生き残る。

「は」は現れない〟と思われがちである。しかし、対比強調の主題の文の場合は例外として「～は」がそのまま生き残る。

▽そのつり橋は小型車は渡れる。↓小型車は渡れるそのつり橋は……だ。

モノ性やコト性の名詞では対比強調の文にしかならないが、ヒト性の名詞では文末述語にも係り得る。

▽そのつり橋は子供は渡れる。↓子供は渡れるそのつり橋（を架けた。）

〔解釈1〕（車や大人は無理だが）体の軽い子供なら渡ることのできるその簡易なつり橋を架けた。

〔解釈2〕子供たちは、ちゃんと渡ることのできるそのつり橋（を自分たちだけの手で）架けたのである。

＊モノ性やコト性の名詞では〔解釈2〕は生じないが、ヒト性の名詞なら可能である。

四、「ＡハＢガ何だ」文型の種類と用法

題目を「Ａは」で取り上げて、そのＡについての状況や事態が他のＢに関するときに用いられる。「象は鼻が長い」の、いわゆる総主の文以外にも、同じパターンの表現がいくつか見られる。

⑴「彼は背が高い」形式

この形式は「～ハ～ガ何だ」文型の典型的な形式で、判断文「Ａハ何だ」の述部に、ガ主語の「Ｂガ何だ」の収まったものである。「あの象は鼻が長い」ならガ主語の現象文が、「象は鼻が長い」なら「象は何が長い？／鼻が長い」となるから転位文が収まったものである（この件に関しては、格助詞の「ガ」の項〔一三六頁〕を参照されたい）。いずれにしても、この「ＡハＢガ何だ」文では、ＢはＡに所属するもの、Ａの内なるものであり、Ａ・Ｂは同一主体ゆえ「ＡノＢハ何だ」と言い換えがきく。

▽彼は背が高い。↓彼の背は高い。

述部には形容詞・形容動詞のほか、状態形容になる「動詞＋ている／てある」形が立つ。

▽彼女は目元が美しい／綺麗だ／澄んでいる。

いずれも述部が属性の状態表現となっているところが特徴で、その属性の主体がたとえ文面に現れていなくとも、背後に予想される。また、この文型で動詞がなまの形で述語に立つ場合は、状態性の強い形容詞寄りの動詞に限る。能力、習性、習慣、性質、本能、無意識行為という場合が多い。

▽彼は足がよく上へあがる。
▽このテレビは画面が揺れる／歪む／崩れる。
▽うちの祖父は手が震える。
▽彼は胸が高鳴った／熱くなった。
▽彼は手がスイッチに触れた。

⑵ **「彼は父親が医者だ」形式**

この形式は⑴の一種で、違う点はA・Bの関係にある。⑵は、身体的に、または構成要素として関係のない事物、互いに異なる主体A・Bを、表現者の主観で仮にAをBの所有物としてとらえた表現である。BはあくまでAの外なる事物であるが、所有物や近親関係として「AのBは何だ」と言い換えることのできる形式である。

▽彼は父親が医者だ。→彼の父親は医者だ。

前の⑴形式は述語が「どんなだ」という状態表現であったが、この⑵形式は「何だ」という定義づけ的色彩が濃い。名詞述語のほか、動詞や打消表現がよく現れる。

▽彼は父親が亡くなった／いない。
▽日本は果物が豊富だ。

外なる事物を仮に所有物として関係づけたものゆえ、どこまで関係づけられるかは主観的な面に依存する。

▽彼はお父さんが病気だ。
▽彼は会社がストライキだ。

ならもちろん可能だが、

▽彼は大学が国立だ。
▽彼は車が外車だ。
▽彼は時計がスイス製だ。
▽彼は犬が病気だ。
▽彼は飼い犬がシェパードだ。
▽彼は鉛筆がＨＢだ。

となると、誤用か否かで意見が分かれるだろう。「彼は何がＨＢか？」「鉛筆がＨＢだ」などという発想は普通しないからである。(2)の形式も、「Ａは」を強勢「Ａが」に換えることはできるが、その場合、「Ｂが」を「Ｂは」に変えることはできない。

(3)「彼は医者が職業だ」形式

この形式は「Ａは何だ」の判断文の述部に、転位文「Ｂが何だ」の収まった形式である。転位文ゆえ、Ｂには「用言＋のが」の立つことが多い。Ｂは述語の内容を具体的に示した概念で、「Ａの何はＢだ」の言い換えが可能となる。

▽彼は医者が職業だ。↓彼の職業は医者だ。

Ｂは述語に立つ語の下位概念または説明概念であり（「医者」は「職業」の中の一つ）、述語に当たる語には、抽象的な事柄の名詞や形容動詞的に用いられた名詞が立つ。

▽この町は静かなのが特徴だ。
▽彼は短気なのが欠点だ。
▽この川は流れの穏やかなのが取り柄だ。

「ＡはＢなのが述語」を「ＡがＢなのは述語」に変えると構文が違ってしまう。

彼は〔短気なのが欠点だ〕。
〔彼が短気なのは〕欠点だ。

(4)「子供は菓子が好きだ」形式

この形式も述語部分に転位文が収まった文型である。

えが可能。

「Aが何々なのはBだ」「Aの何々なのはBだ」の言い換

▽子供は菓子が好きだ。→子供の好きなのは菓子だ。

Bは述語の事柄に対する対象であり（つまり対象語）、主語ではない。したがって述語で述べられている事態の属性主はAなのである。「Aは述語」の言い方が成り立つのは、この(4)形式のみである。述語は「好きだ」「嫌いだ」等の形容動詞のほか、「動詞＋たい／ほしい」「分かる」「できる」「動詞＋可能られる」などである（格助詞「が」の対象語の項［二四一頁］を参照のこと）。

▽先生は何がお好きですか。

▽あの外国人は日本語が話せる。

BはAの志向・欲望・能力などの対象物という関係のみで、特にA・B間に強い因果関係はない。「AがBは何々だ」の言い換えは難しい。「あの外国人が日本語は話せる」は間違った日本語である。

(5)「今日は雨が降っている」形式

この形式は「Aは何する」の判断文の述語部分に、現象文「Bが述語」の収まった文型である。Bは、Aの場の中に存在する事物というだけで、特にA・B間には深い因果関係は認められない。(1)〜(4)の場合と異なり、他の文型への言い換えはできず、(1)(2)形式のように「AのBは〜」とは言えない。

▽この教室は雨が漏る。（「屋根が漏る」とは言わない）

▽このへんはまだ森や畑が残っていて、いかにも郊外らしいところだ。

▽北海道は雪が降っている。

個別的事象でなければ、一つの心理ともなる。

▽夜は瞼が重い。

▽試験前は頭が痛い。

時や場所以外でも、話題を取り上げその状況を叙述するとき、この文型を用いる。

▽都心型のデパートは高級品が多い。
▽このバケツは水が漏る。
▽(古い日記帳をめくっていて)去年の今日は雪が降った。

(6)「彼は私が教える」形式

この形式は「AはBが〜」の両方が強勢表現という特異な文型で、弱勢の中立的な主格にするなら、「BはAを〜」と置き換えられる形式である。

▽彼は私が教える。↓私は彼を教える。

述語には動作性の他動詞が立ち、Bは述語の表す動作の行為主体、Aは行為対象である。

▽兎は僕が餌をやる。
……「兎」行為対象。「僕」行為主体。

(7)「この学生は骨が折れる」形式

慣用句を内に含む文型で、「Aは述語」の判断文の述語部分が慣用句になっている形式である。「Aは」は弱勢の中立的な主語である。

▽今度の事件は手が込んでいる。
▽この子は世話が焼ける。
▽彼は腰が低い。
▽息子が有名大学に合格して母は鼻が高い。

慣用句ゆえ、「Bが述語」全体で単一の用言と同じ資格を持ち、要素ごとに品詞分解しては意味がない。それゆえ、「AのBは述語」の言い換えはできない。「母は鼻が高い」と「母の鼻は高い」とは全く別の表現である。

五、「〜ハ」文型と疑問詞の位置

「は」の判断文は「何々は」と具体的な事物が題目として掲げられ、それに対しての解答を述部で示す構文であるため、解答が不明で相手に答えを求める、いわゆる疑問文の場合「これは何ですか?」「あの方は誰ですか?」と「は」の後の解答部分に疑問詞が入る。「何は

〜」の判断文型は「何、誰、どれ、どこ、いつ」などの疑問詞は、必ず「は」の後に来る。「どれは財布ですか？」のような言い方はできない。

（×）これは私のだ／あれは私のだ／どれは私のだ？
（○）私のはこれだ／私のはあれだ／私のはどれだ？

慣用として用いられる言い回しは、疑問文ではないため、上記のルールに外れる例が見られる。

▽（咄嗟に単語が出て来ないで）何はどこに置いたっけ？
▽何はともあれ

六、「は」「が」の使い分け

1、使い分けの基準

⑴単文の場合

①Aは何であるか、どんな状態であるかを述べる文は「は」。

　AハBダ（B……名詞・形容動詞・形容詞）

▽（鯨は何だ？）鯨は哺乳動物だ。／新宿は賑やかだ。／地球は丸い。

これを「AガBダ」と変えると、「Bであるもの、B状態であるものは何か？　それはAが該当する」という強調の表現となる。

▽（どれが哺乳動物だ？）鯨が哺乳動物だ。／新宿が賑やかだ。／地球が丸い。

②「CはBではないが、AはBである。」あるいは「CはDだが、AはBである。」という対比の表現のときも「は」。

▽（弟は違うが）兄は大学生だ。／（弟は小さいが）兄は大きい。／（お湯は出ないが）水は出ます。

これを「Aガ」の文に変えると、述語Bが名詞・形容動詞・形容詞の文は⑷の「Aガ」の文と同じく、強調の表現に変わる。

▽兄が大学生だ。（大学生は兄だの意味）／兄が大きい。（大きいのは兄のほうだの意味）

しかし、すべてが強調表現になるのではない。形容動詞・形容詞述語の文は、五感でとらえられる状況の場合は、現象の文となる。

▽波が静かだ。／空が青い。／音がうるさい。

動詞述語の文では、強調の表現と解するよりは、現象をただ述べる文と見るほうが自然である。

▽水が出ます。／雨が降っている。／花が咲いた。

③「Aに該当するものは、B群の中では特定の個（B）がそれに当たる」という表現は「は」の文である。

　AハBダ（B……名詞）

▽社長は山田太郎氏です。／田中さんはあの人です。

Aが複数の中の一つでないかぎり「が」に変えることはできない。

④「Aの中では特にBに限る」とか、「AのうちではBが該当する」という表現のときは「は」の文である。

　AハBダ（B……名詞）

▽（今晩のデザートは何？）果物はメロンだ。／（お好きな果物は何？）果物はメロンだ。／（ご出身の大学は？）大学は××大だ。／（よい病院は？）病院は国立××病院だ。

これを「Aガ」の文に変えることはできない。

⑤「Aにおいては、あるいは、その話題に関しては、他ならぬBだ」という文は「は」の文である。「A＝B」の関係ではない。

　AハBダ（B……名詞の場合）

▽僕は鰻だ。／会場は東京ドームだ。

これを「が」の文に変えると、「ほかならぬAだ」という強調の表現となる。

　AハBダ（B……動詞の場合）

▽会場は裏の地図をご覧ください。／レコードはビクターを使いました。

「が」の文に変えることはできない。

⑥対象語を示すのは原則として「が」。

これを「Aハ」とすると、対比の強調か、取り立てとなる。

▽水が飲みたい↓水は飲みたい（お茶はいらないが、

水は飲みたい／水なら飲みたい）／水が欲しい↓水は欲しい／酒が嫌いだ↓酒は嫌いだ

⑦AがBの主体（動作主・状態主・属性主）でない場合の文。Aが単なるBの話題や場面にすぎないときは「は」を用いる。AはBの主語ではなくて、状況語や目的語である。

AハBダ（B……動詞）

▽郵便局は（へは）行きません。
▽煙草は（を）吸わない。
▽階段教室は（には）誰もいない。

⑧格助詞に付く場合の「は」も、AがBの主体でない場合は、もちろん「が」に変えられない。
▽学校へは行かない。／階段教室には誰もいない。／先生にだけは話しておきたい。／君とは長い付き合いだ。

⑨用言に付く取り立ての「は」は「が」に変えられない。
▽静かではあっても、決して良くはない。／行きはしない。

(2) 複文の場合

⑩連体修飾語の中では「が」。
▽私はホテルから電話を掛けた。
↓私が電話を掛けたホテルは……

普通の場合「は」に変えることはできない。ただし、対比強調の場合のみ「は」に変えられる。
▽小型車が通れる吊橋
↓（大型車は通れないが）小型車は通れる吊橋

⑪「Aハ」は複文の文末の述語Bに係る。「Aガ」とすると手近の述語に係ってしまい文末まで影響しない。「は」を「が」に変えることはできるが、構文（文の意味）が異なってしまう。
▽父はうるさいので友達ができない。
（友達ができないのは「父」）
▽父がうるさいので友達ができない。
（友達ができないのは「父以外の人」）

⑫提示語の中では、単文のルールに準ずる。「は／が」どちらも成立することが多い。
▽梅雨（が／は）なぜ起こるか、これはもう皆さんご承知のことと思います。

2、複文構文におけるハ・ガ

(1)「は」「が」で文の意味（構文）の違ってくる場合

①S－Pノ・コト－ハ／ガ／ヲ
▽私が優勝したのを喜ぶ。
②S－P名詞
▽私が知らない歌をみんな知っている。
③S－P時／場合／折
▽あの子がまだ乳児のとき死んだ。
④S－Pタメ／マデ
▽先生が休むため、つい怠けてしまう。
▽父が帰るまで待て。
⑤S－Pテカラ
▽先生が教室に来られてから皆で話し合った。
⑥S－Pト／バ／タラ／ナラ
▽子供が目をさますと歌をうたう。
⑦S－Pカラ／ノデ
▽父がうるさいので友達ができません。
⑧S－Pテモ
▽私が必死で抵抗しても平気だった。

(2)「は」「が」どちらでもよい場合

⑨S－Pカ・指示語
▽梅雨がなぜ起こるか、これは承知の方も多いと思います。
⑩S－Pカ
▽彼がなぜ怒っているのか、わからない。
⑪S－Pカ・ハ／ガ／ヲ
▽如何に言論の自由が圧迫されてきたかを証明するものだ。
⑫S_1－P_1カラ／ノデ、S_2－P_2
▽住宅地が郊外に延びているから通勤はますます困難になる。
⑬S－Pガ／ケレドモ
▽客が大勢来たけれども売り上げはあまり増えない。

(3)「は」「が」どちらも成り立つが、「は」を用いると強調となる場合

⑭S－P ナド／ナドノ
▽図書館が利用できるなどの特典がある。

⑮S－P ト／トイウ
▽大きな地震があるというニュース。
▽熱が下がるという薬。

(4)「は」「が」どちらも成り立つが、「が」を用いると強調となる場合

⑯S_1－P_1 シ、P_2
▽彼はよく働くし、よく勉強するし、立派な青年である。

⑰S_1－P_1 シ、S_2－P_2
▽傷は痛いし、病室は暑いし、とても辛かったです。

⑱S_1－P_1 タリ、P_2 タリ
▽私は飲んだり食べたりした。

⑲S_1－P_1 テ、P_2
▽彼は屋根から落ちて、怪我をした。

⑳S_1－P_1 テ、S_2－P_2
▽お爺さんは柴刈りに行って、お婆さんは洗濯に行った。

(5)「が」でなければならない場合

㉑S_1－P_1 タリ、S_2－P_2 タリ
▽雨が降ったり、風が吹いたりします。

㉒S_1－P_1 テ／中止法、S_2－P_2
▽すぐにねじが外れて機械が動かなくなる。

㉓S_1－P_1 ニツレテ、S_2－P_2
▽工業が発達するにつれて公害が増してきた。

㉔S_1－P_1 ノニ、S_2－P_2
▽雨が降っているのに傘もささずに出掛けた。

㉕S－P ホド／グライ
▽涙が出るほどうれしい。

㉖S－P ナド／トハ
▽警官が泥棒を働くなどとは許せない。

(6)「は」でなければならない場合

㉗S_1－P_1 ニツレテ、P_2
▽彼は成長するにつれてたくましい若者になった。

㉘ S_1－P_1ノニ、P_2

▽彼はまだ若いのに髪が真っ白だ。

七、「は」の主題を表す以外の用法

主題を提示する「何は」の用法以外にも、「は」には「ここに隠しておけば、分かりはしない」「勝ちはしたが小差の判定だ」のような強意表現とも言える特殊な用法がある。これは次に述べる「も」にも見られる用法で、「読みもしないで、よくも批評ができたものだ」などと歩調をそろえる。このような「は」や「も」は多く否定の文脈に現れ、「分からない↓分かりはしない」と、「分かる」を取り立ててそれを否定することにより、否定の強調の役を果たしている。

否定の強調文として「は」が用いられるものとして次のような例が挙げられる。

(a)主題の取り立て（「が」↓「は」）

「雨が降っている↓雨は降っていない」

(b)主格以外の格における取り立てとして

「豚肉を食べる↓豚肉は食べない」
「大学へ進む↓大学へは進まない」
「図書館にある↓図書館にはない」
「食堂で食べる↓食堂では食べない」
「窓から出る↓窓からは出ない」
「駅まで行く↓駅までは行かない」

(c)否定断定における強意として

「彼は学生だ↓彼は学生ではない」

(d)用言述語の否定ないしは否定的含意として

「死なない↓死にはしない」
「負けたが↓負けはしたが」

このうち(a)・(b)の例からもわかるように、係助詞「は」は「が」やその他の格（「を」や「へ」など）とは文法的レベルが異なり、「大学へ／大学へは」のように格助詞の後に続くのが本来で、「が」や「を」の場合に限って、「は」の付加が、その前に立つ格助詞の姿を消し去るのだと考えられる。

❖「をば」「をも」の用法

古くは「を＋は」は「をば」で、「豚肉をば食わぬ」のように表現した。しかし、「を」が消えて「書《ふみ》よむつき日かさねつつ」のような言い方も、もちろん見られる。なお「〜がは」の形は存在しない。古代においては、主格「が」は複文の時にのみ現れ、単文では現れなかった。今日も文語文では「風立ちぬ」「冬来たりなば、春遠からじ」のように、助詞の部分は表に表されない。

このように、主格「が」と目的格「を」は文面に現れないため、「は」の付く場合も「がは」とか「をは」とは言わないのである。「をも」も同様であるが、このような言い方もまれには現れる。

▽一家三人の家族が此処に着いてから一年あまりの月日が経過した。その間、私は執筆しなかったばかりでなく、読書をも殆どしなかった。（正宗白鳥『戦災者の悲しみ』）

「をは」は濁って「をば」となる。

▽敵として憎みし友と　やや長く手をば握りき　わかれといふに（石川啄木）

▽公園のとある木陰の捨て椅子に　思ひあまりて　身をば寄せたる（石川啄木）

❖その他の特殊用法

「は」の強意表現のパターンとして、例は少ないが、動詞を受けた「〜しは〜した」文型がある。

▽さて使者の役目を仰せつかって屋方に乗り込んで見は見たものゝ、その頃はうぶな学生さんのことですから、（夏目鏡子『漱石の思ひ出』）

▽海に行かばなぐさむべしとひた思ひこがれし海に来は来つれども（若山牧水）

「何々したものの／したけれども、しかし……」と後に逆接の言葉が続く表現において、「念入りに」あるいは「とにかくも」その事を行ないはしたのだがと、試行を強調して動詞を繰り返す一種の修辞的な言い回しである。繰り返しをしなくとも、「一応行ってはみたのだが……」「一所懸命頼んではみたのですが……」のような言い方は今日でも普通に行なわれる。後に述べる逆接内容を正当化するための含みとして、前提となる事項を「確かに行なったのだが、それにもかかわらず」と念を押す発想である。

も【係助詞】

「〜も」文型の発想と話者の視点について。

⑴対比型

▽「今日もいい天気だ。」
　↓（昨日もいい天気だったが）今日もいい天気だ。

①述語「いい天気だ。」について、「今日」〈自者〉がそれに該当すると肯定する。
②対応するもの「昨日」〈他者〉について、「今日」と同じく、暗に肯定している。
↓①の自者肯定は主張であり、②の他者肯定は含みである。

したがって、「今日もいい天気だ。」という主張は、含みとして「いい天気は昨日もそうだったが」と、暗に昨日についても肯定している。含みにあたる部分も文面に表して、「昨日も今日もいい天気だ。」とすると、事情の共通する二者を示して、共に述部の事柄に該当している肯定の主張となる（句末が否定の場合は、二者が共に否定であることを肯定する）。

▽朝はこころも　からりと晴れる　あなたも　わたしも　君らも僕も　ひとり残らず　起きよ　朝だ
（八十島稔「朝だ元気で」）

▽三つの歌です。君も　僕も、あなたも　私も朗らかに、……
（天池真佐雄「三つの歌」）

▽空も　港も夜ははれて、月に数ます船のかげ。
（旗野十一郎「港」）

▽ブルータス、お前もか。／老いも若きも／あれもこれも／どいつもこいつも／親も親なら、子も子だ。／身も心も委ねる／義理もへったくれもあるものか

▽いさり火は身も世もなげにまたたきぬ陸《くが》は海より悲しきものを
（与謝野晶子）

❖対比の形で「も」を用いる慣用句の例

(a)肯定形を取るもの

愛想もこそも尽き果てる／一にも二にも／嫌でも応でも／折も折／気も心も〜／口も八丁手も八丁／酸いも甘いも知っている／精も根も尽き果てた／縦から見ても横から見ても／誰も彼も／どいつもこいつも／どこもかしこも／とにもかくにも／泣いても笑っても／なんぼ何でも／何でも彼でも／猫も杓子も／花も実もある／味噌も糞も一緒くただ／瑠璃も玻璃も照らせば光る

(b)否定形ないしは非存在を表すもの

ああでもないこうでもない／味もそっけもない／痛くも痒くもない／一も二もなく／居ても立ってもいられない／嘘も糸瓜もあるものか／海の物とも山の物ともつかない／うんともすんとも言わない／縁もゆかりもない／押しも押されもしない／影も形もない／可もなく不可もない／切っても切れない／是も非もなく／たまるもたまらんもあるものか／血も涙もない／手も足も出ない／毒にも薬にもならない／にっちもさっちもいかない／煮ても焼いても食えない／根も葉もない噂／箸にも棒にも掛からない／身も蓋もない／身も世もない／元も子もない／矢も盾もたまらない／油断も隙もならない／夜も日も明けない／欲も得もなく〜

❖「〜も〜も」形式の慣用表現

(a)「AもBも〜だ」「Aも〜だしBも〜だ」

▽りきは、もんも悪いし小畑もわるいと考えていた。（室生犀星『あにいもうと』）

(b)「AでもBでもない」「AでもなくBでもない」

複数の例示のいずれにも該当しないことを表す文型で、一つの慣用的な言い回しとなっている。

▽留学生でも留学僧でもなく、本人が自分の意志で入唐したのだから、景雲の場合、唐にいる間をどのように過ごそうとそれは勝手な筈であったが、（井上靖『天平の甍』）

(2)**とりたて型**

①雉も鳴かずば撃たれまい（ダッテ）

↓事情の共通する他の事柄の存在を暗示して類推さ

せる。

▽犬も歩けば棒に当たる／塵も積もれば山となる／腹も身のうち

②さすがの先生もこの質問には参った。（サエモ／スラモ）

↓目立たぬ物、予想外の事物を示して、述部での内容がそこまで及んでいることを表す。

〝あの博識の先生なら知らないことはないだろうと予想していたにもかかわらず、その先生すらも「参った」と言われた。〟

▽草木も眠る丑三つ時／あばたも笑窪／枯木も山の賑わい

③猿も木から落ちる（ダッテ／サエモ）

↓その事物について、述語で述べる内容を全面的に肯定する。

猿一般について、木から落ちることもあるという事態を全面的に肯定する。

▽弘法も筆の誤り／犬も歩けば棒に当たる

④夏も近づく八十八夜

↓強調の意識をこめる。

▽猫の手も借りたい／敵もさるもの／俺も男だ。君も男なら／太郎も太郎だ

▽「海も暮れきる」　（吉村昭の小説）

▽月も朧に白魚のかがり火かすむ春の空

（河竹黙阿彌『三人吉三廓初買』）

▽佐渡へ佐渡へと草木もなびくよ　（佐渡おけさ）

▽嘘も方便／宴もたけなわ／気もそぞろ／けんもほろろの挨拶／事もなげに言ってのける／取る物も取りあえず／何の苦もなく／にべもなく断る／猫の手も借りたい／番茶も出花／百も承知で／ひきもきらず／人目も憚らず／馬鹿も休み休み言え／夜の目も眠れない／脇目も振らずに／我にもなく／似ても似つかぬ

(a)他の助詞に付いて、「それさえも」の意味を加える。

▽転んでもただでは起きない／歯牙にも掛けぬ／我にもなく／下へも置かぬ／縦から見ても横から見ても／誰にも負けない／梃子でも動かぬ／どうにもなら

ない／離れるにも離れられない／～する分にも～とは思われない／屁とも思わぬ／私ともあろうものが～／切っても切れない

また、「AもBも」と対の形式で、〝AでもBでもとにかく〟と強調する気持ちを表す。

▽一にも二にも／嫌でも応でも／兎にも角にも無事でよかった／箸にも棒にも掛からない

「折も折」のように、同語を繰り返して強調するときにも「も」が現れる。

▽「親も親なら、子も子だ」

(b)他の品詞に付いて一つの言い回しを作る。

▽うまれもつかぬ／折も折／愚にもつかぬ／けんもほろろの挨拶／手もなくひねられた／とんでもない／どうにもならない／取るものも取り敢えず／何が何でも／何の苦もなく／にべもなく／引きも切らず／百も承知で

▽いくばくもなく／少しも／どうしても／どうにも／どうも／どうにもこうにも／どうとも／もしも／ゆくりなくも／わけても／わりなくも

(c)用言に付いて強意表現となる「も」も④の一種。

▽やは肌のあつき血汐にふれも見でさびしからずや道を説く君　（与謝野晶子『みだれ髪』）

▽たまるもたまらんもあるものか／押しも押されもしない／切っても切れない／目の中に入れても痛くない／居ても立ってもいられない／泣いても笑っても／煮ても焼いても食えない／早くも遅くもない／長くも短くもないちょうど良い長さ

(d)副詞に付いて強意表現となる。

▽うの花のにおう垣根に、時鳥早もきなきて、忍音もらす、夏は来ぬ。　（佐佐木信綱『夏は来ぬ』）

▽二十歳にして早くも頭角を現す。

なお、副詞は強意の「も」も含めて、全体で一語の副詞となる。「も」を特に切り離して扱わないのが一般。

▽飽くまでも／あたかも／いかにも／いくらも／いつも／いささかも／必ずしも／少なくとも／少しも／ちっとも／どうしても／どうにも／どちらにしても／とにもかくにも／なおも／はからずも／ゆくりなくも／わけても

まで【副助詞・格助詞】

一、「まで」の意味

(1)「まで」は任意のある所を到達点の限度として、行為や作用・状態がそれより先には及ばないことを表す。人や事物の数量・時間・空間等について述べる。

▽「道はもう見えるから、お前医者まで走って行け」と云った。（志賀直哉『和解』）
▽友が十時十二分の終列車で帰る時、自分は停車場まで送って行った。（『和解』）
▽日暮に二の鳥居の近くまで来て了ったが、身体も気持も余りに平気だった。（志賀直哉『焚火』）
▽夜明けまで議論をつづけて、やっと、どうにか婿をなだめ、すかして、説き伏せた。（太宰治『走れメロス』）
▽夜明けまであそびてくらす場所が欲し家をおもへばこころ冷たし（石川啄木）
▽さあもう一献と矢つぎばやに三杯までかさねさせてその三杯目の酒をわたしが飲んでいるあいだに……（谷崎潤一郎『蘆刈』）
▽線路は続くよどこまでも、野を越え山越え、谷越えて（佐木敏「線路はつづくよどこまでも」）
▽どこまで続く泥濘《ぬかるみ》ぞ、三日二夜《ふたよ》は食もなく……（八木沼丈夫「討匪行」）

「東京から新大坂まで」のように、到達点の「まで」は起点の「から」とペアになって「〜から〜まで」の文型を作る。

▽昨日まで朝から晩まで張りつめしあのこころもち忘れじと思へど（石川啄木）
▽住居からここまで一キロ足らずの道に、三、四十分もかかり、小川はいい加減疲れ気味（川崎長太郎『三本脚』）

この形式は時間・空間表現に現れ、数量には現れにくい。「酒類は三本まで無税です」を「一本から三本まで」とは言わない。複数の数量「五本から十本まで」の範囲の言い方は普通しないが、個々の物指示「五本めから十本めまで」なら可能。

(2)「まで」には、主体の行為や作用がある対象とする事物（人・者・所・時間・事柄など）に対して至り及ぼす範囲の限界点を指すが、その及ぼし方・及び方によって(1)とは異なるとらえ方が見られる。つまり、ある現象が、本来そうなりにくい、そうなるはずのない、成立の確率の低いはずの主体へと及び生ずる場合である。

▽茶まで断ちて、わが平復を祈りたまふ母の今日また何か怒れる　（石川啄木）

▽看護婦の徹夜するまで、わが病ひ、わるくなるとも、ひそかに願へる。　（石川啄木）

右のような「まで」は行為の至り及ぶという点では(1)と共通であるが、「茶さえも断つほど」「徹夜さえもするほど」と言い換えられる、いわば強意表現となっている。

▽こつこつと空地に石をきざむ音　耳につき来ぬ　家に入るまで　（石川啄木）

のような例では、「外に居るときから家に入るまで」の「〜から〜まで」とも、「家に入る折にさえなお」の強意とも、どちらとも取れなくはない。この二様の意味から、「まで」の機能を、(1)格助詞、(2)副助詞と一応分かっておく。

二、副助詞「まで」と格助詞「まで」との相違

▽しゃぼん玉　とんだ　屋根までとんだ　屋根までとんで　こわれて消えた　（野口雨情「しゃぼん玉」）

(a)しゃぼん玉が 屋根まで 飛んだ。
「AガBマデ述語。」文型
飛んだ主体……シャボン玉

＊「屋根まで」の「屋根」は移動の帰着点の指標。「屋

根」はモノ性ではなく、トコロ性として働く。

▽あの電柱まで走ろう。（＝電柱の所まで）

(b)台風で屋根まで飛んだ。

「Bマデ述語。」文型

飛んだ主体……屋根

＊「屋根まで」は「屋根も」（「Bモ述語。」文型）に通じる。

(a)の「まで」は、「〜から〜まで」の格助詞。「九時から十二時まで会議だ。」

(b)の「まで」は、「も」と同様、副助詞。

自動詞の場合、格助詞「まで」は、①主体Aがほかにあって、その主体（シャボン玉）がある限界点B（屋根）へと達する。「屋根まで」は「屋根に／へ」と意味はずれるが置き換えが可能。副助詞「まで」は、②「台風で屋根まで飛んだ。」であるから、B自体が現象生起の対象の限界点となって、その主体（屋根）がある状況にさらされる。「屋根まで」は「屋根も」と言い換えが可能である。

他動詞の場合は、

▽（私は）シャボン玉を屋根まで飛ばそう。

「CハAヲBマデ述語。」文型

のように、③主体者Cがほかにあって、その主体者の働きにより、対象A（シャボン玉）をある限界点の所（屋根の高さ）まで作用させる。意味はずれるが、「屋根に／へ」と言い換えられる文脈である。あるいは、

▽（彼は）持ち家まで売り払った。

「CハAマデ述語。」文型

④主体者C（彼）がほかにあって、その主体者の働きが対象A（持ち家）にも及んでいく。「持ち家まで」は「持ち家も」と言い換えが可能である。

(a)先生は出席簿順にAさんまで当てた。

(b)先生は何でも答えられる優等生のAさんまで当てた。

同じ「Aさんまで」であるが、(a)は序列の打ち切り点ゆえ「〜から〜まで」の「まで」。(b)は「Aさんを」に当たり、「を」は「も」と言い換えられるゆえ、強意の「まで」。副助詞である。

▽浅間根のけぶる側まで畠かな　（小林一茶）

「麓から火口の近くまで畑が広がっている。」と解釈すれば格助詞。「火口近くさえも畑が広がっていること

よ。」と解釈すれば副助詞。

▽「武智さん、どうしてこんなところまで出ていらっしゃるの。早くお部屋へかえっていなさい。」と妻をたしなめる看護婦の声が聞こえた。（上林暁『聖ヨハネ病院にて』）

「こんなところへ」と解すれば格助詞。「こんなところにまでも」と取れば副助詞である。

▽骨まで愛して

「骨に至るまで」と解すれば格助詞。「骨さえも」なら副助詞。

▽ピンから切りまで／一から十まで／天まで昇れ

▽網走まで（志賀直哉）

なお、名詞に続く「まで」は「〜から〜まで」の格助詞用法もあるが、「まで」の前に他の助詞が入ると、すべて強意・添加の副助詞用法となってしまう。「〜にまで／〜へまで／〜でまで／〜をまで／〜とまで／〜からまで」の形が存在する。

▽あの方にまでお知らせするのですか？／バスの中でまで勉強している／あんな連中とまで手を結んでいたとは知らなかった

▽手拭かけからおまるのようなものにまで蠟塗りに蒔絵がしてあったと申します。（谷崎潤一郎『蘆刈』）

▽そなたにまでも尼も同様にさせてしまってはきのどくと思うばかりにさっきのようにいったのだけれども（『蘆刈』）

三、副助詞「まで」の発想

▽先生まで僕を疑っている。

(a)述語「疑っている。」について、「先生」〈自者〉がそれに該当すると肯定する。

(b)対応する「先生以外の人々」〈他者〉についても、「先生」と同じく、疑っていると暗に肯定している。

↓(a)の自者肯定は主張であり、(b)の他者肯定は含みである。

したがって、「先生まで疑っている。」という主張は、含みとして「他の人々も疑っていたが」と、暗に他者についても肯定している。その点は「も」と同じである。と同時に、本来、先生は疑ってはいないはずだったのに、という自者否定を含みとして持っている。

▽貰った一円を他のことには一銭だって使いたくない気がしたまでであったが、　（野上彌生子『哀しき少年』）

四、複合格助詞「までに」と「までで」

「まで」を受ける点は共通で、結局「に」と「で」の違いが、両形式の意味の差を生み出す。

(1)「までに」について

格助詞「まで」は、ある時点や地点を限度として〝そこに至るまで〟すなわち、起点の「から」と帰着点との間の範囲すべてを視野に置いたとらえかたである。「夕方六時まで働いた」は、始業時から六時に至る間ずっと休みなく働いたの意味である。一方、格助詞「に」は、時に関する表現では「朝五時に目が覚めた」のように、ある時点を指示する働きである。そこで、範囲を意味する「まで」に時点指示の「に」を加えると、〝その範囲に至る間の任意の一点において〟の意味になる。その範囲の期限を過ぎなければ、どの時点で事が生起してもかまわないわけである。

▽さっき私か君の名を呼んだので、みんなが出て来たが、君が泣いているのを見てへんな顔をしていた。それまでに私は拳銃をしまっていたからよったが、そうでなかったら、ちょっとその場の説明は出来なかったにちがいない。（田村泰次郎『肉体の悪魔』）

▽それが見掛けだけだということに気づくまでにいくらもかからなかった。　（井上光晴『鯖浦の長い日』）

▽私に情をかけたいつもりなら、処刑までに三日間の日限を与えて下さい。　（太宰治『走れメロス』）

▽死ぬまでに一度会はむと言ひやらば君もかすかにうなづくらむか　（石川啄木）

▽近所の人が回覧板を持って来た。……「明朝五時までに隣組長宅に集合のこと」と記されていた。

（井伏鱒二『かきつばた』）

どんなに遅くとも明朝の五時を限度として、集合することというわけであるから、文法的に解釈すれば今すぐでも、また、五時より前の時間ならいつでも集合してよいことになる。しかし、常識的には五時を限度としてその頃、どんなに遅くとも五時には集合せよという意味である。「卒業論文は明日五時までに事務所に提出すること」ならば、今すぐでも、明日の昼前でも、要するに五時を過ぎなければ、いつ出してもよろしいということである。もし〝五時ぴったり〟を意味するならば、「まで」を省いて「五時に集合のこと」または「五時集合のこと」とすればよい。

(2)「までで」について

「で」は、広がり続いてきた範囲の限界点に達して、それまでの状態が終了し、他の状態へと移行することを表す。限界・限度に達して事を打ち切るのである。「に」のような事の生起の時点指示とは全く異なる。

▽夜十時に寝た。／夜十時で寝た。

「に」を用いると寝た時刻を問題とする意識であり、「で」を用いるとそれまで続けてきた勉強や仕事などの打ち切り時刻を問題とする意識となる。

❖「までで」の発想

このように見てくると、何かがそれまで続いてきたという含みを持つ「で」の継続性は、「まで」の〝帰着点に至る範囲意識〟と重なるため、「まで」で示される帰着点を限界として、その時点で他の状態へと転換することを意味するようになる。

▽午後五時までで帰宅した。

「五時で」は、仕事から帰宅への切り替え時刻が五時であることを、「五時までで」は仕事の継続が五時まで続き、五時を切り替え点として打ち切ったの意識を強く打ち出した言い方だといえよう。

さえ【係助詞】

1、係助詞「さえ」の発想

▽父は病気さえしなければ、長生きできる。

という文の場合、そこに含まれる意味は、「(他人も病気をしなければ長生きするように、)父も（今はよく病気になるが）病気にかからなければ、長生きができるはずだ。」という主張と含みとである。そのうち、

(a)述語「長生きできる。」の主張は、「父」〈自者〉がそれに該当していると肯定する。一方、

(b)対応する「他人」〈他者〉の長生きの可能性については、「父」と同様、暗に肯定している。と同時に、現在までの「父」〈自者〉が病気一つしない健康な体の持ち主ではないという自者否定を含みとして持っている。

「さえ」は、このような主張と含みとを合わせ持つ。

2、「さえ」の表現について

①極端な事象を例として掲げ、その他一般の程度や状況を暗に示す。

▽空には雀の影さえ見えないくらいだから豪儀に鷹を飛ばそうとしても、そのすべが無い。

（石川淳『雪のイヴ』）

②条件を提示して、それが充たされていることから生ずる結果を暗に示す。「……さえ」の部分を実態として条件に挙げ、だから……だと現状の結果を暗に示す。

▽フランシス上人でさえ、知らない名を、どこに知っているものが、いるであろう。

（芥川龍之介『煙草と悪魔』）

▽自分一人でさえ断れそうな、この細い蜘蛛の糸が、どうしてあれだけの人数の重みに堪える事が出来ましょう。

（芥川龍之介『蜘蛛の糸』）

▽神を信ずることは——神の愛を信ずることは到底彼

には出来なかった。あのコクトオさえ信じた神を！

（芥川龍之介『或阿呆の一生』）

③極端な条件を提示して、それが充たされることによって起こる結果を暗に示す。「……さえ」の部分が仮定の順接条件となる文脈のとき現れる意味である。

▽平安朝と云う、遠い昔が背景になっていると云うことを、知ってさえいてくれれば、よいのである。

（芥川龍之介『芋粥』）

▽「命さえ助かれば」良平はそう思いながら、辷ってもつまずいても走って行った。

（芥川龍之介『トロッコ』）

▽心配をおしでない。私たちはどうなっても、お前さえ仕合せになれるのなら、それより結構なことはないのだからね。

（芥川龍之介『杜子春』）

▽「そういうあなた御自身が名実ともに借用証書の連帯責任者じゃありませんか。」

「つまり利息さえ払えばいいのだろう？」

（井伏鱒二『集金旅行』）

④ある事物にさらに極端な何かが加わることを強調する。

▽あの鼻だから出家したのだろうと批評する者さえあった。

（芥川龍之介『鼻』）

▽苦心すればする程、却て長く見えるような気さえした。

（『鼻』）

▽この詩人の心にはアクロポリスやゴルゴタの外にアラビアの薔薇さえ花を開いていた。

（芥川龍之介『或阿呆の一生』）

▽引取り手のない死人を、この門へ持って来て、棄てて行くと云う習慣さえ出来た。

（芥川龍之介『羅生門』）

▽盗むてふことさへ悪しと思ひえぬ心はかなし　かくれ家もなし

（石川啄木）

▽その名さへ忘られし頃　漂然とふるさとに来て咳せし男

（石川啄木）

▽摩れあへる肩のひまよりはつかにも見きといふさへ日記に残れり

（石川啄木）

しか・すら・だに【副助詞】

「しか」は否定と呼応し、「すら・だに」も否定と呼応して用いられることが多い。

▽十円しか無い。
▽十円すら無い。
▽一顧だにせず、完全に無視された。

「十円しか無い」は、有るのは十円だけで、それ以上は無い。「十円だけある」の裏返しである。無さを強調する意識が「しか無い」の否定表現を取る。

「十円すらない」は、もっと有って然るべきだがという含みを前提に、極端な少額の十円を例に挙げて、それさえも無いと主張する。

「だに」は古い文体で用いられ、「さえも」に近い。極端な状況を例示して、それさえも否定するほどゆえ、現状は推して知るべしと言外に悟らせようとする発想である。

▽犬だに恩を知る／微動だにしない／夢想だにせず／芥川賞受賞など想像だにしなかった
▽帰ったのが一時ごろだったから四時間ぐらいしか眠っていない勘定になるが、　（小田嶽夫『月影』）
▽一々おびえていた日には、脚の向けどころに窮するしかない。　（川崎長太郎『三本脚』）
▽りきが赤座のところに来たのは二十二の時で、あの時分まるきり女としての赤ん坊としか思えないほど、何も彼もわからなかった。　（室生犀星『あにいもうと』）
▽碓峰一家と福富は何となく自然に一つに融け込むような親しさすらも覚えてきた。（井上友一郎『竹夫人』）
▽たへがたき渇き覚ゆれど手をのべて林檎とるだにものうき日かな　（石川啄木）

古くは源實朝の『金槐和歌集』に、

▽物いはぬ四方のけだものすらだにもあはれなるかなや親の子をおもふ　（源實朝）

という有名な歌がある。「すら」と「だに」とが重ねて用いられている珍しい例だが、「だに」が意味する〝だけでも〟から〝までも〟〝でさえも〟の気分に移り、それを「すら」で強調しているのであろう。今日では「すら」はもちろん、否定を受ける「さえ」や「まで」とも、ほとんど意味に差がなくなってしまっている。

「だに」は現代ではほとんど用いられない助詞だが、古典文学ではたまに現れる。

▽恨みわび乾《ほ》さぬ袖だにあるものを恋に朽ちなむ名こそをしけれ　（『小倉百人一首』相模）

▽見せばやなをじまの海士《あま》の袖だにもぬれにぞ濡れし色はかはらず　（『小倉百人一首』殷富《いんぷ》門院大輔）

こそ【係助詞・副助詞】

「こそ」は古くから用いられている係助詞で、

▽昨日こそ早苗とりしかいつのまに稲葉そよぎて秋風のふく　（『古今和歌集』）

▽ほのぼのと春こそ空に来にけらし天の香具山かすみたなびく　（『新古今和歌集』）

▽長からむ心も知らず黒髪の乱れて今朝は物をこそ思へ　（『小倉百人一首』待賢門院堀河）

「こそ」は「こそ……とりしか」と係り結びをなす強意の語であった。現代語でも種々の語句に付いて、その語や句の意味を強調して述べる役割を果たしている。

①先行語句を強調する

▽霧深き好摩の原の停車場の朝の虫こそすずろなりけれ　　（石川啄木）
▽函館の青柳町こそかなしけれ　友の恋歌　やぐるまの花　　（石川啄木）
▽今夜こそ思ふ存分泣いてみむと泊りし宿屋の茶のぬるさかな　　（石川啄木）
▽かの家のかの窓にこそ春の夜を秀子とともに蛙聴きけれ　　（石川啄木）
▽より安全な道を選んだ結果で、当人にすれば養子たる身の責任を重んじたからこその処置なのであるが、　　（谷崎潤一郎『細雪』）
▽花のアントはね、……およそこの世で最も花らしくないもの、それをこそ挙げるべきだ。　　（太宰治『人間失格』）
▽人に憎まれ、さげすまれているのが彼らの姿だと知れば、神はまず彼らをこそその使徒として救わなければならないであろう。　　（新島正『ユーモア』）
▽ラッコの皮の外套はなくとも柿村保吉は今こそ「村長」たるべき面目に立ちかえらねばならぬ。　　（尾崎士郎『空想部落』）

▽身を捨ててこそ浮かぶ瀬もあれ
▽好きこそものの上手なれ

②「こそ」を含めた叙述内容を認めはするが「しかし」と、逆接的な内容を後件に立てる。「……こそすれ～」「……こそ……だが／……だけれども」等の形が多い。

▽礼を言われこそすれ、何で文句を言われなければならないのだ。
▽感謝こそすれ、恨んだりなどするはずはございません。
▽口にこそ出さなかったけれども、態度にははっきりと現れていましたよ。

③複合して「それこそ」の形で仮定的な先行叙述を受け、その部分を強調して、結果となる以下の叙述を引き出す。また、確定的な内容を受けて、「だからこそ」「……からこそ～」「……ばこそ～」等の形で、現状の理由説明を行なう。

▽あとで人に話すと、それこそ伝承的な幻の蛇、「ツチノコ」で、調べると、あちこちに目撃者、実見談があることがわかった。（田辺聖子『ワラビとツチノコ』）

▽それこそ相手の思うつぼだ。／それでこそ我が後輩と言える。／先輩だからこそ皆黙ってついてくるのです。／だからこそ声を大にして世に訴えなければならないのだ。／資金の当てがあればこそ、こうして会社設立の誘いを君にも持ち掛けているのだ。

④「こそ」の後に続く叙述を省略して、終助詞のように用いる。話し言葉で、余情的気分を醸す。

▽いいえ私こそ。／こちらこそ（世話になりました／どうぞよろしく。）／ようこそ。

▽相手は儀礼上すこし笑って見せた。「いや、私こそ。食事中で甚だ失礼でありますが、以後どうかよろしく御昵懇にお願いいいたします。」（井伏鱒二『集金旅行』）

など・でも【副助詞】

共に複数の中から一つを例として取り上げる場合に用いる。「など」は口頭語では「なんぞ」「なんか」の形でも用いられる。

1、「など」の意味と用例

①ある事物を例えばと示して全体を類推させるのが「など」の基本義である。例示の事物のほかにも、他種のものが言外にこめられる。この基本義が前後の文脈に応じて、特異な文脈的意味を「など」に添える。

▽何がなしに息きれるまで駆け出してみたくなりたり草原などを（石川啄木）

▽あたらしき背広など着て旅をせむ　しかく今年も思ひ過ぎたる（石川啄木）

▽亡くなれる師がその昔たまひたる地理の本など取り

いでて見る　（石川啄木）

②文脈によっては、想定した特定の事物を婉曲に示す表現として用いられる。

▽三度ほど汽車の窓よりながめたる町の名なども　したしかりけり　（石川啄木）

▽しみじみと物うち語る友もあれ君のことなど語り出でなむ　（石川啄木）

▽空色の壜より山羊の乳をつぐ手のふるひなどいとしかりけり　（石川啄木）

③さらに、想定した事物を軽視の意識で示す。

▽空寝入生呿呻《なまあくび》などなぜするや思ふこと人にさとらせぬため　（石川啄木）

▽小奴といひし女のやはらかき耳朶なども忘れがたかり　（石川啄木）

▽気にしたる左の膝の痛みなどいつか癒りて秋の風吹く　（石川啄木）

「など」は、話し言葉では「なぞ」「なんぞ」と音変化を来すことがある。

▽「狐のやつは……どうかすると思いがけず農家の背戸のあたりまで近づいて来ていたりする。」「狐なぞがまだこのへんにうろついているのでしょうかしら？」　（堀辰雄『雪の上の足跡』）

2、「でも」の意味と用例

「でも」は「日本でも韓国でも流行っている」のような「で＋も」の例が多い（並立助詞「でも」の項［二八五頁］を参照すること）。また、「そんなに喜んでも、まだ結果はどうなるかわからないよ」「死んでも口から喇叭を離しませんでした」など接続助詞としての用法もあり、多彩である（接続助詞「ても」の項［三一七頁］を参照すること）。ここで問題とする副助詞の意味と用法は、以下のとおり。

①「コーヒーでも飲もうか」に見るような、話題として想定の範囲内のものの中から、選んで例示する意識のとき用いる。厳しく限定した結果の例示ではなく、軽い

気持ちで選んだ例示意識である。当人の意志的な行為としての選択例示であるから、意志・希望・勧誘などの文において用いられる。

②想定できる範囲内の事物から、譲れる最低の場合の例として相手に示す。

▽今でもまだ後悔しているのかい／どんな機種にでも対応できる器具／そんな問題、誰にでもわかるよ／命だけでも助けてください／少しでも書けるところから、答を記入していくといい／冗談でも言っていいことと悪いこととがある

▽この道を歩くだけでも一生は短かすぎるのです。他のことに気をとられる暇はなかったのです。（武者小路実篤『ある彫刻家』）

▽眠られぬ癖のかなしさよ！　すこしでも　眠気がさせば、うろたへて寝る。（石川啄木）

▽ぢつとして寝ていらつしやいと　子供にでもいふがごとくに　医者のいふ日かな（石川啄木）

▽一度でも我に頭を下げさせし　人みな死ねと　いのりてしこと（石川啄木）

のみ【副助詞】

先行名詞に対して（および、一まとまりの叙述を「と」や「こと」で受けて）それ一つだけと限定する。今日では文章語として用いられ、話し言葉としては「だけ」が使われる。しかし、「のみ」が指示対象として特定の〝個〟にしぼる意識なのに対して、「だけ」は任意の範囲を示して、その範囲に相当する事物に限定する意識が強い。その点「のみ」より限定が緩やかであり、種々の語や叙述に接続する（「だけ」〔一九八頁〕参照）。

①事物をそれと限定する。

▽別々の人間であるかのように読者に印象されるほどの、ひとつ人間のさまざまな姿は――その爲にのみ――時間の過ぎてゆく感じを与えるものだ。（堀辰雄『プルウスト雑記』）

▽春は名のみの風の寒さや。谷の鶯　歌は思えど

▽人間のつかはぬ言葉ひよつとして　われのみ知れるごとく思ふ日　（石川啄木）

▽何となく汽車に乗りたく思ひしのみ　汽車を下りしに　ゆくところなし　（石川啄木）

②慣用化された言い回し「のみならず」の形で、〝だけではなく〟の意味として用いる。文章語である。

▽本校生徒のみならず、教職員一同も誇りに思う世紀の快挙である。（吉丸一昌「早春賦」）

③その他、「さのみ」（＝それほど）の形で一語としても用いられる。

▽小川はステッキ握りしめる左手はそのまま、半分ぶら下っているみたいな右手を橋の手摺《てすり》へのばし、力をいれてもさのみこたえのしない手先で、緑色に塗ってある鉄棒につかまるようにしながら、渡って行った。　（川崎長太郎『三本脚』）

だけ【副助詞】

一、「だけ」文型の発想と話者の視点について

次の文を見よう。

▽自分だけ良ければいいのか。

これは〝（他人は良くなくても）自分だけ良ければいいのか〟の意味である。つまり、

(1)述語「良ければいい。」は、「自分」がそれに該当すべき人物だと自者を肯定する。一方、

(2)対応する「他人」については、「自分」と違って良くなくてもいいのだと暗に他者を否定している。

(1)の自者肯定は主張であり、(2)の他者否定は含みである。したがって、「自分だけ良ければいいのか。」という主張は、含みとして「他人は良くなくてもいいが」と、

暗に他人については否定しているわけである。

二、「だけ」の意味と用法

「だけ」は種々の品詞の語や文に付いて、その事柄をそれのみと限定する。該当主体をそのものに限り、結果としてほかは該当せずと暗に否定する。このような基本義のほか、その他、特定形式の句に付いて、限定意識にさらに程度意識を添える用法が多い。程度性にも関わるところから、同じ副助詞の「ばかり」と用法面で重なるところがある。

1．文脈の違いから見た「だけ」の用法

「だけ」の表す意味を、接続する先行語や言い回しのパターンの違いから分類すると次のようになる。

①限定、「だけ」の基本義（〜のみ）
……名詞・指示詞・数詞・用言・文に付く
「お前だけ残れ」「これだけは確かだ」

以下は、その他の派生的用法

②その数量に相当する程度……名詞・数量詞に付く
「五分だけ待ってやる」

③程度（範囲の限界）……副詞に付く
「少しだけ分からないところがある」
＊「ばかり」との置き換えが可。

④程度の基準……名詞・指示詞・不定詞に付く
「これだけあればじゅうぶん」

⑤程度の強調……名詞・指示詞・不定詞に付く
「あれだけ言ったのに」「どれだけ言っても」

⑥事柄に相応する程度……名詞・指示詞・用言に付く
「それだけの覚悟が必要」「合格するだけの準備を怠りなく」

⑦その行為に相当する程度……用言に付く
「自慢するだけのことはある」

⑧可能なかぎり・なるべく……用言に付く
「食えるだけ食う」「できるだけ出席しろ」

⑨比例……指示詞・用言に付く
「売れば売るだけ儲かる」
＊「ほど」との置き換えが可。

⑩なので・なおさら
……名詞・指示詞・用言・文に付く

「横綱だけに負けられない」

⑪やはり・だから……名詞・用言・文に付く

「横綱だけあって強い」

2、各用法の特徴

①限定（のみ）

「だけ」の基本義であるため、種々の体言・用言に付いて、主体や対象の範囲が、そのもの、その状態、その行為・現象のみに限られ、ほかはそれに該当しないと、はっきり他と区別する意を添える。「Aだけ」と言う以上、Aを除いた他のすべては話題とする事柄に該当しないという〝他を否定する意識〟と、他との対比からAを該当するものとして取り立てる意識とが存在する。Aだけで、B以下は違うと意識するのである。

▽それとも、そんな奇怪な感覚は私だけのことだろうか。（高見順『流木』）

▽誰も知らないような、おれ達だけのものを、おれはもっと確実なものに、もう少し形をなしたものに……（堀辰雄『風立ちぬ』）

▽擲られたのが口惜しいだけではなかった。（野上彌生子『哀しき少年』）

▽粗末なだけで汚れは留めず、どこか清楚な趣がありました。（豊島与志雄『白蛾』）

時として「醜くだけはなりたくない」「厳しくだけするのが能じゃない」「粗末にだけはしないでおくれ」のように、連用形に続く言い方が現れる。ふつう打消と呼応し、同じ〈限定〉でも、取り立てて否定することによって〈強調〉の意識が加わる。なお、「厳しくだけするのが」は「厳しくするだけが」の語序倒置と考えられる。

❖「だけ」と格助詞との承接関係

「だけ」が助詞を介して体言に続く場合は、すべてこの①〈限定〉である。

▽貫治の部屋からだけ、戸の隙間からあかりが洩れていた。（壺井栄『廊下』）

「部屋からだけ洩れる」と連用修飾の用法にかぎって副助詞「ばかり」との言い換えがきく。ただし「ばかり」を用いると、〈限定〉＋「しきりに……する」の意味に変わってしまう。その他の例、連体修飾語や主語・述語では言い換えはできない。

▽自分は父とだけの不愉快な関係からそう言う気持まで犠牲にするのは少し馬鹿馬鹿しい気がした。（志賀直哉『和解』）

▽裸になった木立と、冷たい空気とだけが残っていた。（堀辰雄『風立ちぬ』）

▽自然なんぞが本当に美しいと思えるのは死んで行こうとする者の目にだけだ。（『風立ちぬ』）

格助詞「に、と、から、で」と「だけ」との結び付きは、「にだけ／だけに」のように、語順に二通りの例が見られる。

▽その峻には頂上にだけ少しばかり、朝日がかっと照りつけて居た。（佐藤春夫『お絹とその兄弟』）

▽今は道の片側だけに、その形見の土塀がとぎれとぎれに並び（宇野浩二『枯木のある風景』）

▽まわりの者が却っていたわるようにしましてその人にだけはいさゝかの苦労もさせまいとして、（谷崎潤一郎『蘆刈』）

どちらを前に立てても全体の意味が変わらないのは「に」と「と、から」である。

▽家族にだけ知らせる／家族だけに知らせる

▽子供とだけ口を利く／子供だけと口を利く

▽非常口からだけ出られる／非常口だけから出られる

ただし、引用を受ける「と」は、「とだけ」のみで「だけと」は成立しない。

▽封筒にも一郎とだけ署名してあった。（井伏鱒二『集金旅行』）

これを「一郎だけと」と言い換えることはできない。

❖「でだけ」と「だけで」

「で」と結び付く場合には、他の助詞の場合と違って、「でだけ／だけで」に意味の差が生ずるので注意したい。

▽注射でだけ治る／注射だけで治る

「でだけ」は他の方法によったら絶対だめ、注射によってのみ治るの意味であるが、「だけで」はそれとは正反対の、いろいろな方法を併用しなくとも、注射のみでじゅうぶん治るの意味となる。前者は行為や作用の実現に必要な残された最後の手段・方法を表し、後者は最低限必要な事物の限定である。言ってみれば、「でだけ」は方法として可能な取るべき事柄の限定、「だけで」は最低限必要とする事柄の限定である。これは他動詞や可能の言い方においても、また、その他の意味の場合も同様である。

〔手段〕この子は自分の箸でだけしか食べない。
　器用にナイフだけで食べてみせた。
〔方法〕ロッククライミングでだけ登れる。
　あんな山は自動車だけで登れる。
〔場所〕煙草はロビーでだけ吸うことを許す。
　煙草はロビーだけでなら吸ってもいい。
〔材料〕石鹼は良質の油脂でだけ作れる。
　木造家屋は木と紙だけで作ってあるようなものだ。
〔共同動作〕二人でだけ話せる秘密。
　子供たちだけで食べてしまった。

「だけ」で限定する事柄が一つの単位的な場合が①であるが、それが複数の集合ないしは増加拡大していく事態である場合は、ある数量の範囲で線引きをして、その数量の範囲に限るの意識になっていく。当然そのような複数概念を持つ語句に伴ったとき生ずる意味で、基本義からの派生の一つと考えられる。

②その数量に相当する程度

▽もう三十秒、もう三十秒だけ待とう。　（坂口安吾『白痴』）

▽その独身の産婦人科医に、二千円だけ持たして明日にでも届けさせる。
（井伏鱒二『集金旅行』）

数値で示される時間や金額などを「一、二、三……」と単位的なもので計っていって、それを一定の数値で線引きをし、それが許されるぎりぎりの限界であって、それ以上ではないという意識の上に立っている（意味には差があるが、「くらい」や「ほど」「ばかり」と共通の文脈に立っている。相互に入れ替えがきく）。

▽あたりはもう二人だけの世界であった。
（石坂洋次郎『草を刈る娘』）

は、この②とは異なり、他人と二人とを対比して、意識的に他者を排して「二人のみ」を取り出す「だけ」の基本義①の「限定」である。このような「だけ」は、たとえ数量詞に付いていても「くらい」や「ほど」「ばかり」との置き換えはきかない。

名詞に続く場合も、ＡＢＣＤ……と同類の物を頭において、その中の一つを取り立てて、同類の他の物の存在を含みとして示す。

▽着物だけではない。砂糖もバターも見当らない。
（檀一雄『父子来迎』）

▽庭やその水潦だけではなく、部屋の中にまで入ってきた。
（阿部知二『地図』）

▽あたしも岩国だけではなく福岡にも尾道にも古い恋人がいます。
（井伏鱒二『集金旅行』）

この種の用法は「ばかり」との言い換えが可能である。もちろん、同じ名詞に付いているといっても、①の「限定」なら、「ばかり」との言い換えは不可である。

▽この母には賛成だけが必要なのである。
（丹羽文雄『鮎』）

▽ニュースだけが真実なんだ！
（坂口安吾『白痴』）

③程度（範囲の限界）

複数概念でも、専らその数や量の程度が極めて低い場合に限れば、この③の用法となる。これは副詞、それも「少し」「ちょっと」「僅か」等、極めて低い程度・少ない範囲を表す副詞数語を数えるのみである。いずれも「少しだけ残しておこう」「ちょっとだけなら見てもいいよ」のように数量概念に基づき、対義的な「たくさん／少し」と対比して、一方を退けて「たくさんではない。少しだけ」と数量の範囲を区切った確定的な物言いなのである。「分からない点が少しだけある」は、十のうち一か二という数量概念・比率概念を底に秘めた言い方である。同じ「少し」に付いていても「少しばかりの失敗にめげず……」のような〈状態の程度〉とは根本的に発想が異なる。

▽少しだけ待ってくれ／一分だけ待ってくれ

を比較しても分かるように、数量詞に続く②〈その数量に相当する程度〉の用法と根本は同じだと言っていい。複数概念に基づく数量意識の限定が②③なら、その数量の値、つまり特定の数値意識に立つ限定は、おなじ数量詞に付いていても、現在量に対する程度意識、その数値を基準として〈その現状の程度〉に限定して、それ以上を考えない次の④へと意味が移行する。

④程度の基準

▽一方で千円だけ得をした人があるからには、他方で必ずそれと同額だけの損をした人が居なければならない。　（坪井忠二『プラス・マイナス・ゼロ』）

数量概念を持つもの、数量詞や「同額」「同量」「等量」「差額」などの名詞に付いて「……相当の」の意味を帯びさせる。この「程度の基準」は、

▽こんなささやかなものだけで私達がこれほどまで満足していられるのは　（堀辰雄『風立ちぬ』）

のように、容量、幅、度合い等の程度概念を指示する「……なもの」「……なこと」の形式名詞に続いたときに生ずる意味でもある。「……なもの程度で」であるが、同時に「……なもののみで」の「限定」とも取れなくはない。

〈現状の程度〉を基準に、それ以上を否定するのが④なら、その程度を特に取り立てて話題とすれば、次の⑤になる。

⑤程度の強調

程度を強調する基準として何かを引き合いに出して「それと同等、もしくは、それに近い程度ほどの」の意識を表す。

▽私がお前さんだけの容色《きりょう》があれば頻りに惜しがって意見する。（永井荷風『腕くらべ』）

「お前さんほどの」と「ほど」と言い換えられる「だけ」である。今日では「ほど」のほうが一般ではないだろうか。

▽これだけのことで夫婦が眼に角を立てているのがおかしくなった。（壺井栄『廊下』）

▽あらゆる大人もそれだけで、或いはむしろそれ以下で、（坂口安吾『白痴』）

▽どれだけか経って、遅ればせの会葬者が……（丹羽文雄『鮎』）

これらは評価の基準を問題とし、一定レベルの基準点を特に取り上げ示す意識で、そのレベルも〝この程度の〟という過小評価の軽視意識のため、「くらい」の表現意識と共通する。事実「くらい」との言い換えも可能である（「廊下」の例では「これぐらいのこと」のほかに「これしきのこと」とも言い換えが可能である）。

ところで、このような評価意識がなく、単に先行叙述の事柄に対し、それに見合う程度として以下の事態を取り上げる意識が強まれば、次の⑥へと発展する。

⑥事柄に相応する程度

▽私は幾らか重荷をおろした感じで、同時にそれだけの重荷の重量は彼女に切迫し転移したらしい。（井伏鱒二『集金旅行』）

先行叙述の内容を「それ」と指示して、「それ相応の」

「それなりの」の意味を添える。先行叙述を前提として成り立つ意味合いで、「だけ」を用いた部分のみに限って眺めれば、前の⑤形式と区別は付けにくい。

▽お道楽でやらせるわけにはいきません。それだけのものを身につけて、いざという時には、女一人の身すぎ世すぎになるもんでなくっちゃねぇ。（舟橋聖一『篠笛』）

「それなりの」の意味である。

▽なまじ義理だてをしてくれるとあの人もわたしもそれだけ苦しまなければならない。（谷崎潤一郎『蘆刈』）

「義理だてをしてくれると、それ相応に」「それなりに」と解釈すれば⑥事柄に相応する程度であるが、先行叙述の内容を「状態の絶えざる変化」と動的にとらえれば「義理だてをしてくれるにつれて」ないしは「従って」と、⑨比例にとれる。

▽父が不愉快な顔をすれば、それだけ自分も不愉快な顔をする方だった。（志賀直哉『和解』）

「……すれば、それだけ……になる」と「～と」や「～ば」の条件句を受けて連用修飾語をなすとき生ずる意味である。⑨比例は、用言に付く動詞的文脈のとき生ずる意味、⑥事柄に相応する程度は名詞的文脈のとき生まれる意味で、本質的に⑥と⑨とに差はない。

⑦その行為に相当する程度

▽未練もなかったが、捨てるだけの張り合いもなかった。（坂口安居『白痴』）

▽おれ達はおれ達に許されるだけのささやかな生の愉しみを味わいながら、（堀辰雄『風立ちぬ』）

▽そういう急な引繰り返り方をするだけの何物かは父にも自分にも残っていそうな気が自分にはして居た。（志賀直哉『和解』）

▽和緒は池の坊の師匠の腕をもち、裏千家のこれも教えられるだけの素養がある。（丹羽文雄『鮎』）

に見るように、動詞に付いて全体が「だけの〜」と連体修飾語に立ち、被修飾語は抽象的な事柄や「こと」など形式名詞の来る時に生ずる意味である。最後の例は、「教えることができるほどの」の意味であるが、

▽三四郎はこれで言えるだけのことを言ったつもりである。（夏目漱石『三四郎』）

のように、その能力や可能なかぎりでの状況を叙述する時に現れる言い方ともなる。先行の動詞をもう一度繰り返すと、次の⑧に見るような「可能なかぎり……する」の意味へと移行する。

⑧可能なかぎり・なるべく

▽幾らでも、食えるだけ食わしてやると言ったら、嘸《さぞ》喜んだろう。（志賀直哉『小僧の神様』）

▽まあ、折角山へ来たのですから、居られるだけ居て見るようになさいませんか？（堀辰雄『風立ちぬ』）

▽食欲を失い、痩せられるだけ痩せ細り、衰えられる限り衰え切った貫治、（壺井栄『廊下』）

この形式は、希望・欲求を表す「欲しい」や「……たい」文型にも見られ、「欲しいだけ取りなさい」「食べたいだけ食べていい」などの言い回しを作る。さらに「できる」と結合して「できるだけ」の語を造り、「できるかぎり」から「なるべく」の意味へと進む。こうなるともはや「できる＋だけ」ではなく、一語意識である。このような一語意識となるのは「だけ」を含む句が連用修飾語となる場合のみゆえ、副詞と考えられる。「できるだけ」のほかに「なるたけ」なども同じと見られる。

▽「しっかり勉強してもらいたい。」「それは出来るだけやるつもりですが。」（武者小路実篤『或る彫刻家』）

▽今はせめて死んだ者に対して出来るだけの事をしてやりたかった。（志賀直哉『和解』）

これらの例は「できる」の範囲の限界まで、最大限の努力を惜しまぬ意味で「できる＋だけ」である。が、次の例は「できる限り」とも「なるべく」とも取れる。

▽で、凝り性の人は電話一つ取り附けるにも頭を悩まして、梯子段の裏とか、廊下の隅とか、出来るだけ目障りにならない場所に持って行く。　（谷崎潤一郎『陰翳礼讃』）

▽どかりと廻転椅子に坐った。それから出来るだけゆっくりと煙草に火をつけた。　（石川達三『深海魚』）

この⑧は⑦の派生形であるが、**〈その行為に相当する程度〉**が、行為や状態の変化に応じて程度を変えていくような場合、例えば、

▽女が軽くなっただけ、こちらが重くなったにちがいない。　（石川淳『雪のイブ』）

のような例では、「……するにつれて」「……になるにつれて」と**〈変化する行為や状態に相当する程度〉**を表す。これはさらに慣用的な言い回し「……すればするだけ」「……になるにつれて」を生む。次の⑨比例である。

⑨比例

▽あせればあせるだけ彼自身の喉が締めつけられるだけであった。　（佐藤春夫『田園の憂鬱』）

「売れば売るだけ儲かる」「働けば働くだけ収入が増える」「多ければ多いだけ良い」「静かなら静かなだけいい」と動詞や形容詞・形容動詞に付き、「ほど」との置き換えも可能である。〝ある動作や状態になればなるほど、ますます〟で、慣用化された表現パターンとなっている。「だけ」を用いた慣用的な言い回しに、以下に述べる「だけに」と「だけあって」とがある。いわゆる複合辞であって、両形式は類義表現となっている。

❖「だけに／だけあって」

⑩立場上の責任・結果（なので・なおさら）

⑪予想の結果（やはり・だから）

▽横綱だけに負けられない／横綱だけあって強い

共に条件句を形成する言い回しで、一見、意味に差は

ないように思われるが、発想の点で正反対の関係にある。「だけに」は、それに先行する部分（前件）が事実の事柄で、その事実から当然生ずべき結果を後件で説明する。右の例で言えば、〝当人は横綱である。したがって、その地位からしてどうしても負ける訳には行かない〟のである。一方「だけあって」は、後件で事実が述べられ、その事実が当然生ずべき理由づけが前件に来る。右の例なら、「やはり、だから……だ」という意味関係である。地位相応に強いんだ〝実に強いね。やはり横綱だから、地位相応に強いんだね〟といった感懐である。

▽今度は泉下の養父にも喜んで貰えると思ってかゝった縁談であるだけに、義兄の失望は大きかったが、（谷崎潤一郎『細雪』）

▽男親がないだけに一面却ってスパルタ風な厳しさでのぞんでいる母には、身につけるものなぞかれこれ云いえないように躾けられていたが、（野上彌生子『哀しき少年』）

▽貝殻や草花の美しさよりも、小鳥は生きて動くだけに、造花の妙が早分りであった。（川端康成『禽獣』）

▽いかにも足の色がかさかさに変わってしまっていて、しまったと思うだけに、尚更腹が立って、（『禽獣』）

▽一年の三分の一を写生旅行についやすといわれるほどの勉強家だけに、その下がきの速さは熟練した職人のようであった。（宇野浩二『枯木のある風景』）

▽ことに自分が大阪もんだけに、大阪人を非常にいやがったもんや。（『枯木のある風景』）

前件を根拠に立てて「勉強家だから当然」「大阪もんだから、なおのこと」と条件設定する。これらの言い方は「だけあって」との言い換えも可能であるが、次の例のような指示語を受けると、言い換えることができない。「だけあって」は前件で理由づけを行なうのであるから、「それ」のような具体性のない語を据える訳には行かないためであろう。

▽KはIよりも、もう半里以上も上《かみ》であった。それだけに一層不便であった。（佐藤春夫『お絹とその兄弟』）

「だけあって」は、

▽父親が儒者のなれの果てだけ有ッて、小供ながらも学問が、好きこそ物の上手でできる。（二葉亭四迷『浮雲』）
▽今年の春には娘を目白に入学させたと云うだけあって、井谷は普通の婦人よりは何層倍か頭脳の回転が速く、（谷崎潤一郎『細雪』）
▽前田正名という人も理紀之助を崇拝している人物だけあって、仕事熱心な偉い人だった。（和田傳『石川理紀之助』）
▽嫁いで来た花嫁は、色の白いおとなしい娘であったが、やはり斧松と同じように、幼い時から苦労して来ただけあって、なかなかしっかりしている女であった。（和田傳『よみがへる地平線』）
▽五四万人以上の人口を抱える八王子市の玄関駅だ。市は「学園都市」と呼ばれ、近隣に多くの大学が点在するだけあって、平日は駅の前のバス停に大学生がずらりと並ぶ。（アサヒタウンズ『多摩の始発駅、横浜線・八高線八王子』）

のような条件句を構成する形式以外にも、述語に立つことも可能である。

▽さすが長男だけある。
▽さすがに昔日の威勢はなくとも、舊い家柄を誇る一家が故郷の土地を引き払うだけのものはあった。（谷崎潤一郎『細雪』）
▽隆は、いつになくめちゃくちゃに腹が立った。揶揄《からか》われたのが口惜しいだけではなかった。（野上彌生子『哀しき少年』）

一方、「だけに」のほうは、用言に続く場合に限り、「に」の落ちた形となることも稀に見られる。

▽今の会社に這入ってまだ十年にならないのに早くも営業係長の要路に用いられ社長や重役から珍らしい才物だと言われているだけ、同僚や下のものにはあまり受けのよい方とは言われない。（永井荷風『腕くらべ』）

ばかり【副助詞】

一、「ばかり」の表現について

「ばかり」には限定を表す「水ばかり飲んでいる」と程度を表す「手の空いてる子、五人ばかり寄越してちょうだい」とがあり、前者は「水だけ飲んでいる」の「だけ」と類義の関係にあり、後者は「手の空いてる子、五人くらい寄越してちょうだい」「五人ほど寄越してちょうだい」と「くらい」「ほど」と類義の関係を取る。その他「今帰ったばかりだ」「黙って帰ったばかりに、えらい目にあった」のような慣用的な言い方もある。「くらい」「ほど」にも、それぞれ独自の用法がある。そこで、まず「ばかり」の用法について概観し、次に限定用法では「だけ」と、程度の用法では「くらい」「ほど」と適宜対比させながら意味・用法の違いを眺めてみる。

まず「ばかり」について、「だけ」の場合と同様、基本義と派生義とを意味の差から細かく分類して見ていこう。

二、文脈の違いから見た「ばかり」の用法

①程度（数量）……数量詞に付く
「十時間ばかりかかる」「三割ばかりが利益だ」
＊「ほど」「くらい」との置き換えが可。

②程度（範囲）……副詞に付く
「少しばかりの失敗」
＊「くらい」との置き換えが可。

③限定（のみ）……名詞・指示詞・用言・文に付く
「こればかりは確かだ」
＊「だけ」との置き換えが可。

④限定（しきりに……する）
……名詞・指示詞・用言に付く
「酒ばかり飲む」「泣いてばかりいる」

⑤例示による程度の度合い……形容詞に付く
「憎らしいばかりに綺麗だ」
＊「ほど」「くらい」との置き換えが可。

⑥比況（するのと同じ）……「用言＋ん」に付く
「嫌だといわんばかりの顔」
⑦比況（今にも……しそう）
……「用言・文＋ん」に付く
「泣かんばかりに頼む」
⑧比況（確信）……「文＋と」に付く
「今だとばかり言い出す」
⑨完了に近い状態……動詞に付く
「運び出すばかりになっている」
⑩直後　……「動詞＋た」に付く
「今出発したばかりだ」
⑪原因　……「動詞＋た」に付く
「腹を立てたばかりに損をした」

三、各用法の特徴

「ばかり」は「計り」に由来すると言われ、対象がどの程度のレベルであるかを推し量り、およその程度として測り、その度合いの範囲だと限定する。したがって、「ばかり」には、文脈に応じて程度の意味合いから限定の意味合いまで幅があり、含みとして推量意識が付きまとう。

①程度（数量）

「ばかり」が数量詞に付くと、おおよその数量を表すことになる。漠然と数量の幅を推測する気持ちである。前に述べた「だけ」の場合は、

▽返事をよこしたのは一ヵ月分滞納の三名だけで

（井伏鱒二『集金旅行』）

と、はっきり数量を限る限定意識で「のみ」に通ずる意であったが、「ばかり」は

▽紋つきを着た男女が五十人ばかり鍵の手に坐り

（『集金旅行』）

▽その次に賭けてしたときには、五百円ばかり敗けやがった。

（『集金旅行』）

▽ところが一月ばかりして、餌を入れる時に、一羽が籠を飛び出した。

（川端康成『禽獣』）

▽一里ばかり行き、疲れたところへ折良く背後からダットサンが来た。（高見順『流木』）

と、「ほど」「くらい」と置き換えのきく〈おおよその数量〉を示す。対象となる事柄は、年月・時間、距離・長さ、箇所数、人数、個数、回数、金額、面積、容量などである。古代語では、

▽八月十五日ばかりの月に出で居て、かぐや姫いといたく泣き給ふ。（『竹取物語』）

▽かゝる程に、宵うち過ぎて、子の時ばかりに、家のあたり昼の明さにも過ぎて光りたり。（『竹取物語』）

のように、漠然と日時をしめすときにも用いられたが、現代語では使わない。また、高さを指す、

▽降《お》るゝ時に、軒長《のきたけ》ばかりに成りて、「あやまちすな、心して降りよ」と言葉をかけ侍りしを（『徒然草』「高名の木のぼりといひしをのこ」）

などの例も、「軒長ほどになって」と「ほど」を用いるのが一般であろう。

②程度（範囲）

数量を漠然と量るのではなく、ごく小量の範囲に限定されれば、②となる。当然「だけ」の場合と同様、「少し」「ちょっと」「僅か」など極めて低い量意識の、少ない範囲を表す数語の副詞に限られる。

▽頂上にだけ少しばかり、朝日がかっとまともに照りつけて居た。（佐藤春夫『お絹とその兄弟』）

▽苦悩に身を悶えさせている事実を知ったことは、すこしばかりの良心を刺戟はしたが（田村泰次郎『肉体の悪魔』）

▽この若い衆はわずかばかりの口髭を剃りのこし、素通しのロイド眼鏡をかけていた。（井伏鱒二『集金旅行』）

「露ばかりの命」などもこのグループに入れてよいだろう。

特殊な例として、極めて低い程度性の指示対象を引き合いに出して「これっぱかり」と音変化を起こす形式がある。これは「これっぽっち」と通ずる表現で、軽視の意識が強く働いている。

③限定（のみ）……名詞・指示詞・用言・文に付くいわゆる〈限定〉を表す「ばかり」には、「だけ」と置き換えのきく、あるものを他と区別する用法がある。

▽むかしから癖がついているせいか炬燵や湯たんぽばかりではたよりないといいます。（谷崎潤一郎『蘆刈』）

▽そのためばかりでなく、こちらに来てからは（正宗白鳥『戦災者の悲しみ』）

▽本社とは名ばかりの東京の事務所でありまして（豊島与志雄『白蛾』）

▽身もだえしている彼女をどうしようがなく、ただこう聞いたばかりだった。（堀辰雄『風立ちぬ』）

▽時どきピチャッと魚の跳ねる音が起こるばかりで、（井上友一郎『竹夫人』）

「ばかり」が用言または「用言＋た」に付くときは、ふつう限定を表す。このうち、「〜ばかりでなく……」「〜ばかりか……」形式を取るときは、叙述の追加を前提とした限定形式となる。

▽その間、私は執筆しなかったばかりでなく、読書をも殆どしなかった。（正宗白鳥『戦災者の悲しみ』）

▽画技が、すこしもおとろえないばかりか、ますます冴えるばかりで（宇野浩二『枯木のある風景』）

しかし、このような「だけ」と置き換えることのできる例は少なく、できないか、できても意味に違いの出てしまう場合が多い。次の④を見よう。

④限定（しきりに……する）

▽いつも、お新がお世話ばかりかけますもの。（舟橋聖一『篠笛』）

▽小屋の閉場《はね》るまでその踊子ばかりを眺めている間（北原武夫『妻』）

▽肺炎になり、それがこじれて寝ついてからは癇癪ばかり起していた。（中野重治『鉄の話』）
▽此頃では貫治の薬代はふえるばかりである。（壺井栄『廊下』）

これらは、限定された事柄を何度もしきりに行なう、ないしは事柄が一方的に増え続ける意味であって、明らかに「だけ」の単なる〈対象の限定〉とは性格が異なる。以下に動詞が来て、連用修飾句をなすとき生ずる。が、時に連体修飾句にも次のような例が現れる。

▽石ころと沙ばかりの川原は、不毛な砂漠であって（阿部知二『地図』）

いずれも「だけ」と置き換えると意味が変わってしまう。「石ころと沙のみ」と対象を限定する「だけ」と違って、「ばかり」には、ある物ある物すべてが皆石ころと沙という複数概念が伴ってくる。「ばかり」が複数の範囲を意味する語だからであろう。限定を強調する形式、

▽お化けの登場する小説を書いていた十二歳のわたしにとっては、非常に神秘な体験で、その時ばかりは小説より詩のほうが高級だという気がした。（金井美恵子『詩と小説について私的に』）
▽出家のみで俗世の名利栄達に齷齪する様ばかりは私にはどうも合点が行かず（長与善郎『地蔵の話』）
▽その頃から、三村夫人が彼女のまわりに拡げ出していた一種の悲劇的な雰囲気は、何か理由がわからないなりにも明の好奇心を惹いて、それを夫人の方へばかり向けさせていた間、……（堀辰雄『菜穂子』）

等も、「だけ」とはよほどニュアンスが違う。この手の意味は、「は」を伴って「……ばかりは……だ」文型のとき生ずる。「今度ばかりは」のような慣用表現として現れる。

結局「ばかり」は、ある同一同類の主体の行為や状態を動詞によって叙述する文型をなし、同一同類の事物に重点を置けば〈限定〉、行為や状態の範囲に重点を置けば〈程度〉となる。

一方、「だけ」は、ある事物を対象として取り上げる

際、その取り上げるべき範囲をはっきりとある限度で区切り、その範囲外の事物は対象外として排除し、区切られた範囲内の部分のみを取り出し問題とする。区切り、それに外れる事物を他者として否定することに重点を置けば〈限定〉、提示された範囲の限度に重点を置けば〈程度〉となる。

❖「ばかり」と「だけ」

「労働者ばかりの集会／労働者だけの集会」

「ばかり」を用いると、(a)労働者しか出席していない集会。「だけ」を用いると、(a)労働者しか出席していない集会とも、(b)使用者側をシャットアウトした労働者自身の集会とも、どちらとも解せる。(a)の「の」は「ばかりである集会」の意味だが、(b)では「労働者だけに所属する集会」つまり所有の「の」である。当然「労働者」に意味の重点が置かれる。ところが(a)では、「集会」に重点が移り、「労働者」は集会の所属物という発想に転ずる。以上は体言に係る場合であるが、動詞に係る場合も、

▽私はずっと直行するという意味のことだけ答えておいた。（井伏鱒二『集金旅行』）
▽主人は逐電した妻君の悪口ばかり言いながら息を引きとった。（『集金旅行』）

「だけ」は行為や叙述の対象の範囲を「何々だけ」と限定する。「ばかり」は「……ばかり……する」と行為の在り方を規定する。

⑤例示による程度の度合い

ある動作や状態がどのようであるか、その程度を例示（動詞に付く場合）や形容（形容詞に付く場合）することによって表現する。

▽新子は一瞬その白袖に、ほんとうの血がはしったかと思うばかり、心をうたれた。（舟橋聖一『篠笛』）
▽秋は林の中を見ちがえるばかりに乱雑にしていた。（堀辰雄『風立ちぬ』）

その他「憎らしいばかりの落ちつきよう」など、状況

の程度性を述べるという点で、「ほど」や「くらい」との置き換えがすべて可能な形式でもある。比喩的に述べるという点では次の⑥も共通の発想であるが、「用言＋んばかり」という特殊な形式であるため、「ほど」や「くらい」とは置き換えがきかない。

⑥比況（するのと同じ）

▽思わず手を取らんばかりの声を出すのだった。（北原武夫『妻』）

▽幾度か交渉したが、話を受けつけぬ。勝手にしろといわんばかりであった。（高見順『流木』）

▽そこへ大きな犬が現れて、オイどけといわんばかりに子犬を追い払った。（『流木』）

「嫌だといわんばかりの顔」と、〝今にも……するかと思うような〟の意の「んばかり」形式にのみ現れる特殊な表現法である。この「んばかり」の「ん」は、古語の「む」に当たり、推量の〝意志〟を表す用法である。一つの言い回しとして今日も盛んに用いられる。

▽嫌だといわんばかりの顔／死なんばかりの嘆きよう／倒れんばかりの疲れはてた姿／泣かんばかりに頼む／涙を流さんばかりに喜ぶ／腰を抜かさんばかりに驚く／割れんばかりの拍手／雲衝くばかりの大男／水も滴るばかりの美しさ／目を覆うばかりの惨状

慣用的な比喩表現を作る「ばかり」は、「ほど」にも同様の用法があるが、はっきりとした使い分けを行なっている。「ほど」のほうは発話者当人の感情だが、「ばかり」の例は第三者の様態を述べるとき用いる（「ほど」の⑧〈例示による程度の度合い〉の項［二二五頁］を参照のこと）。

この⑥〝いかにも……しそうな様子〟の比況表現と共通の幹から枝分かれした言い方として次の⑦がある。

⑦比況（確信）

「今だとばかり逃げ出した」のように、文を「と」で受けて、いかにも今しかないと言わんばかりの態度で言い出すと状況説明しているのである。つまり、「〜とばかり」は、「と」で受ける文の内容から当人の有り様を推量し、ほぼそれに近い状況として、例えで説明しているわけだ。「ここぞとばかり一気に攻勢に転じる」と言ったとき、当人は確信してそのような行為に出ているのである。

▽私は自分の物尺の短さを、君の深さとばかり思いちがいをしていたのだ。（田村泰次郎『肉体の悪魔』）

▽得たりとばかりに客引きは、コマツさんの手提鞄と私のトランクを携げて歩きだした。（井伏鱒二『集金旅行』）

⑧完了に近い状態、⑨直後

前者は動詞に付いて、「運び出すばかりになっている」のように、いつでも運び出せる状態に準備を完了させているのである。

▽石油の空罐に三四杯も詰め込んで、こちらに持って来るばかりに荷造りして、階段の横に置いていた。（正宗白鳥『戦災者の悲しみ』）

一方、後者は、「今出発したばかりだ」と、必ず動詞に「た」を伴わせて、その行為や現象が生起してすぐの「直後」を表す。

▽また気管支でもこじらすと、折角はいったばかりで長く休むようなことになるのですよ。（野上彌生子『哀しき少年』）

▽出てきたばかりの私は、自然と抗する人力の偉大さに打たれ、（高見順『流木』）

▽土手からいま出て来たばかりの家へもどらねばならなかった。（室生犀星『あにいもうと』）

▽作戦から帰ったばかりの私の全身には、（田村泰次郎『肉体の悪魔』）

⑩原因

同じ「動詞＋た」に付いても、「〜たばかりに」の形で条件句をなすと、

▽腹を立てたばかりに損をした。

▽本当のことを言ったばかりに、かえって先方を怒ら

せることになってしまった。

のように、逆接の結果句が後に続く。

▽あなたさまが此処にやすんでいらっしゃるのをお見かけいたしましたばかりになるほどこれは恰好な場所だと気がつきましたようなわけで　（谷崎潤一郎『蘆刈』）

「た」を伴わなくとも、原因の条件句をなす例が見られる。

▽たゞそなたまでも尼も同様にさせてしまってはきのどくと思うばかりにさっきのようにいったのだけれどもその神のようなこゝろを聞いては礼をのべることばもない、　（『蘆刈』）

▽ただ彼女をよく見たいばかりに、わざと私の二三歩先きに彼女を歩かせながら　（堀辰雄『風立ちぬ』）

⑦から⑩までの用法は、「ばかり」特有の形式ゆえ、もちろん「ほど」「くらい」との置き換えは不可能である。

ほど【副助詞】

一、「ほど」の表現について

「ほど」は「程」で、程度を表すのが基本義である。

▽T氏の傾倒のほどは分かるがH氏がどういう人かは分からない。　（高見順『流木』）

▽おれもそこまでそなたを踏みつけにしては冥加のほどがおそろしいから　（谷崎潤一郎『蘆刈』）

▽芹橋の嫁は貞女が過ぎる、姉孝行にもほどがあるというかげぐちが　（『蘆刈』）

「知らないにもほどがある」「身のほど知らず」のような独立した言い方のほか、「先ほど」「後ほど」など熟語の語構成要素としての用法も見られる。

程度を表すという点では、「だけ」や「ばかり」と競合する点も見られるが、限定を本義とする「だけ」や、およそを推し量る「ばかり」とは、用法面で重なりよりはずれのほうが多い。むしろ次に触れる「くらい」と、かなり歩調をそろえる。

二、文脈の違いから見た「ほど」の用法

①程度（数量）……数量詞・数量概念の語に付く
「十時間ほどかかる」「三割ほどが利益だ」
＊「くらい」「ばかり」との置き換えが可。
②程度（任意の基準）……名詞・指示詞・用言に付く
「涙が出るほどうれしい」
＊「くらい」との置き換えが可。
③程度（比較基準）……名詞・指示詞に付く
「富士山ほどの高さ」
＊「くらい」との置き換えが可。
④程度（取り立て）……名詞に付く
「前回ほどには必要としない」
⑤最高の程度　……名詞・指示詞に付く
「読書ほど楽しいものはない」
⑥程度の強調　……指示詞に付く
「あれほど注意しておいたのに」
「それほど儲かるというわけではない」
⑦例示による状態の程度……指示詞・用言に付く
「何ほどの力も発揮せぬ」
「心配したほどのことはない」
⑧例示による程度の度合い……用言に付く
「憎らしいほど綺麗だ」
＊「くらい」「ばかり」との置き換えが可。
⑨例示（強調）……用言に付く
「そんな事を言うほどだから」
＊「くらい」との置き換えが可。
⑩比例　……用言に付く
「読めば読むほど面白くなる」

三、各用法の特徴

①程度（数量）

▽看病のあいまに半日ほどの暇をぬすんでぬけて出ましたら　（谷崎潤一郎『蘆刈』）

▽手前から四分の三ほどのところで蝶番で留めてあって、その板のあいだには、狭い間隙ができている。　（阿部知二『地図』）

▽一ト月ほど経って、彼の体軀が幾分やせてきたことに気づいた。　（尾崎一雄『虫のいろいろ』）

▽その角筈の中で最も強い五人程が遠征にやって来たのである。　（広津和郎『訓練されたる人情』）

▽慰謝料として五百円ほどもらいたいと話をきり出すと　（井伏鱒二『集金旅行』）

「十時間ほどかかる」「三割ほどが利益だ」「五十メートルほどの距離」など、時間幅・期間、距離、人数や物の数、回数、金額など複数の集合体の量や範囲を、およその程度と示す表現である。ただし、「一」には「くらい」は続くが、「ほど」および「ばかり」には制約がある。

▽停車場の一丈程の堆高い積上げた雪に踏み登って　（瀧井孝作『積雪』）

のように、「一尺、二尺、三尺……一丈」と下位単位を基準にして計れる場合には「一」にも続くが、そうでない場合は用いることができない。「ほど」は元来、分量や範囲の大きさ・広さといった幅を問題とする語であり、その範囲の上限を区切る気持ちを持つところから、「一」の場合は下位単位を基準に「一丈程」と計れるときにのみ使用が可能となる。それゆえ、

▽大島の一反ぐらいそうまで惜しまなくってもいいでしょうけれど……　（正宗白鳥『戦災者の悲しみ』）

のように、それ自体最低単位の最低線を示す場合には使えない。この場合には「くらい」のような評価の基準点を問題とする語のみが使用できる。

＊「くらい」の④程度（低い基準）（二三二頁）を参照のこと。

②程度（任意の基準）

▽あなたは私のような者を笑ってすてゝしまうほど鷹揚にうまれついた人です　（谷崎潤一郎『蘆刈』）

▽あたし、母さんが考えているほど、ひどい女になっていないわ　（室生犀星『あにいもうと』）

▽彼は粗末な地図にあるほどのかぎりでは、ほとんどどの地方の町や川の名もおぼえた。　（阿部知二『地図』）

状況の程度説明として、卑近な事例を引き合いに出す。

▽梅一輪一輪ほどの暖かさ　（服部嵐雪）

▽ひるまのうちは歩くとじっと汗ばむほどの暖かさであったが　（谷崎潤一郎『蘆刈』）

「暖かさ」の程度説明として「梅一輪が咲く程度の」「汗ばむほどの」と基準を示したのが②なら、比較の例として「ハワイほどの暖かさ」とすれば、次の③程度（比較基準）になる。

③程度（比較基準）

「富士山ほどの高さ／富士山くらいの高さ」と「くらい」にも言い換えがきく形式である。しかし、両者には明らかに意識の違いが認められる。

❖「ほど」と「くらい」の差

▽おきんの背丈ほどな大きな山百合が沢山咲いて居た。　（佐藤春夫『お絹とその兄弟』）

▽高さ三十余尺という、ちょっとしたビルディング位の大きさはある巨大な茅葺きの家で　（高見順『流木』）

これらの例は共に「くらい」「ほど」の置き換えが可能な形式であるが、前の例は「ほど」を用いたところから、「その山百合はおきんの背丈に近い程度、最大限に見積もってもそれ以上はないという、高さの幅を「おきんの背丈」の長さによって示す気持ちである。後の例は「くらい」を用いているところから「どんなに低く見積もっても、ちょっとしたビルディング程度の高さはある」という、高さの最低基準として「ちょっとしたビルディング」を引き合いに出す。高さの評価または比較の基準として「ちょっとしたビルディングと同等」という〝程度の線〟を示し、「ほど」は高さの数量的範囲として「おきんの背丈」と幅の上限を区切って、それの近似値に当たるものだと〝程度の度合い〟を漠然と示す。こうした意識の違いから、同じ〈比較〉や〈程度〉を示す言い方でも、「ほど」を用いると感嘆・詠嘆の気持ちが、「くらい」を用いれば軽視の意識が伴ってくる。

「太郎ほどの学生はそうざらにはいない。」

これを「くらい」に置き換えると、

「太郎ぐらいの学生はいくらでもいる。」

と表現したくなるのも以上の理由による。

▽おしづさんだけを見ていればそうでもございませぬけれどもお遊さんとならべましたらお姫さまと腰元ほどのちがいがある　（谷崎潤一郎『蘆刈』）

「ほど」を用いているため、お姫さまと腰元ほどの大きな違いを、もし「くらい」であったなら、お姫さまと腰元ぐらいのささやかな違いと解されるはずである。

④程度（取り立て）……名詞に付く

「前回ほどには必要としない」のように、特にある事物（ここでは「前回」）を取り立てて、それがどのような状態であるかを強調する。多くは後に打消が来る。例を少し挙げておく。

▽父はそのときほどお遊さんが大きく品よく見えたことはなかったと申すのでございます　（『蘆刈』）

▽この時ほど兄を親切だとおもったことはあまりない。　（阿部知二『地図』）

⑤最高の程度

「読書ほど楽しいものはない」

後に打消「ない」を伴って、「ほど」で取り立てた事柄を、それ以上のものがないと、そのものを最高のものとして断定する。一つの表現文型である。

▽彼の机ほど面白いのはなく、自分には特別に何物かがいい机を呉れているのだと思った。　（阿部知二『地図』）

▽こんな想像がうまく築かれた時ほどたのしいものはない。　（『地図』）

この形式は最高の程度を表す用法ゆえ、評価の基準点を示す「くらい」にも当てはまる。

▽まだ大人になりきれない生娘ほど、はかなくたよりない存在はないのだ。　（石坂洋次郎『草を刈る娘』）

▽人の死ということも妙齢の少女の死ほど、襟を正さしめる清らかさを感ぜしめるものはない。　（室生犀星『蝶』）

❖**強調と比較の差**

この用法は「くらい」に置き換えることも可能である。しかし、表現意識にかなりの差が見られる。

(a)お前ほど歩みののろい者はない。

(b)お前くらい歩みののろい者はない。

「くらい」を用いると、その歩みののろさの最低基準として「お前」が引き合いに出され、「どんなに低く見積もっても、お前と同等程度の歩みののろさの者はほかの中にはいない」の意となる。一方、「ほど」を用いると、「お前を歩みののろさの限界と考えて、それに近い程度ののろさの者すら「ほか」の中には存在しない。お前がいちばんのろいのだ」と、「お前」の歩みののろさを強調する。つまり〈比較〉を意図する「くらい」の場合は「ほかにない」に力点が置かれ、「ほか」が主題となるのに対し、〈強調〉を意図する「ほど」の場合は「お前ほど」に力点が置かれ、「お前」が主題となる。このことから「くらい」の文はより客観的、「ほど」の文はその場その場の具体的事象を問題とするより主観的な表現となる。

なお、現代語では廃れたが、古代語では「ばかり」にも同じ用法が見られた。

▽有明のつれなくみえし別れより暁ばかりうきものはなし　（『古今和歌集』）

▽大蔵卿ばかり耳とき人はなし。　（『枕草子』）

⑥程度の強調

「あれほど注意しておいたのに」「それほど儲かるというわけではない」のように指示詞に付いて、その事柄を強調する。「あれほど」は「あんなに」とほぼ等意である。

▽自分にはさだまったかんがえもござりませなんだのでそれほど姉さんが気に入っているのだったら悪いはずはありますまい　（『蘆刈』）

▽なるほど、そなたにそれほどの思いやりがあって来てくれたのだとは知らなんだ　（『蘆刈』）

▽初めはそれほどでもなかったものがこの四五年……　（佐藤春夫『お絹とその兄弟』）

▽私にはそれほど切実に迫ってこないのに　（北原武夫『妻』）

▽あれ程反抗の火を燃やした確峰一家と福富は何となく自然に一つに融け込むような親しさすら覚えてきた。　（井上友一郎『竹夫人』）

▽あれほど説明しているのに押入に這入って戸をしめるなどは　（坂口安吾『白痴』）

⑦例示による状態の程度

「何ほどの力も発揮せぬ」「心配したほどのことはない」

▽病気になるはじめや、途中は、頭が苦しく痛んでその想像は出来ないほどくるしいから、そんな時には、仰向きになって天井の木理をながめまわすのだった。　（阿部知二『地図』）

▽繋いである鎖がぴんと緊張する程に、勢い込んで跳ね狂った。　（久米正雄『虎』）

▽すぐに声の懸けられないほど切羽詰って、耳のあたりがぶんぶん鳴ってくるほどの腹立たしさであった。　（室生犀星『あにいもうと』）

▽全く反対の気持が私の心の底に隠れていたのを、ふいにはっきりと自覚したほどだったけれども　（北原武夫『妻』）

⑧例示による程度の度合い

「驚くほど大人になった」「憎らしいほど綺麗だ」に見るように、動詞や形容詞に付いて、対象の状態や行為の度合いの甚だしさを表す。「くらい」「ばかり」との置き換えも可能である。

▽私の首を呼吸がとまるほど抱き締めると、君の胸をぶっつけてきた。（田村泰次郎『肉体の悪魔』）

▽大きく目をみはりながら私をじっと見つめているのを、苦しいほどまざまざと感じた。（堀辰雄『風立ちぬ』）

▽小鳥の両足を自分の口に入れて温めてやった。小さい舌ざわりは、哀憐の涙を催すほどであった。（川端康成『禽獣』）

▽手足と云わず喰っつけて、孔のあく程まじまじと視入るのだった。（長与善郎『地蔵の話』）

❖比喩による慣用的表現

この⑧の一種として、比喩を作る特殊用法にも触れなければならない。これは「ばかり」にも見られる形式である。

例えば非常にうれしいとき「涙が出るほどうれしい」と言う。これは発話者当人の感情に決まっている。「喉から手が出るほど欲しい」等、この手の表現は皆そのように述べる本人の感情の吐露である。これを第三者の状態説明に変えるには、感情形容詞「うれしい」を動詞「喜ぶ」に言い換えるだけでは不十分で、「ほど」を「ばかり」に置き換えなければならない。

「彼は涙を流さんばかりに喜んだ」

「ばかり」は程度を推し量る意味であるから他者の上の事態を述べるのに向いている。「ほど」は程度の意味しか持たないから、自身の感情の度合いを示すことも可能なのである。

❖「ほど」を用いた比喩の例

穴の開くほど見つめる／痛いほどよく分かる／涙が出るほどうれしい／喉から手が出るほど欲しい／よだれが出るほど欲しい／身を切られるほど辛い／耳にたこができるほど聞かされた／穴の開くほど見つめる／嫌というほど聞かされた／掃いて捨てるほどある／降るほどたくさんある／腐るほどある／爪の垢ほども無い／目の玉の飛び出るほどの高値／猫の額ほどの土地

⑨例示（強調）

話題として引き合いに出した動作や状態の語に付いて、そのような状況であることを前提に、以下の事態が生じてくることを述べる。「そんなことを言うほどだから」なら、その相手に対する推測が、また、以下の例のように、異なる別の事態や、連動して生ずる事態、あるいは現状に対する再認識など、「ほど」の後に続く内容によってさまざまに変わる。「くらい」との置き換えは可能である。

▽彼女は結婚するほどなら、きょう慰謝料を要求しに行って反対に義捐金を置いて来た相手と結婚するといった。（井伏鱒二『集金旅行』）

▽相手が善良なほど相場はあがって来るわけですわね。（『集金旅行』）

▽身勝手なことや無理をいうほど余計様子が可愛くみえるのでござりましたが（谷崎潤一郎『蘆刈』）

「〜するほど」「〜であるほど」の条件句は、時に繰り返し形式を取って全体を強調する表現へと発展する。一種の決まり文句、言い回しとも言うべき⑩の表現文型を形成する。

⑩比例

「読めば読むほど面白くなる」のように、先行の状況が進むにつれて、連動的に別の事態も進展していくことを表す慣用的な表現形式である。前の⑨の一種と見てもいいだろう。

▽頭が大きくなればなるほど、しだいに、やせほそって行って（宇野浩二『枯木のある風景』）

▽君は私の利己的な言葉に接すれば接するほど、孤独な魂の苦悩を深めて行ったのだった。（田村泰次郎『肉体の悪魔』）

▽私の君に対する熱情を弱めるどころか、絶望であればあるほど、かえってその絶望は一層私自身の執着を狂おしいものにするのみであった。（『肉体の悪魔』）

▽私は苦心すればする程、微妙な味を逃がしてしまうのです。（武者小路実篤『ある彫刻家』）

▽見れば見る程僕は感心した。（『ある彫刻家』）

くらい【副助詞】

一、「くらい」の表現について

「くらい」は位で、「帝王の位」など地位やレベルを意味する。つまり、「ばかり」や「ほど」などと違って、どの程度の幅を問題とする意識というよりは、どの程度のレベルにあるかを漠然と指し示す、そのような発想に基づく言い方である。古代語はともかく現代語では、時間幅のような分量を意味する言い方には「ばかり」も「ほど」も使えるが、時刻のような時間の流れの中のある一つの時点には「ばかり」も「ほど」も使えない。が、「くらい」なら「十時ぐらいに帰る」と表現できる。同じ「十時間～かかる」でも、「ばかり」では、不確かな時間幅を漠然と計り予測する意味だし、「ほど」なら時間幅の範囲の上限の近似値として「およそ十時間」と漠然と示す意識となるが、「くらい」に置き換えると、「二時間、三時間、……十時間」と膨らんでいく時間幅の、「十時間」のレベルで線引きをして、それが基準点だと、だいたいのところとして指定する。時刻の「十時ぐらい」も「およそ十時ごろ」と、時点指示の「ころ」と置き換えがきく点から見ても、「ほど」などとは発想に差が見られるのである。

二、文脈の違いから見た「くらい」の用法

1、「くらい」の意味分類

①程度（数量）……数量詞・数量概念の語に付く
「十時間ぐらいかかる」「三割ぐらいが利益だ」
＊「ほど」「ばかり」との置き換えが可。

②程度（範囲）
「少しぐらいの失敗」
＊「ばかり」との置き換えが可。

③程度（日時・順序）……名詞・序数詞等に付く
「十時くらいに帰る」「木曜ぐらいに戻る」

④程度（低い基準）……名詞・指示詞・用言に付く

「そのくらいならできる」「ご飯くらい炊けるよ」

⑤程度（任意の基準）……名詞・指示詞・用言に付く

「私と同年輩ぐらいの年格好」

⑥比較（基準）……名詞・指示詞に付く

「昨年ぐらい早く咲けばいいんだが」

＊「ほど」との置き換えが可。

⑦最高の程度　……名詞・指示詞に付く

「読書くらい楽しいものはない」

＊「ほど」との置き換えが可。

⑧例示による程度の度合い……用言に付く

「憎らしいくらい綺麗だ」

＊「ほど」「ばかり」との置き換えが可。

⑨例示（強調）……用言に付く

「そんな事を言うくらいだから」

＊「ほど」との置き換えが可。

⑩例示（一方を嫌う）

「降参するくらいなら」

2、「くらい」の意味

①程度（数量）

初めに述べたように、数量のおよその基準点を示す。一ないしはゼロからその数量までの全体幅を一つの基準として漠然化させるのが①の「くらい」である。そのため、

▽以前四頭ほど馬を置いた厩舎の空いているのを思い出して、一頭ぐらい置いてもいいんだがと、うっかり口を滑らしたのである。（伊藤整『馬喰の果て』）

▽目のいたいのとかの呟きのうち三つに一つぐらいは私はねむりたいの、と言った。（坂口安吾『白痴』）

▽ひどい人ね。別れてると、まるで知らん顔してて。手紙の一本位寄越したっていいじゃないの！（北原武夫『妻』）

▽その女は内地を偲んで、日本流の端唄の一つ位は口にしたかもわからない（井上友一郎『竹夫人』）

のような最低単位の「一」にも、数量基準として「くらい」は付き得るが、幅が前提となる「ばかり」や「ほど」には置き換えられない。また、

▽十分間ほど前後左右を四五歩ぐらいずつあるきまわっていたが（宇野浩二『枯木のある風景』）

低い単位によって区切っていく「ずつ」が接続する右のような例でも、分量の幅を問題とする「ばかり」や「ほど」は使えない。このことからも、「くらい」が数量に付いたとき、その幅を問題とする発想ではないことが分かるであろう。

▽平瀬までここから三里というが、田舎の三里は四里くらいに見ねばならぬ。（高見順『流木』）

▽鱒なども三尺位のがもとは取れたが（『流木』）

▽蜘蛛の断食期間は、幾日ぐらいだろう。（尾崎一雄『虫のいろいろ』）

②**程度（範囲）**

「少しぐらいの失敗」

はなはだ低い基準点として提示される形式である。範囲の限界の「ほど」とは置き換えられないが、およその範囲を示す「ばかり」となら言いかえが可能である。

▽自分は少しくらい困ってもいいから充分やって貰いたいと云った。（志賀直哉『和解』）

「くらい」が「少し」など僅少さを示す副詞に付くときは、連用修飾の形で「〜ぐらい……ても」「〜ぐらい……からといって」の逆接形を取ることが多い。低い基準を条件として提示するパターンである。

(a)少しぐらい痛くても我慢しろ。

(b)少しばかり貸してくれないか。

「ぐらい」を用いた(a)では、痛さの程度を低いレベルと位置付ける。「ばかり」を用いた(b)では、借金の額ではなく、借金の分量意識において小量だけと規定する。俗語で言えば、(a)は「少々」の意味の「ちょっと」、(b)は「僅か」の意味の「ちょっぴり」。

③**程度（日時・順序）**

▽おれはもんの十七くらいの時まで、もんの顔を見な

い日はなくもんと飯をくわない日がなかった。（室生犀星『あにいもうと』）

▽私は四十位からやっと物になり出したので（武者小路実篤『ある彫刻家』）

▽其時も七部通り描けた十二号位の油絵の仕事を控えている時だった。（志賀直哉『和解』）

▽「少しお熱があるようなの」と母が云った。「何度位ですか」（『和解』）

「十時くらいに帰る」「前から五番目ぐらいの成績」「完成は木曜日ぐらいになる」のように名詞・序数詞等に付いて、その時点や、その序列の位置を漠然と指示する。したがって、時に関する叙述の場合は「十時ごろ」「木曜日ごろ」と接尾辞の「ころ」との言い換えも可能である。

▽爆撃の準備期間の間隔が早くて明日ぐらいであったからで（坂口安吾『白痴』）

しかし、「くらい」③は、あくまで一時点を漠然と指示する働きであって、次のような「ごろ」の例は「くらい」に置き換えることができない。

▽東京都内や近郊は、二十七日から三十一日ごろにかけて開花、見ごろは、四月第一日曜日ごろという。（朝日新聞、昭和四三年三月二二日）

「AからB～」形式の場合、「ごろ」を用いるとB時点のみを漠然化し、「ぐらい」を用いると「A～B」全体の時間帯を一つの基準として漠然化する。ここに「ごろ」と「ぐらい」との機能の違いが見られるのである。また、

▽右の端にもそのつぎ位にひらけたところがある。（阿部知二『地図』）

「前から五番目ぐらいの成績」「その次ぐらいの成績」を「あなたぐらいの成績」と言い換えても、実態としては変わらない。序列の位置で示すか、特定の対象の例示で示すかの差でしかない。③も⑤も基本のところは共通である。

④程度（低い基準）

「そのくらいならできる」「これくらいあれば十分」のような指示詞に接続する言い方では、「ほど」に見る「それほど多くなくてもいい」のような高い基準とは反対に、事態を軽視する過小評価の発想が底にある。なお、連体詞「この、その、あの、どの」には「ほど」は続かず、「くらい」しか接続しない。

▽なあに、この位いの罰ならお安い御用だ。（石川達三『深海魚』）

▽この息子の眼に、役者としての自分がどの位に映るだろう。（久米正雄『虎』）

▽どの位の年月を経たか知らぬ。（長与善郎『地蔵の話』）

連体詞に続く場合は、助詞のような付属語では具合が悪い。「この」「その」に修飾される被修飾語として自立しなければならず、したがって、この場合の「くらい」は自立語、つまり名詞と考える学者もいる。発音も「ぐらい」と濁らず、「このくらい」と清音が正しいとされる。代名詞に続く場合は「これくらい」「これぐらい」両形が見られる。

▽これくらいのことは、もんのことを考えたら我慢していろ。（室生犀星『あにいもうと』）

▽大体費用はこれ位は要ると見積もったが（瀧井孝作『積雪』）

どんなに低く見積もっても「これ位は」の意識である。この低い程度意識が④の特徴である。本来

▽事によったら酒代位には売れねえもんでもねえさ。（『地蔵の話』）

▽捨てるだけの張合いと潔癖ぐらいはあるだろう。（『地蔵の話』）

のように、僅少さや最低の程度を表す場合をいうのであるが、前後の文脈によっては、さらに

▽女が御飯ぐらい炊けなくってと怒っている。（坂口安吾『白痴』）

▽ここの道理が、こんなこと位判んないのかい。（丹羽文雄『鮎』）

のような軽視の気持ちが加わったり、

▽少しは散歩くらいなすっていらっしゃらない？（堀辰雄『風立ちぬ』）

のように、最低の例示を表す場合も起こる。これらはいずれも評価や比較の基準として最低の線を設けて、その基準にすら能力が達しないことや、その最低線を引き合いとして出すといった用法である。この低い例示意識がなければ、単なる例示意識となり、次の⑤に見るように「ほど」との置き換えが可能な文脈となる。

⑤程度（任意の基準）／**⑥比較（基準）**

一般の辞書類では、両形式の違いは、同じ〈基準〉とはいっても、⑤〈程度〉は

▽月あかりでは仔細にたしかめにくいけれどもとしはわたしと同年輩ぐらいであろう（谷崎潤一郎『蘆刈』）

▽この立像はおそろしく頑丈ですこし突いてみたくらいではびくともしないのであった。（井伏鱒二『集金旅行』）

のように、比較の基準がこちら側にあり、その基準から対象の程度を説明するのに対し、⑥〈比較〉形式は

▽幅は揚子江位な海が想像される。（阿部知二『地図』）

のように話材の程度を説明するための便宜上、たとえとして例を引き合いに出すという、比較の基準をあちら側に置く方式を指すのである。意味の面では特に区別する必要も感じられないが、⑤形式では用言に接続する例も見られ、多少の差は感じられる。

▽その画家と同じ大きさぐらいの画布をかけた画架を対立させ（宇野浩二『枯木のある風景』）

などの例では、基準がいずれの側にあるのか一見定かでない。

⑦最高の程度

「読書くらい楽しいものはない」のように「Aくらい〜はない」文型を取って、「Aが最も〜だ」とAを取り立てる。この形式は最高の程度を表す用法ゆえ、評価の基準点を示す「くらい」にも、範囲の限界を示す「ほど」にも当てはまる。

▽男にひどい眼にあわされた思い出くらい厭なものはない。（『集金旅行』）

▽これぐらい張り合いのない馬鹿々々しさもないもので（坂口安吾『白痴』）

⑧例示による程度の度合い

「憎らしいくらい綺麗だ」で代表されるほど、その事態の程度が最高潮であるさまを比喩的に述べる。「ほど」「ばかり」との置き換えも、もちろん可能である。

▽クビの宣告を受けはしないかとビクビクし、月給袋を受け取ると一月延びた命のために呆れるぐらい幸福感を味わうのだが（坂口安吾『白痴』）

▽どうしてです。あれは学校着には惜しい位いい羅紗で出来てるのだから。（野上彌生子『哀しき少年』）

⑨例示（強調）

「そんなことを言うくらいだから」のように、極端な例示によって強調する言い方である。前の⑧が、程度の大きさを、その状態に接したときの主体が受け止める感覚として述べるのに対し、この⑨では、その状況の程度を説明するのにふさわしい例でもって比喩的に提示する。「ほど」との置き換えは可能だが、「ばかり」では言い換えられない。

▽水籠の底に手拭を敷き、その上に小鳥を載せて、火にかざした。手拭が狐色に焦げるくらいだった。（川端康成『禽獣』）

▽空には雲ひとつない位に晴れ切った日だった。（堀辰雄『風立ちぬ』）

▽私はそれら遠い山脈の姿をみんな暗記してしまう位、じっと眼に力を入れて見入っているうちに（『風立ちぬ』）

▽そういう思いがけない位の季節の推移までが
（『風立ちぬ』）

▽誰かに押しつけられる位の腕がなくって、お前どうするんだい？
（広津和郎『訓練されたる人情』）

この例示の強調意識がさらに極端になると、⑩「誰かに押しつけられる位なら」の形で、その極端さを嫌い、他の方策を選ぶ、ないしは「こんな苦労はしないよ」のように現状逃避・諦めの境地へと向かわせる。「〜くらいなら」の形を取る。

⑩例示（一方を嫌う）

「降参するくらいなら、死んだほうがましだ。」のように、極端な例と比較して他方を選ぶ発想である。

▽愛情の差別をつけるくらいならば、なんで動物と暮らそうぞ。
（川端康成『禽獣』）

3、「くらい・ほど・ばかり」の比較

「くらい」①〜⑩の意味・用法と、前に触れた「ほど」①〜⑩、および、重なりは少ないが「ばかり」の意味・用法とを対比すると、次のようになる。

ばかり	①② ⑤ ⑩
ほど	① ②③④⑤⑥⑦⑧⑨
くらい	①②③④⑤⑥⑦⑧⑨⑩

①程度（数量）
「十時間〔ぐらい／ほど／ばかり〕かかる」

⑤程度（任意の基準）
「私と同年輩〔ぐらい／ほど〕の年格好」

⑥比較（基準）
「昨年〔ぐらい／ほど〕早く咲けばいいんだが」

⑦最高の程度
「読書〔くらい／ほど〕楽しいものはない」

⑧例示による程度の度合い
「憎らしい〔くらい／ほど／ばかり〕綺麗だ」

⑨例示（強調）
「そんな事を言う〔くらい／ほど〕だから」

が【格助詞】

付の（主格）

一、「が」

格助詞には「が／の／に／を／と／へ／より／から／まで／で」等があると言われているが、「が」は動作主・状態主を示すか、「〜が欲しい」「〜が〜たい」文型を取って希望の対象となる。「より」は現代語ではもっぱら比較の文型にしか用いられないし、「の」は体言の二者関係という特殊な機能で、他とは別個に扱うべき助詞であろう。

1、ガ文型の種類

（「何がどうする／どんなだ／何だ」文型）

一般に「ガ」文型は、(a)現象文と、(b)転位文とに分けている。それは、

(a)現象文……雨が降っている／お車が参りました／空が真っ暗だ／ほくろがある
(b)転位文……私が社長です／雨が降ってるのだ

であるが、例えば「鍵が掛かっている！」は、内なる己が外なる対象の鍵を見て、それが掛かっていると認識する現象把握の文で、これを**現象文**と呼ぶ。自分が掛けた結果との意識はない。他者によって、もしくは自動的に掛かってしまった現状との認識である。一方、「鍵、掛けた？」の問いに、「ええ、鍵は掛けてあります。」と答えたとすれば、外なる対象を主題として「鍵は…」と取り上げ、それに対する答を内なる己の判断として「掛けてあります。」と説明する。これは己独自の判断による文であるから、**判断文**と呼んでいる。これに対し、掛かっている鍵を見て、「おや、困ったな、掛けてあるぞ！」の独り言に、相手が「え、何が掛けてあるんだ？」と聞いたとする。そこで「鍵が掛けてあるんだ。」のように答えたとすれば、「鍵が」の部分は、既知なる事実「掛けてある」ことに対する解答（内なる判断）ということになり、

▽鍵が掛けてあるんだ。（↑掛けてあるのは鍵だ。）

のように、先の判断文を逆転した形となる。これを転位文と呼んでいる。

2、「～が」の現象文の発想と使用語彙との関係

次に掲げる「が」主語の文はみな現象文である。

▽雨はふるふる、城が島の磯に、利休鼠の雨がふる。

（北原白秋「城ケ島の雨」）

▽雨がふります　雨がふる　遊びにゆきたし　傘はなし　紅緒の木履《かっこ》も緒が切れた。

（北原白秋「雨」）

▽水引草に風が立ち／草ひばりのうたひやまない

（立原道造「のちのおもひに」）

▽おお寒、小寒。山から小僧が泣いてきた。何と言って泣いてきた。寒いと言って泣いてきた。（俚謡）

▽沖の暗いに白帆が見える　あれは紀の国　蜜柑船

（蜜柑取唄）

外なる事象・事態を内なる己がそれと認識するのであるから、「何ガ」の主語に立つ語は客体化された他者・事物の名詞でなければならない。

▽日が出ている。／ほら、ちんどん屋が行く。

己自身を客体化して、あたかも他者のように認識することは自然でないため、「私」を主語とする現象文は作りにくく、また、たとえ「私が」の文が作れたとしても、どうしても転位の判断文となってしまう。「私が（表に）出ている」とか「私が通る」は表現として成り立たないし、「私が行く。」は「誰が行く？」「私が行く。」と「私が」が解答部分となる転位の判断文となってしまう。が、三人称「子供が（通りに）出ている」「子供が通る」なら現象文として可能である。

▽雀の子そこのけそこのけ御馬が通る　（小林一茶）

内なる己の目で外の事象を認識し、そのまま表すこの現象文があればこそ、日本語はいちいち主語に「私は」を立てない。「雨が降ってきた。」「時間がない。」と、外の事象は外の事象として把握したままを言葉に移す。人間が不在なのではなく、己を客体化して対象に据えない、それを見つめる己自身が表現の背後にいるのである。他者の状態を述べる場合でも、動作主や状態主には「彼は〜」「あの方は〜」と必要があれば付け加えるが、文脈や場面から想定が可能な場合は特に「誰それは」と断ることなく、その人物における状況を傍観者として、現象把握の「〜が何々だ」形式で表現する（この点に関しては係助詞「は」の「AハBが何だ」の項［一六八頁］を参照されたい）。他者の状態でも、その人物の上に生じた現象として「〜が」文型で述べるのである。慣用句に例が多い（社会の状況についても同様に「が」の現象文で叙述する）。

意気地がないなあ／押しが利く／押しが太い／お里が知れる／顔が広い／気が強い／肝が座っている／機嫌が悪い／切りがない／口がうまい／口が軽い／口が減らない／雲行きが怪しい／軍配が上がる／桁が違う／毛並みが良い／けりが付く／腰が低い／敷居が高い／頭《ず》が高い／精が出る／世話が焼ける／面《つら》の皮が厚い／手が込んでいる／名が売れる／睨みが利く／抜け目がない／能がない／旗色が悪い／話に花が咲く／矛先が鈍る／水が開く／虫がいい／虫の居所が悪い／目が利く／目先が利く／芽が出ない／メッキが剝げる／焼きが回る／屋台骨が傾く／わさびが効く／割りが合う

己自身のことであっても、精神や肉体上に生起した現象なら、自身の心がそれを感受して、そのまま言葉に載せるのであるから、十分に現象文として成立する。自身に関する慣用句から、いくつか例を拾ってみよう。

足が棒になる／頭が痛い／息が切れる／腕が鳴る／肩が軽くなる／肩身が狭い／合点が行く／体が続かない／気が散る／気が引ける／気骨が折れる／つい口が滑る／首が回らない／心が動く／血が騒ぐ／手が付けられない／手が回らない／取り返しが付かない／私には荷が重い／二の句が継げない／歯が立たない／ばつが悪い／腹が立つ／はらわたが煮え繰り返る／懐が温かい／骨が折れるなあ／間が悪い／身が持たないよ／身震いがする／耳が痛い／虫酸が走る／胸が潰れる／目

が覚める／溜飲が下がる／訳が分からない

おのが目や心に映った状況をそのまま受け止めて言葉に表すのであるから、自身は表現の背後に位置して、言葉の中には登場しない。己を客体化しないのである。「頭が痛い」と言えば当人自身のことに決まっている。英語ではどうか。

▽ボタンがとれちゃった。→I've lost a button.

英語では、いちいち「I've」と己を対象化して文中に立て、外の客観的事態として頭脳的に叙述するが、日本語は現象文で外の事象をハートで素直に受け止めればよい。

次に、状態性の形容詞表現の場合は、感情感覚主体の己を表に意識しないから、「手が冷たーい。」「鞄が重いなあ。」と己の認識として表現できる。己を対象化してしまうと「私は手が冷たい。」「私は鞄が重たい。」と、判断文になってしまう。ただし、このような己を対象化する言い方は、〝他の人はともかく、この私は……〟といった対比強調の場合に限られる。そして、「あなたはどうか知らないが、この私は手が冷たいのです。」と、転位の文になってしまう。だいたい判断文でも、日本語では己を客体化して「私は」「我々は」とは普通言わない。言ったとすれば対比強調となってしまう。現象文の場合と同じで、己を客体化する必要がないのである。英語ではどうか。

▽ここはどこ？→Where are we now?

外なる場面「ここ」を題目として立て、それがいずれの場所なのか見当が付かない。そこで、出せない解答に代わって「どこか？」と質問の形で相手に投げ掛ける。

一方、英語では“～ are we”と己を対象化して、その現在位置を存在の有り様として頭脳的に考えようとする。あくまで傍観者の視点である。日本語はどうか？たとえ判断文であっても、外なる事象・事物や場面への認識に対して、それが何であるか、どこであるか。〝そうだ！　ここは東京駅だ。〟と己の判断を下すだけで、主体者の視点から逃れられないのである。

名詞述語の文は、「～何だ。」の部分が名詞ゆえ客体化された事物となり、主語に当たる事物との関係判断に転ばざるをえない。そのため「何ハ」の判断文となってしまい、たとえ「ここが東京駅だ。」のように「～ガ」形を取っても、判断に基づく転位の文となるのが自然で、現象文のような話者（内なる己）の主観的認識とはなりにくい。ただし、名詞でも「桜が五分咲きだ！」「桜が満開だ！」など、動詞的意味なら、現象文となる。

3、「～が」の転位文とその使用語彙について

もしこれを転位文に変えたらどうか。「芸が身を助ける」と言えば、「いよいよというとき、身を助けるのは何だろう？　何が身を助けるか？／芸が身を助ける」なのである。解答として文頭に「芸が」と述べ、その部分に強調意識が込められる。述語の〝問い掛け〟に対する答の名詞群がガ格に立ち得るというわけである。

▽札は有るが、小銭が無いのです。

「札はあるが」の逆接条件から、「では、無いものは？」という共通予想に対し、それに当たる解答として「小銭が」と答える。ガ格の前に立つ名詞に何が立つかが選択肢として選定されるのである。「札／小銭」のような二者択一の対義関係のほか、「札は有るが（小銭が／紙入れが／領収書が／カードが／……が）ない。」と、範列的関係としてさまざまな外なる対象が予想され、そこから選択判断が下されるのである。判断の不可能な場合には、疑問の問い掛けがなされ、「何が無いのです？」「どれが私のだ？」とガ格に不定疑問詞が入る。「何ガ～」の転位文型は「何、誰、どれ、どこ、いつ」などの疑問詞は、必ず「ガ」の前に来る。「財布がどこですか？」のような言い方はできない。

「AハBです。」の判断文ならどうだろうか。主題に対する解答の選択肢は述語「B」の側に来るから、判断の下せぬ例ではBに疑問詞が立つことになる。「財布はどこ？」「私のはどれですか？」と述語に現れる。「どれは～」のような言い方はできない。

（○）これが私のだ／あれが私のだ／どれが私のだ？

（×）私のがこれだ／私のがあれだ／私のがどれだ

慣用として用いられる言い回しは、疑問文ではないため、上記のルールに外れる例が見られる。表面的に「～ガ疑問詞」となっている例を掲げておこう。

「それが何よ！」「～が何かは承知している。」「あの人が誰かわからない。」「～がどんな意味を持つかは心得ているつもりだ。」「それがいつかは誰にもわからない。」「誰が何と言おうと～」「何が何でもやり抜くぞ！」

❖主述に立つ名詞の意味関係と転位文の種類

（文中に立つ「社長」と「私」の位置）

(a)社長は私です。→私が社長です。

(b)私は社長です。→社長が私です。

(a)は「誰が社長ですか？→私が社長です」の問答として成り立つが、(b)「何が私ですか？→社長が私です」という問答はまず成立しない。(b)を談話の中で成立させるには、「課長が田中氏で、部長が加藤氏で、社長が私です」のように対比の判断文となる談話文脈が必要である。(a)(b)共に転位文と言っても、談話での使用場面が異なる。

4、主格以外を表す「が」

いわゆる対象語といわれる「何が」で、「何を」に近い意味で用いられる。主な用例として、「～が～たい」「～が欲しい」「～が好きだ」「～が嫌いだ」「～が気に入る」「～が分かる」「～ができる」（可能の意）、「～が～られる」（可能の意）等が見られるが、「たい」と「欲しい」については希望の助動詞のところで触れたので（七七頁）、そちらに譲る。ここでは「好きだ」以下について一渡り見ていこう。

「野球が好きだ／嫌いだ」「当地でもうまい魚が食べられます」「この家がとても気に入った」「あの外国人は日本語が分かるようだ」「彼女は中国語ができる」

のように、これらの言い方は述部の事柄の対象として「何が」と格助詞「が」を受けて、それに対して主体がどのようであるかを叙述する。しかし、時に「が」の代わりに「を」を取る例が見られる。

▽英子はその地方都市で小さな料理屋をしていた。村川が英子を　好きになって、宴会の流れには必ずその店に寄った。　（松本清張『駆ける男』）

▽ハリーの話をもっと聞かせてくれないか。きみはハリーを　好きだったんじゃないのか。　（結城昌治『凍った時間』）

▽その上遠山家の間取りや、家族構成を熟知しており、被害者を　好きでつけまわしていたこともわかったので、犯行は可能だということになった。　（山村美紗『殺意のまつり』）

▽祖母は母同様父を　好きではなかった。　（冨家素子『母・円地文子』）

▽谷崎さんは母の脚色を　気に入ってくださり、以後お亡くなりになるまで親しくさせて頂いたのは母にとってとってとっても幸せだった。　（冨家素子『母・円地文子』）

▽加川夫妻は津也子を　気に入っていた。　（三浦綾子『片隅のいのち』）

▽本当は麗子も母親に負けない程用心深いのだが、やさしくしてくれる早乙女を　気に入っているので、そう言った。　（萩原葉子『蕁麻の家』）

▽内弁慶で学校にいる時は一言も口を　利けない私は、三好さんから水色の雨合羽を受け取ると〝ありがとう〟とも言えなかった。　（萩原葉子『天上の花』）

▽ギターの方は先生について習おうとしたら、マンドリンをそれだけできるならおことわりするといわれたそうで、しかたなく独学でやったらしい。　（萩原葉子『父・萩原朔太郎』）

▽そういったものを注文されるのを非常にきらうということはまた書くにも全力投球でいいかげんなことを　できない。　（斎藤茂太・北杜夫『この父にして』）

これらの例は、いずれも規範的な「〜が」形式のほうが好ましい。「を」「が」どちらを用いても特に全体の意味に差が生じないからである。

❖「〜が〜てある」文型と「〜を〜てある」文型

「〜が〜てある」文型は、「が」の現象文で、

▽「おや、鍵が掛けてあるぞ」「卓上には家族の写真

が飾ってある」「ここのお宅はいつ来ても窓が開けてある」「庭先には盆栽の鉢が並べてある」

のように、他者によってなされた現状に接して受け止める話者のその折の理解内容、ないしはそれを知らせる説明文である。「〜を〜てある」のほうはどうか。

「空き巣に入られないよう二重に鍵を掛けてあるんだ」「涼しい風が入るよう、夏はいつも窓を開けてあるのです」「凍らないように、ちょろちょろ水を出してある」

当人がある目的のため、前もってそのような状態にしておく意識の時、「〜を〜てある」文型が現れる。したがって「あるんだ」「あるのです」のような理由説明の言い方がしばしば現れる。これは、主体Aを立てて「AはBを〜してある（のだ）」とAの意志によってBをそのような状態に意図的に作り上げるという、判断文である。それに対し、先の格助詞「が」による「Bが〜てある」文型は、話者が見て取った外の世界の事柄Bについて述べる現象文である。動作主「A」を設定して、客体的なAの行為として叙述する「Aは〜」の発想とは程遠い。たった「が」と「を」の違いでしかないようだが、発想そのものには大きな相違がある。

▽その左手の林の中に少し入ると、清水がこんこんと湧き出ていて、その水を三方へ流れるよう水路を導いてある。（小谷ハルノ『父・悟堂』）

▽其の後新築の出来た父の書斎には活発な父の写真を掲げてある。（有島行光『父の書斎』）

▽それに山石をいくつか据えて、下草に蕙の株や野菊の紫を植えてあった。（島崎蓊助『父藤村と私たち』）

▽ちゃぶ台の上には、私がお湯へ入る前には見なかった青硝子の花瓶が置かれ、一茎のコタツバナを活けてあった。（井伏鱒二『コタツ花』）

二、主格を表す「の」

主格の「が」は時に「の」に置き変わることがある。最も知られている例は、「〜ガ述語」全体がそのまま修飾語となって体言に係る場合である。

▽鬼の居ぬ間に洗濯じゃぶじゃぶ。

▽鬼さんこちら。手の鳴るほうへ。

▽とにかく僕の来たことは分っているんでしょう。逃げかくれも出来んさ。（川端康成『千羽鶴』）

▽鐘の鳴る丘／日の当たる場所／血のにじむ思い／血の通った付き合い／腹の座った男／手のこんだ犯罪／耳の痛い話／訳の分からぬ話／火の恋しい季節／金のなる木／耳の聞こえぬふりをする

ことわざ類にも次のような例が見られる。

▽亭主の好きな赤烏帽子／下戸の建てた蔵はない／鼬《いたち》の無き間の貂《てん》誇り／芋の煮えたも御存じない／色の白いは七難隠す／魚の木に登る如し／人の将に死せんとするその言や善し／火の無い所に煙は立たぬ

▽気の変る人に仕へてつくづくとわが世がいやになりにけるかな（石川啄木）

▽まだあげ初《そ》めし前髪の／林檎のもとに見えしとき／前にさしたる花櫛の／花ある君と思ひけり（島崎藤村「初恋」）

▽あかい夕日のてる坂で／われと泣くよならっぱぶし……（北原白秋「みなし児」）

その他、以下のような場合も「の」に変わる傾向が強い。多くは複文の中で現れる。

▽まれにあるこの平らなる心には時計の鳴るもおもしろく聴く（石川啄木）

▽遠方に電話の鈴の鳴るごとく今日も耳鳴るかなしき日かな（石川啄木）

▽よく笑ふ若き男の死にたらば　すこしはこの世のさびしくもなれ（石川啄木）

▽しづかにきたる秋風の／西の海より吹き起り／舞ひたちさわぐ白雲の／飛びて行くへも見ゆるかな（島崎藤村「秋風の歌」）

▽ここに道路の新開せるは／直として市街に通ずるならん。（萩原朔太郎「小出新道」）

の【格助詞】

一、連体修飾形式としての「の」

1、「AのB」形式について

断定の助動詞「だ」の項で「自由の女神」と「自由な女神」の違いについて触れたが（一四九頁）、「自由」を名詞として用いると、「な」ではなく「の」で連体修飾を行ない、〝自由な状態にある〟ではなく〝自由を表す〟と句の意味までもが変わることを説いた。同じように「静かな海」に対して、月面にある「静かの海」は、「静か」が形容動詞の語幹で名詞相当と考えられるから、〝「静か」という名の海〟の意味と解せる。相撲の力士のしこ名、例えば「北の湖、千代の富士、貴乃花」なども同様の発想である。このように格助詞「の」はいろいろな語や語相当のものに付いて、事物の名称や状況・属性などさまざまな意味を作り出す。その接続する品詞にも制約があり、全体の意味もいろいろと分かれるのである。

2、接続から見た「AのB」

格助詞「の」は、さまざまな語に付いて連体修飾語として機能する。その接続関係を品詞の種類から分類すると、次のようになる。

(a)体言＋の……梅の花、私の写真、月の砂漠、川の流れ

(b)体言以外の語＋の……普通の花、暫くの辛抱、貧困のための長欠、よほどの苦労、当たり前のこと、赤の他人、ずぶの素人、久しぶりの天気、にわかの出来事、例の件、大の男、当の本人

(c)体言＋助詞＋の……十本ほどの花、大学への道、国からの手紙、それだけのこと

(d)用言＋助詞＋の……見てからの話、完成するまでの苦心

(e)連体詞……………どの花、あの星

＊(e)は、修飾機能オンリーの品詞である連体詞の中で働く「の」である。

3、意味から見た「AのB」形式

例えば「月の砂漠」と聞いたとき、〝月面に存在する砂漠〟のことか〝月の見える砂漠〟を指すのか、定かではない。童謡「月の沙漠」（加藤まさを作詞）は後者であるが、「AのB」形式は全体の意味するところが多様で、AとBの意味関係は、AとBとの意味からだけでは判断のつきにくい場合も多い。次に掲げる分類表の「漱石の本」なども、〝漱石所有の本〟(a)とも〝漱石執筆の本〟(f)とも、また〝漱石につい書かれた本〟(b)とも取れるし、同様に「父の心配」は、〝父が抱く心配〟(a)とも、「父の心配ばかりしていられない」のように〝父に対する心配〟(b)とも解釈できる。

❖意味関係からの分類

(1)様態修飾の関係

(a)所有主　私の物、僕の妹、弟の名前、父の財産、私の故郷、漱石の本、父の心配

(b)対象　山の知識

(c)成因　火事の後始末、事故の後遺症

(d)所属・分担　国民の義務、私の番、誰の鬼?、男の意地、女の魅力

(e)所在（ニアル）　銀座の柳、アフリカのライオン、自動車の窓、砂上の楼閣、風前の灯
（この二例、隠喩）

(f)主体（ニオケル）　東京の下町、世界の人口、川の流れ、台風の進路、兎のダンス、鯉の滝登り
（ヲカタドル）　パンダの縫いぐるみ、野口英世の千円札、陛下の御真影

(g)所在の時　正午の時報、除夜の鐘、三時のおやつ

(h)数値　五円の切手、八メートルの深さ、時速六十キロのスピード

(i)順序　二番目の兄、日本第一の名所、最初の試練、最後の審判

(j)数量　三匹の子豚、一杯のコーヒー、五本の

指に入る

(k)目的（タメノ）　帰りの切符、迎えの車、自動車のエンジン

(l)名称（トイウ）　日本の国、東京の町

(m)同格（デアル、断定）　弟の次郎、蜜柑のおいしいの、将軍の徳川家光、俳優の森繁（森繁＝俳優で、A＝Bの関係）

(n)形成物・材料　鉄の扉、ゴミの山、金の延べ棒、絹の糸、ガラスの靴

(o)性質・属性　紫の房、極細の繊維（この意味関係はさらに「赤い房」「細い繊維」など形容詞修飾語へ進む）

(p)属性主　次郎の弱虫!、オズの魔法使い、渥美清の寅さん、石川五衛門の大泥棒、太郎の一日駅長、誰の鬼

＊BはAの一側面、「弱虫!」は「次郎」が呈する属性のある部分で、話者が主観的にとらえたもの。「一日駅長」は「太郎」の演ずる姿。職業ではなくBはAの臨時的な側面である。A＝Bではない。

(2)文法的修飾の関係

(q)人指示　紅茶の人（紅茶を注文した人）、ご入り用の方

(r)時・所指示　食事の前、仕事の合間、駅の向こう、箱の中、草の上、玄関の右

(s)事指示　仕事のこととなると目の色が変わる。彼女のことが気になる。商売のことに口を出すな。

＊(q)「人指示」は、AがBの様態でなく、他に対するBの働き掛け。「ご入り用の方」は、入り用とされている人物ではなく、何かを入り用としている人物。

(3)感覚修飾の関係

(t)様態・程度　鉄の守り、花の生涯、象牙の塔、日の出の勢い、牛の歩み、露の命

＊例えば「鉄のような」といった例示。(t)は「花の生涯→花のような生涯」と比況「ような」の挿入が可能。これがさらに「鏡のような心境」「猫の額ほどの土地」のような直喩へと進む。

❖「AのB」連体修飾の分類

(1)様態修飾の関係 ┬ (a)〜(o)（説明的修飾形式）
　　　　　　　　　└ (p)（説明付加形式）
(2)文法的修飾の関係…(q)〜(s)（　同右　）
(3)感覚修飾の関係……(t)（印象的修飾形式）

4、「AのB」文型についての追加説明

(1)「AのB」を「BのA」と入れ替えの可能な例。一方が動作性の名詞なら、

▽魚釣りの名人／名人の魚釣り

と意味に大差はないが、現代語では「AのB」のほうが一般的な言い方である。

(2)A・Bとも名詞的意味ならば、

▽魔法使いのオズ／オズの魔法使い

のように「(m)同格／(p)属性主」の場合に、(p)を(m)と入れ替えることが可能。しかし、両者の発想には違いがある。

(3)A・Bの意味関係において、どちらか一方が漢語である場合、漢語であるため、名詞ではあるが意味的には動作性となる例では、二種の意味関係が認められる。

5、漢語の意味関係

(1)Bが動作性の漢語の場合

主体……彼の活躍、苦しみの連続（AノBスルコト）
対象……違反者の取締、反逆者の追放（AニタイシテBスルコト。「の」の省略可）

(2)Aが動作性の漢語

主体……警備の人々、賛成の方（AスルB）
対象……奴隷解放の宣言、社会保障の制度（AニツイテBスルコト／Aニ関スルB。「の」の省略可）

Bが動作性の場合、意味的に自動性ならAは主体。他動性なら対象か主体かは文脈によって定まる。A・Bどちらが動作性でも、対象の場合は「の」を省略して複合漢語となすことが可能である。動作性でない漢語では、

次のような指示の例も見られる。
指示する語に付いて……以上の諸説、目下のところ

二、連体修飾の拡大

「AのB」方式の連体修飾は、「AのBのCの……」といくらでも拡大が可能な形式である。そのため、

▽村の 外れの 家の 野菜畑の 大根

では、村の外れにあるのは我が家の野菜畑か、我が家が村の外れにあるのか、はっきりしない。あいまい文を作る原因となるので注意が肝要だ。文学作品には、この手の修飾を重ねる手法の短歌や俳句がしばしば見られる。

▽ゆく秋の大和の国の薬師寺の塔の上なる一ひらの雲　（佐佐木信綱）

▽ふるさとの寺の畔のひばの木のいただきに来て啼き し閑古鳥　（石川啄木）

▽かの船のかの航海の船客の一人にありき死にかねたるは　（石川啄木）

▽大形の被布の模様の赤き花　今も目に見ゆ　六歳《むつ》の日の恋　（石川啄木）

▽梅若菜鞠子の宿のとろゝ汁　（松尾芭蕉）

▽この庭の遅日の石のいつまでも　（高浜虚子）

▽水仙の花のうしろの蕾かな　（星野立子）

最初と最後の作品を解釈してみよう。

▽ゆく秋の（所在の時）大和の（名称、トイウ）国の（所在、ニアル）薬師寺の（所有主）塔の（所指示）上なる一ひらの雲

▽水仙の（所有主）花の（所指示）うしろの（所在、ニアル）蕾かな

時や大きな総主体にまず視点を置いて、次に次第に焦点を絞っていき、最後に目指す対象に行き着く。連体修飾には、このような話題とする対象に対して、その背景説明のために、置かれた状況や対象が持つ属性などを、話者の目で限定していく作用があるのである。

三、助詞「の」の助けによる句形式の連体修飾

名詞に直接せず、種々の語や句・文を受ける場合に、「の」を介して全体で連体修飾句となる例も見られる。

(a)文＋との

……すぐ帰れとの伝言／すまないとの返事

(b)体言＋ほど、くらい＋の

……象ほどの大きさ／お前くらいの背丈

(c)体言＋ばかり、だけ＋の

……牡丹ばかりの庭園／パンだけの生活

(d)用言＋ほど、くらい、ばかり、だけ＋の

……死ぬほどの苦しみ／雲衝くばかりの大男／相手を許すだけの度量

四、連体詞、および連体詞的な修飾用法

「の」を含めた全体が一語相当の句ないしは連体詞となる例も見られる。修飾の有り様から二種に分ける。

(1)誘導修飾（AがBを誘導する）

(a)コソアド＋「の」

……この家、その手紙、あの時、どの学校、かの山かの川、わが国

(2)様態修飾（AがBの様態を限定する）

(b)形容動詞語幹＋「の」

……久しぶりの会合、当たり前のこと、本当のこと、不似合いの身なり、格別の取り計らい、懇意の間柄、当然の行為

(c)その他の例

①ずぶの素人、赤の他人、にわかのでき事、ほんの五分間

②件の品物、無二の親友、例の物あるかい、当の本人が来ていない、大の男が遊んで

五、「AのB」形式の隠喩および慣用的な句の例

「何の何」の形で、全体がある事物や事態を比喩的に表現する慣用化された句を次に掲げる。

馬の骨／市井の徒／糟糠の妻／名無しの権兵衛／蚤の夫婦／白衣《びゃくえ》の天使／目の上の瘤／闇夜の灯火／梁上の君子

心

興奮の坩堝／心の闇／ごまめの歯軋り／真如の月／青雲の志／先見の明／断腸の思い／血の気／血の涙／血の巡り／手の内／「忍」の一字／匹夫の勇／髀《ひ》肉の嘆／貧者の一灯／風雲の志／風樹の嘆／武士の情／平気の平左／目の敵／目の薬／目の毒／やけのやんぱち

行為

阿吽《あうん》の呼吸／机上の空論／紙上の空論／苦肉の策／犬馬の労／千慮の一失／盾の半面／盾の両面／伝家の宝刀／二足の草鞋《わらじ》／背水の陣／馬鹿の一つ覚え／矢の催促／六十の手習い

人間の状態

赤の他人／うどの大木／鴛鴦《えんおう》の契《ちぎ》り／縁の下の力持ち／同じ穴の貉《むじな》／金時の火事見舞い／犬猿の仲／獅子身中の虫／井底の蛙／他人の空似／玉の汗／竹馬の友／露の命／時の氏神／屠所の羊／団栗の背比べ／呑舟の魚／一つ穴の貉／まないたの鯉／虫の息／雪の肌／連理の枝

人間の行為の状態

一炊の夢／牛の歩み／河童の川流れ／烏の行水／邯《かん》鄲《たん》の夢／騎虎の勢い／漁夫の利／怪我の功名／鯉の滝登り／ざるの目／順風満帆の勢い／千慮の一失／高見の見物／宝の持ち腐れ／脱兎の勢い／底辺の生活／鉄砲玉の使い／成れの果て／盗人の昼寝／嚢中の錐／貧者の一灯／刎頸《ふんけい》の交わり／ボタンの掛け違い／水の泡／飯の食い上げ／夜の鉄砲

事柄の状態

挙げ句の果て／後の祭り／一服の清涼剤／雨後の筍／運の尽き／河童の屁／干天の慈雨／騎虎の勢い／九牛の一毛／旭日昇天の勢い／漁夫の利／愚の骨頂／車の両輪／前門の虎、後門の狼／砂上の楼閣／三度目の正直／獅子身中の虫／雀の涙／青天の霹靂《へきれき》／対岸の火事／高嶺の花／玉の輿／掌《たなごころ》の内／泥中の蓮／時の運／梨の礫《つぶて》／錦の御旗／猫の目／背水の陣／破竹の勢い／針の筵《むしろ》／日の出の勢い／氷山の一角／風前の塵／風前の灯／屁の河童／骨抜きの料理／

元の木阿弥／もぬけの殻／両刃の剣／闇夜の礫《つぶて》

事柄

狐の嫁入り／後車の戒め／紺屋のあさって／酒の肴／刺身の妻／春秋の筆法／宝の持ち腐れ／他山の石／血の雨／長蛇の列／秘中の秘／火の車

物

三尺の秋水／袖の下／虎の子の財布／天の美禄／波の花／鰻の寝床

所

仮の宿り／草葉の陰／修羅の巷《ちまた》／千軍万馬の間／象牙の塔／奈落の底／埴生の宿／目と鼻の間／目と鼻の先

時

後の祭り／季節の足音／六日の菖蒲／夜の帳《とばり》

言語

言葉の綾／三寸の舌／春秋の筆法／頂門の一針／鶴の一声／唐人の寝言

量

暁天の星／九牛の一毛／雀の涙／玉の汗／長蛇の列／猫の額

の【準体助詞】

付　こと（形式名詞）

一、準体助詞とは

ことわざに「遠くて近きは男女の仲」というのがある。これを現代の話し言葉に直すと「遠いようで案外と近いのは男女の間柄である」となろう。ことわざは昔の文語の名残で、「近きは」のように、「は」が形容詞に直接結び付いているが、口語なら「近いのは」と「の」を介さなければ活用語には続かない。「色の白いは七難隠す」も同様。「色の白いのは」と言わなければならない。「の」を付けることによって、形容詞の「白い」という状態叙述が〝白いことが〟の意味の事柄的性質に変わるのである。用言的描写に体言的性質を与えると言い換えてもよい。右の例では「色の白いことは」のコト性が加えられたのであるが、例えば、

▽宮さん宮さん　お馬の前に　ひらひらするのは何じゃいな　（品川弥二郎「トコトンヤレ節」）

では、「ひらひらする物は」のモノ性となる。「ことは」といい「ものは」といい、準体助詞「の」は形式名詞「こと」「もの」と相通ずるものがある。ではすべての場合、相互の言い換えが可能かというと、そうとも限らない。

二、準体助詞「の」と形式名詞との差異

1、「の」と「こと・もの」の機能差

形式名詞「こと」も、「世の中のためになることに気が付いた」では、「ためになることをしたい」のような〝ためになる何か〟といった〝事柄〟を意味するのではなく、〝ためになるという事実〟を指している。つまり、ためになるという用言的な状況描写ではなく、そのような状態や機能を有しているという〝実情〟に気付いたわけで、明らかに体言的な概念に変わっている。その点では「の」の働きと共通している。そのため、学者によっては、「の」も「こと」と同様に形式名詞として扱うべきと考える者もいる。事実「こと」と置き換えられる「の」も多い。

▽静かなのが取り柄／静かなことが取り柄
▽暖簾の古いのが自慢／暖簾の古いことが自慢
▽右上手を許さなかったのが勝因／右上手を許さなかったことが勝因
▽病気を治すのが先決／病気を治すことが先決

しかし、何でも置き換えられるとは言えない。両者には意味と機能の点で相違があるからである。例えば「大きいことはいいことだ。」というとき、「大きいこと」は〝大きいという事実〟を指し、形容詞を体言化する。「いいことだ」は〝いい事態だ〟に当たるから、形式名詞の用法となる。どちらも「の」に変えて「大きいのはいいのだ」とするわけにはいかない。「大きいの」とすると、具体的・個別的な物や人を表してしまう。「その大きいのが千円です」のように。

▽インド象には大きいのがいるよ／苺の中に腐ったのが交じっていました／古いのを先に食べよう／このチームにはなかなか優れたのが居るな！
▽近所に馬事公苑があって、そこに集る鳥のうち、多少毛色の変ったのが、時に気晴しにやって来ることもあるらしい。（井上靖『セキセイインコ』）
▽せわしい今日の状況にピッタリ即応しているのが長崎勉だ。（大西赤人『永遠の相の下に』）

また、「いいことだ」を「いいのだ」と言い換えると、〝好ましい事態だ〟の意味から、ただ「いい」を強調する言い方に転じてしまう。「お父さんがいいと言えば、いいのです」のように。先行叙述に名詞的資格を与えるといっても、その内容はかなり異なる。「の」「こと」の言い換えの可否をもとに検討してみよう。

2、「の」と「こと」との置き換えの可否

(1)「こと」「もの」に置き換えられない「の」
①名詞に付いた「の」は置き換えが不可。「……の物」に相当する。
▽君の辞書はどこのだ？　ぼくのは東京堂のだ。
▽僕のは安物だよ。
▽図書館のだから、返さなければならない。
②「わけ」「とき」等、確述意識から用いられる「の」
▽こういう発言が近いなと思ったのは、卒業式も迫った日のことです。
▽こんな手紙が中学の友達からきたのは、まだ秋口のころだった。（中村光夫『犬吠埼』）
▽吉川きよ子の名が出たのは、昨年の秋、良助がやはり出張で上京し、二人で飲んだ夜であった。（平岩弓枝『二十八年』）
(2)「こと」「もの」に置き換えのできる「の」
指示連体詞等に付く場合。実質名詞相当の指示内容が「～の」に含まれる。
▽こんなのが欲しい。あんなのが有ればいいなあ。
▽そういうのは私の趣味に合いません。
▽民主主義というのは戦後アメリカから入ってきた思想だ。

▽生き甲斐というのはいったい何をいうのでしょうか？

(3)「こと」に置き換えのできる「の」

用言ないしは断定的な叙述を受けて、体言的資格を与える。

▽一体なにしに来たんだという顔をして、和一が家の中から出てきたのは意外だった。（小川国夫『海鵜』）

▽それをテレビ映画に変えるのも不可能ではない。

▽それを黙ってやっているのが私の生き甲斐です。

▽そうした時には、静かに部屋にあって読書するのもいいし、庭に出て植物を愛するのもいい。

▽自分が負けたのがよほど悔しかったのだろう。

▽相手が家元であるのを、敏感に感じ取ったのに違いない。

(4)「の」を「こと」と言い換えられるが、文意が異なる場合。(a)は形式名詞「こと」が〝そういう事実〟の意味を表す。(b)も抽象的で〝そういう行為〟を、(c)は具体的な〝その行為の結果の物〟を指す。

(a)私が買って来たことを誰に聞いたのですか？

(b)私が買って来たのを誰に聞いたのですか？

(c)私が買って来たのは机の上に置いてあります。

(a)私が話したことを知っていますか。

(b)私が話したのを知っていますか。

(a)私が借りたことはありません。

(c)私が借りたのはありません。

(5)「の」に置き換えられない「こと」

▽再びセキセイインコの姿を眼に入れることはできなかった。（井上靖『セキセイインコ』）

▽神父と道のまん中に坐って西瓜を食べようとしたこともあった。（島尾敏雄『幼女』）

▽こういう年は桃の節句あたりから、続けさまに降ることがあるものだと、（永井龍男『出口入口』）

▽以前に較べて私の生涯に何らの大きな変化をもたらすようなことはなかった。（安岡章太郎『犬の年齢』）

▽私は男の言ったことに驚いていました。

（吉田知子『少女』）

▽それは母親自身が私の妻にうちあけ話をしたことだ。

（島尾敏雄『幼女』）

三、文型から見た準体助詞の用法

(1)先行する語に体言の資格を与える

▽人に見られるのが恥ずかしい。

▽雨の止むのを待って出掛けた。

▽怒りっぽいのが玉に瑕だ。

▽古い日記を見るのは楽しみですわ。何でも隠さずその通りに書いてあるから、ひとりで読んでいても恥かしいわ。

（川端康成『雪国』）

▽波夫は津也子の車が出て行くのを見て、地団駄踏んで泣いた。

（三浦綾子『片隅のいのち』）

▽休日は、家にいて、じっとしているのが、いちばんいいと、そんな弱気になっていた。

（戸板康二『社長の体験』）

同格の「の」と併用して、「AのBの」の文型を作る例がある。「蜜柑の甘いのが食べたい」と言うとき、「蜜柑の」の「の」は同格の格助詞、「甘いの」がここで問題とする準体助詞である。名詞の場合は「弟の次郎が来ました」ですむが、用言や副詞では「甘いのが」「おいしいのを」「ゆっくりなのが」のように「の」の助けを借りなければ「が食べたい」のように「が」や「を」で受け止めることができない。

(2)叙述を並列するときに用いる

▽貸したの借りないのと言い合っても埒があかない。

▽バレーだのピアノだのと、お稽古で忙しい。

(3)文末・句末の断定の助動詞の前に位置して、叙述を強調する。「だ」「です」が続くとき「ん」に音変化することも多い。ぞんざいな言い方となる。

▽忘れずに投函するのだぞ。

▽これでいいのですね。

▽毎日適度に運動しているから健康なのです。

▽菊治は少し上っていたらしい。きものの花やかな色彩が目にあふれて、はじめ一人一人の見分けはつかなかったのだ。

（川端康成『千羽鶴』）

▽君のそうやって泣くのだって、南条のせいなんだよ。
（川端康成『花のワルツ』）

▽酒だばなんぼでも飲ませるぞ。おやじが酒飲みだったから、うちは理解があるんだ。
（阿部牧郎『二十年目の偽証』）

⑷文末・句末の疑問の助詞「か」の前に位置して、確述意識を添える。「の」が無い場合は、ただの疑問表現にすぎない。

▽もう出掛けるのか？

▽いったいどうなるのかと、はらはらして見ていた。

▽そのころの大井町の家が、いまはどの辺にあたるのか見当も付かないが、近所に立会川というかなり小さな川があり、
（石川達三『草莽の歴史』）

▽主人が妻と合意で子供を道づれの心中をしたのか、それとも自分だけの意志で何も知らない妻や子を殺して自分も死んだのか、そこのところが不明なのだ。
（円地文子『昼さがり』）

を【格助詞】

一、「を」の歴史と対象格

格助詞「を」は、古代の詠嘆を表す終助詞が転じたものと言われる。今日の対象格に当たるものは特に語の形に表す必要はなく、例えば「書よむつき日かさねつつ」（「蛍の光」）のように、「ふみをよむ」と「を」を付ける必要はなかった。「を」は、

▽蛸壺やはかなき夢を夏の月
（松尾芭蕉）

に見るように、〝はかない夢をなあ……〟と詠嘆の気持ちで述べているのである。その詠嘆の生ずる箇所が、

▽もっと光を！／讃えよ、わが春を。

などでは、「もっと光を……せよ」「わが春を讃えよ」と解釈できるので、対象格へと進んでいったものと考えられる。今日の対象格とは、どのようなものか。

「毛を吹いて疵を求む」ということわざがある。吹く対象は毛であり、求める事柄は疵である。ある行為や現象が特定の何かに対して向けられる場合、その対象は「を」の格で表される。しかし、「を」で導かれる動詞は、必ずしも対象に対して一色の意味関係ではない。取るべき文型もさまざまである。

二、格助詞「を」の意味

1、動詞を導くヲ格文型

述語動詞が「を」の格を取る文型はいろいろある。動作主のほかに、動作の行なわれる場所（E）や、動作を向ける対象（C）が考えられるが、（C）は必ずしも対象のみとは限らず、時に結果を表したり、行為の内容であったりする。その点に関しては、2で表に示す。

❖「ヲ」格文型の種類

（Vは動詞を、Eはトコロ名詞を、Cは対象を表す）

Eヲ自V	経る、通る、越える
EヲEへ自V	進む、歩く、戻る、上る
Eヲ／カラ自V	発つ、降りる、離れる
EデCヲ他V	待つ、拾う、行なう
EニCヲ他V	置く、建てる、植える、捨てる
Eニ／へCヲ他V	向ける、回す、押す、引く
EカラEへ／ニCヲ他V	出す、入れる、移す、運ぶ

2、動詞を導く「を」の意味

①精神作用・感情の志向・原因

合格を喜ぶ／親の死を悲しむ／成功を願う／故郷を思う

②内容

将来を話し合う／結婚を約束する／答えを教える

③理解の対象

本を読む／相手の目を見る／ラジオを聞く

④動作・作用の対象

虫を殺す／木を植える／鞄の中身を調べる／手を洗う／蓋を開ける／豆を挽く／薪を燃やす

⑤行為の相手

友人を誘う／父を口説く／人を愛する／友を待つ

⑥付加・加工行為

砂を混ぜる／水を加える／ペンキを塗る／砂糖をまぶす

⑦行為を向ける場所・箇所

傷口を覆う／的を射る／顔を隠す／塀を塗る

⑧入れ物

グラスを空ける／家を空ける／袋を満たす

⑨行為実現の道具

(a)臼を碾《ひ》く／弓を射る／鋸を挽く

(b)矢を射る／釘を打つ／鍵を掛ける

⑩消費

油を食うエンジン／年を取る／齢を重ねる

⑪目標

一位を争う／優勝を狙う

⑫結果

家を建てる／有終の美を飾る／仏像を彫る／火を燃やす／粉を碾く／壁を塗る／湯を沸かす／茶碗を焼く

⑬作用の結果（非意志）

赤みを帯びる／苦痛を伴う

⑭基準の対象

十日間の安静を要する／百メートル十秒を切る／五割を割る／百人を上回る／四十パーセントを下回る／十万人を超える

⑮動作の行なわれる時間・距離

一年間を送る／二時間を過ごす／四分を経過する／海外での三年間を暮らす／百メートルを走る／現代を生きる

⑯移動動作の実現するトコロ

(a)経路　道を歩く／空を飛ぶ

(b)経由点　門を入る／裏口を通る／丘を越える／トンネルを抜ける

(c)起点　空港を発つ／家を出る／車を降りる

(d)基点　角を曲がる／地球は太陽を回る／池をめぐりてよもすがら

(e)方向　後を振り向く／北を向く

(f)移動の位置（ポジション）

トップを走る／しんがりを行く

同じ「を」を受けていても、「⑥ペンキを塗る、⑦塀を塗る、⑫壁を塗る」と差が出てくる。同様の例は、「④豆を挽く、⑨(a)臼を碾く、⑫粉を碾く」。さらに、「⑦的を射る、⑨(a)弓を射る、⑨(b)矢を射る」のように、ヲ格に立つ名詞と、それを受ける動詞との意味関係は一様ではない。もっとも語によっては意味がほぼ固定していて、同じ「家」をヲ格に取っても、「家を建てる」は⑫、「家を壊す」は④となる。

なお、⑭以下は動作・行為を受ける対象とは言えず、特に⑯の移動現象・行為などは、そこを場面として移動行為がなされるという、明らかに自動詞を導くヲ格だと考えられる。

ヲ格で受ける名詞を「トキ／トコロ／ヒト／モノ・コト」の四面から眺めていくと、前の二で分類した①〜⑯と深い関係のあることがわかる。特にトキ、トコロを表す(1)時刻・期日と、(2)場所とは自動詞で受ける例がほとんどである。

三、共起する語から見た「を」

(1)時刻・期日

五時	を	合図に…
六月	を	過ぎて…
正午	を	境に…
十分	を	切る
休日	を	過ごす
現代	を	生きる

(2)場所

交差点	を	右折する
一丁目	を	過ぎて…
入り口	を	入る
門	を	出る
京都	を	発つ
運動場	を	駆け回る
日本	を	旅行する

(3)対人関係

子供	を	呼ぶ
息子	を	頼る
親	を	敬う
皆	を	招待する
学生	を	教える
妻	を	働かせる

(4)事物対象

病	を	克服する
誤字	を	直す
本道	を	歩む
手	を	通す
目	を	見張る
気	を	利かせる

同じ「アパートを探す」といっても、〝アパート探し〟とも、隠匿物質などの捜査で〝アパート内を探す〟とも、どちらにも取れる。前者は「アパート」を「無くした財布を捜す」などと同じくモノ名詞扱いとし、後者は「海底を捜す」「校内をくまなく捜す」同様トコロ名詞としてとらえている。

＊(1)期日の「現代を生きる」式の言い方は、まだ規範的なものとは言い切れない。「昭和時代を生きる」「波乱多き人生を生きた」。ある立場の名詞を受けて「患者を生きる」（平成十九年二月四日、朝日新聞）「総理の道を生きる」など。

四、「を」と他の助詞との使用上のゆれ

(1)「を」と「が」

▽Iさんたら、サケなら黄色い塩をふいた、カチカチの鮭を茶漬で食べるのが、一番うまいなんて言うんだよ。（津島美知子『回想の太宰治』）

▽この小説を完成する迄は、文芸欄の仕事を一切小宮さんに引受けて貰い（夏目伸六『父・夏目漱石』）

▽私の母屋住まいは予定より延びて一ケ月をすぎてしまった。（室生朝子『雪の墓』）

▽加川夫妻は津也子を気に入っていた。（三浦綾子『片隅のいのち』）

▽注文されるのを非常にきらうということはまた書くにも全力投球でいいかげんなことをできない。（斎藤茂太、北杜夫『この父にして』）

▽父がイギリスをとても好きだったことが大きい（麻生和子『父 吉田茂』）

(2)「を」と「に」

▽ここで、彼の師秀甫のことを簡単に触れておきたい。（平田寛『ヨーロッパ最初の愛碁家』）

▽この川が、あの見馴れた犀川であることを気づいて、平四郎のうぐいは、……（葉山修平『小説室生犀星』）

▽玄関をはいると、階下の正面は仏壇が安置してある五十畳敷の大広間である。（稲垣志代『夫 稲垣足穂』）

▽私はいつまでも食い入るようにそれを見入った。（吉屋信子『私の見た人』）

▽父たちは、その翌月には次男の覚を恵まれ、

（明石晴代『父・下村湖人』）

(3)「を」と「から」

▽しばらく父を離れて暮らして来た兄には、

（島崎蓊助『父藤村と私たち』）

❖「終わる」「終える」のゆれ

なお、「終わる／終える」の自他対立は、他動詞「終える」があまり使用されず、自動詞「終わる」で兼用される傾向が強まり、その結果、「〜を終わる」形式が頻出するようになった。

▽乏しい学費を補う苦学を続けて大学を終わると、

（吉屋信子『ある女人像』）

▽この句の作られた一年後、秀野はその生を終わっている。

（上野さち子『女性俳句の世界』）

▽これで私の話を終わることにいたします。

に【格助詞】

一、文型から見たニ格

1、動詞・形容詞を導くニ格文型

（Ａは主体、Ｂは相手を指す名詞、Ｄは結果・内容を表す。また、形は形容詞・形容動詞を意味する。）

Ｂニ自Ｖ　従う、関する、なつく、優る、勝つ

Ｄト／ニ自Ｖ　（薬に）なる、する、変わる

Ｄニ自Ｖ　値する、（先輩に）当たる

Ｅニ自Ｖ　居る、見える、住む、聳える

Ｅニ／デ自Ｖ　ある、泊る、遊ぶ、集まる

ＥカラＥヘ／ニ自Ｖ　行く、向かう、昇る、はいる、落ちる、逃げる

Ｅヘ／ニ自Ｖ　消える、沈む、寄る、着く、退く、隠れる

BニCヲ他V　やる、あげる、見せる、貸す、渡す、届ける
Bニ／カラCヲ他V　もらう、借りる、教わる、言いつかる、ことづかる
Eニ／ヘCヲ他V　向ける、回す、押す、引く
EカラEヘ／ニCヲ他V　出す、入れる、移す、運ぶ
BニCヲ他V　→　BヲCデ他V（CヲFデ）
巻く、覆う、塗る、貼る、飾る、刺す
BニCヲ他V　→　CヲBデ他V（CヲFデ）
包む、隠す、くるむ
AハBニ形　厳しい、優しい、良い、悪い、親切だ、必要だ、有利だ、ぴったりだ
AハBニ／ト形　近い、親しい、紛らわしい、そっくりだ
AハBニ／カラ形　近い、遠い

2、形容詞を導くニ格文型の意味

AハBニハ形（関係・状況）
この服は弟には大きい。
AハBニ形（関係・状況）
彼は日本歴史に明るい。
私は酒に弱い。
AハBニ／ト形（関係）
彼の考えは山田博士の考えに（と）近い。
AハBニ／カラ形（関係・状況）
下宿は駅から遠い。／海に近い町。

❖「〜に形容詞」文の例

駅に近い、子供に優しい、妻に冷たい、子供に甘い親、男の子に辛い、学問に厳しい態度、友情に篤い、親子の縁に薄い、金に汚い、この薬は霜焼けにいい、体に悪い、金に細かい、酒に強い、機械に弱い、知らない人に馴々しい態度、時間に喧しい人、勤務時間にうるさい会社、体にきつい、私には望ましい相手、私には勿体ない品、中国の歴史に明るい人、政治情勢に暗い、経済に疎い、代表にふさわしい、代表団に似合わしくない振舞い

❖「〜に形容動詞」文の例

女の人に親切だ、夫に冷淡だ、金にけちだ、仕事に一生懸命だ、時間に正確だ、お客さんに丁寧だ、子供には無理だ、生活に必要だ、女性に不利だ、外国人に有利だ、買い物に便利だ、体にぴったりだ、猿にそっくりだ

❖「に」を取らず、「と」「から」を受ける例

AがBに対して一方的な関係にあるのが「に」で、双方向の関係が「と」である。また、Bに基準を置いた判断は「から」となる。

色が背景と紛らわしい、秘書と親しい仲／彼女と親密だ、彼とは疎遠だ、組合と緊密な関係、親友と一緒だ、仲間と別々だ、彼女と仲良しだ／駅から遠い

二、対人関係等における「に」と「を」の差

「息子に頼る／息子を頼る」のように「に」と「を」とが競合するのは、対人関係を表す言い方の場合のみである。時や所にかかわる言い方では、このようなゆれは生じない。

1、共起する語から見た「に・を」

対人関係（に／を）

	に	を
弟	行かせる	行かせる
妻	働かせる	働かせる
息子	（生活を）頼る	頼る
学生	（数学を）教える	教える
子供	（旅行を）約束する	×
仲間	×	呼ぶ
友達	×	招く
生徒	×	叱る
親	×	敬う
皆	×	招待する

❖「ヲ」と「ニ」の使い分け

ヲ格の名詞が述語他動詞の行為の対象でしかない場合、「を／に」のゆれは起こらない（右の×印）。ニ格の成り立つのは「せる／させる」の使役行為か、「息子に生活を頼る」のような、「AニBヲ他動詞」の場合であ

る。したがって、「息子を頼る」は、頼る対象者が息子であることを、「息子に頼る」は頼る事柄（生活）が意識の内にあって、それを頼る相手として「息子」を指名している表現である。「Bヲ」が表に現れていなくとも、「地図を頼る／地図に頼る」の例では、やはり〝地図にそこへの行き方を頼る〟気分が「地図に」と言わせている。「ニ」格を想定しない「地図を〜」は頼る対象が地図そのものなのである。

▽目白からバスで老松町に降り、書き送られた地図を頼りに一丁ばかりゆくと板塀に囲まれた石井教授のお宅についた。（大橋紀子『俤抄』）

「地図に〜」のように、「ニ」格の現れる文脈では、たとえ「ヲ」格が隠されていても、必ず何かをその対象に求める行為で、このような〝何かを〜する〟行為を予測させない例では「地図に」のようなモノ相手の「ニ」格は現れない。

「学生に数学を教える」も、教える対象の学科があるから「〜ニ〜ヲV」文型が可能。なお、教える対象を意識しない「〜ヲ教える」では、「人の子を教える立場」のように、訓育・教導を指し、特定の事柄を教授する「誰かに何かを」ではないため、「猿に芸を教える」ことはできても、「猿を教える」ことはできない。

２、二様の格助詞形式

(a) ヲ／ニ 「困難を克服する／困難に打ち克つ」
＊「打ち克つ」は自動詞ゆえ、ニ格。

(b) ヲ／ニ 「毎日の勉強は成績を左右する／毎日の勉強は成績に影響する」
＊「影響する」は自動詞ゆえ、ニ格。

(c) ヲ／ニ 「痛みを訴える／腕力に訴える」
＊「医者ニ 痛みヲ 訴える」
「腕力に」は〝によって〟の意味の「に」。

(d) ヲ／ニ 「地図を頼る／地図に頼る」
「親を頼る／親に頼る」
＊「親ニ学費ヲ頼る」

(e) ヲ／ニ 「横柄な態度を怒る／横柄な態度に怒る」

(f) ヲ／ニ 「他人の失敗を笑う／他人の失敗に笑う」
＊(e)(f)の「を」は〝に対して〟、「に」は〝によっ

て〟の意味。

(g)ヲ／ニ　「玄関を入る／玄関に入る」

＊「～を入る」は、玄関が経路、「～に入る」は、玄関が帰着点。

(h)ヲ／ニ　「腫物を触る／腫物に触る」「手を触れる／手に触れる」

＊上下二つの文型は、意志・非意志の差でもある。

▽BニAヲ触れる「作品に手を触れる」

▽BガAニ触れる「柔らかいものが手に触れる」

前者は他動詞、後者は自動詞。

❖肯定・否定、可能での助詞「に／を」の非対応

(a)痛みを我慢する→痛みを我慢できる
　　→痛みに我慢できない

(b)痛みをこらえる→痛みをこらえられる
　　→痛みを／にこらえられない

(c)痛みに耐える　→痛みに耐えられる
　　→痛みに耐えられない

三、「に」と他の助詞とのゆれ

1.「に」と「を」のゆれ

「に」で受けるべきところを、「を」で受けてしまう例が時たま見られる。自動詞なら「に」で、他動詞なら「を」で受けるわけだが、意味の類似性から助詞を取り違えてしまうわけである。

▽曲馬団の哀しきピエロと玉乗り少女。私はいつまでも食い入るようにそれを見入った。
(吉屋信子『私の見た人』)

「それに見入った」のほうがよい。次に掲げる「入る」の場合は、「～を入る／～に入る」で明らかに発想に差が見られる。その場所に入って、さらにその奥を考える場合は「～を入る」、その場所内に位置移動をする意識では「～に入る」を用いる。

▽アパートでいながらこの家は玄関を入ると二階式になっている。（山本安見『走馬燈』）

2．「に」と「で」のゆれ

▽小学校へあがる前の幼時を、隅田川のほとりの下町に送った兄は、その頃を回想して、……（島崎蓊助『父藤村と私たち』）

▽自分だって小田原へ生活費を内証に送っているじゃありませんか？（萩原葉子『天上の花』）

▽おやじの帰ってきた朝、同じ卓袱《ちゃぶ》台でおふくろがいて、おやじがいてという生活を初めて味わったわけで、……（斎藤茂太、北杜夫『この父にして』）

「食卓で茶を飲む」と「食卓に両親がいる」の差である。行為と存在で「で／に」の使い分けがなされている。「食卓で」は行為の場所の指標として「食卓」が、「食卓に」は存在の位置として「食卓」が指標となる。「食卓の所に」の意である。

に・へ【格助詞】

一、「に」の意味

①北に進む。（方向＝「へ」）
②大阪に着く。（帰着点＝「へ」）
③棚の上にある。（所在場所）
④六時に起きる。（生起時刻）
⑤友人に頼む。（相手）
⑥弟を兄に比べる。（比較＝「と」）
⑦信号が赤に変わる。（化成の結果＝「と」）
⑧妻に行かせる。（使役の相手＝「を」）
⑨妻に行ってもらう。（恩恵賦与の主体）
⑩夫に先立たれる。（受身の対象）

二、共起する語から見た「に・までに・へ」

⑴ 時刻・期日（に／までに）

六時ごろ	に	帰る	帰る
十時	に	始まる	始まる
二十日	に	生まれた	生まれた
三月	に	完成する	完成する
あした	に	なる	？
午後	に	かけて…	×
来週	×	ある	ある
昔	×	建てた	×
最近	×	多い	×
以前	×	聞いた話	×
今	×	着いた	×
		までに	

⑵ 場所（に／へ）

帰着点を意味する「に」は方向指示の「へ」と置き換えが可。ただし「の」を伴う「父への手紙」文型に限り「に」に置き換えられない。これは「父からの手紙」と対をなす言い方で、「〜から〜へ」の起点と、帰着点に向けての移動方向が一つのペアをなしている証拠である。したがって、移動を前提としない存在箇所を示す「に」は、「へ」に言い換えられない（×印の例文）。

東京駅	に	行く	へ	行く
台	に	乗る	へ	×
家	に	帰る	へ	帰る
空	に	昇る	へ	昇る
大学	に	進む	へ	進む
西	に	向かう	へ	向かう
穴	に	入れる	へ	入れる
庭	に	出る	へ	出る
北	に	向ける	へ	向ける
山	に	登る	へ	登る
庭	に	植える	へ	？
門	に	貼る	へ	？
頂上	に	立つ	へ	？
郊外	に	住む	へ	？
日本	に	居る	へ	×
図書館	に	ある	へ	×

事物に「に」や「へ」を用いると「椅子に座る」「ノートへ記入する」のように、モノ名詞はトコロ名詞へと変身する。「椅子」や「ノート」は物扱いではなく、行為

を向ける場所としてとらえているのである。したがって、わざわざ「椅子の上に座る」「ノートの中に記入する」などと述べる必要はさらさらない。

⑶対人関係（に／へ）

先生	に	願い出る	へ	願い出る
知事		伝える		伝える
兄		電話する		電話する
弟		行かせる		×
妻		働かせる		×
息子		（生活を）頼る		×
学生		（数学を）教える		×
子供		（旅行を）約束する		×

三、動詞を導くへ格文型

Eへ／ニ自V

消える、沈む、寄る、着く、退く、隠れる

Eニ／へCヲ他V

向ける、回す、押す、引く

EカラEへ／ニCヲ他V

出す、入れる、移す、運ぶ

▽船頭多くして船山へ上る／上を下への大騒ぎ

▽佐渡へ佐渡へと草木もなびく　（佐渡おけさ）

▽「元の枝へ」（徳田秋声）／「虚無への供物」（中井英夫）／「幸福へのパスポート」（山田稔）

▽彼がアトリエの長安楽椅子《ソファ》に掛けた前へ、浩平がビールを二本運んで来た。（小田嶽夫『月影』）

▽月へ向けていた目をまっすぐへもどして少しすると、（『月影』）

四、疑問のある「に」の使い方

▽荒正人氏の紹介状を持って、緑が丘の家に訪ねた。（奥野健男『文壇博物誌』）

▽里子から養子とずっと他人の手に育てられ、（夏目伸六『父・夏目漱石』）

▽小田原へ生活費を内証に送っているじゃありませんか？（萩原葉子『天上の花』）

▽小学校へあがる前の幼時を、隅田川のほとりの下町に送った兄は、その頃を回想して、
（島崎蓊助『父藤村と私たち』）

最初の例は「家を訪ねた」で「を」と「に」の混同。以下の例はいずれも「で」とすべきところを「に」としている。「に」と「で」は時にゆれの現象を起こして、「隣町に／で火事があった」のような例も生ずるが、多くは「軽井沢に別荘を買う」「軽井沢で別荘を買う」に見るように、「に」を用いると買った別荘の場所として軽井沢と指定する。「で」にすると、買う行為の行なわれた場所として〝軽井沢において買ったのだ〟と説明する。トコロ名詞＋「で」は、そこでの行為の遂行という動的な表現となり、「に」では単にトコロ指示でしかないため、静的な表現内容となる。「～が教室にある／教室である」も、「～にある」では物の存在を、「～である」では講演会とか実習授業など催しの会場を予想させる。

から・まで【格助詞】

一、「から・まで」の意味

「朝から晩まで」「一から十まで」「何から何まで」「ピンから切りまで」「東京から新大阪まで」「揺り籠から墓場まで」「頭の天辺から爪先まで」のように、起点を示す「から」は帰着点を示す「まで」と対になって、事の始まりを表す。地点、時刻、物事の順序・序列などの始まりであることを表す。「次から次へと」「東から西へと」のような方向性の「へ」と対応する例も見られる。

▽町長の小さい家が町から離れた小さい坂の下にあった。その側を通る時自分は「道はもう見えるから、お前医者まで走って行け」と云った。
（志賀直哉『和解』）

1、「から」の例

▽足下から鳥が立つ／嘘から出た真《まこと》／上手の手から水が漏れる／千里の道も一歩から／棚から牡丹餅／二階から目薬／針の穴から天井覗く／瓢箪から駒／身から出た錆／蟻の穴から堤防も崩れる

▽一から十まで／何から何まで／ピンから切りまで／次から次へと／はなから信用してなかった／初めから分かっていたことだ／誰からともなく

▽横浜の埠頭《はとば》から船に乗って異人さんにつれられて行っちゃった　（野口雨情「赤い靴」）

▽バス停留所から、さらに谷の畑なか道を腕にハンドバッグをとおし、そのほかにまだ何やら手提げの紙袋を下げて、その上に子を抱いての登り道であった。　（水上勉『鳳仙花』）

2、「まで」の意味

「雀百まで踊り忘れず」「また会う日まで」に見るように、その事物の終着点に至る間を意味する。

▽「網走まで」　（志賀直哉）

「まで」には「坊主憎けりゃ袈裟まで憎い」のように、〝袈裟に至るまで〟と格助詞として解するほか、〝袈裟さえも〟と副助詞としての解釈もできるわけで、後者は「から」とは対応していかない。

二、動詞を導くカラ格文型

（Bは相手を、Cは対象の事物を、Eはトコロを、Vは動詞を指す）

Bカラ自V　届く、（電話が）掛かる

BカラCヲ他V　買う、盗む、預かる、授かる、受け取る

Eカラ／ヲ自V　発つ、降りる、離れる

Eカラ自V　聞こえる

Eカラ／ニ自V　現れる

EカラEヘ／ニ自V　行く、向かう、昇る、はいる、落ちる、逃げる

EカラEヘ／ニCヲ他V　出す、入れる、移す、運ぶ

ある地点や相手を起点として移動したり、行為が差し出されたり、物事が開始されたり、現象が発せられる〈起点〉意識の場合と、ある箇所を経由して人や事物が移動していく場合とがある。

三、共起する語から見た「から・まで・で」

(1) 時刻・期日（から／まで）

今		始める		居た
あす		始まる		待つ
十時		行こう		働く
午後		停電する		停電だ
来月		休む		休む
以前	から	来ている	まで	×
昔		ある		
さっき		聞こえる		在った
朝		暑い		続ける
去年		続く		滞在した
最後		×		頑張る

(2) 場所（から／まで）

東京駅		出発する		行く
台		降りる		×
家		飛び出す		帰る
空		降る		×
大学	から	帰る	まで	進む
門		出る		×
途中		引き返す		歩く
頂上		下る		登る
日本		来た		来る

(3) 対人関係（から／まで）

先生		賞められた		届ける
知事		渡された		伝える
兄		教わる		×
あなた		頼んでくれ		×
田中さん	から	読みなさい	まで	当たった
私		始めよう		済んだ
担当者		説明します		届ける
彼		言い出した		捜査の手がのびる

(4) **事物**（から／で）

	から	で
給料	引く	買う
釘を板	抜く	隠す
参考書	写す	調べる
指紋	足がつく	区別する
結果	判断する	判断する
多数決	×	決める
絹糸は繭	取る	×
酒は米	造る	造る
火遊び	の火事	出た火事
小麦粉	抽出する	造る
実力	×	勝つ
風邪	肺炎になる	寝込む

▽ポプラ並木のうっすりと　黒い底から、勇ましく
　鐘が鳴る鳴る、かんかんと。（杉村楚人冠「牧場の朝」）

▽春は早うから　川辺の葦に　蟹が店出し　床屋でご
ざる　（北原白秋「あわて床屋」）

▽昨日まで朝から晩まで張りつめし　あのこころもち
　忘れじと思へど。　（石川啄木）

▽夜明けまであそびてくらす場所が欲し　家をおもへ
ば　こころ冷たし　（石川啄木）

▽はずれまで一度ゆきたしと　思ひゐし　かの病院の
長廊下かな。　（石川啄木）

▽死ぬまでに一度会はむと　言ひやらば　君もかすか
にうなづくらむか　（石川啄木）

四、カラ格のゆれ

▽フランス留学以来、しばらく父を離れて暮して来た兄は、父の話の間から、あの山家の寂しい生活の中で、……　（島崎蓊助『父藤村と私たち』）

「父から離れて」でもよいところを「を」格で表している。「から」と「を」のゆれは多くは地点指示の例に現れ、「成田から発つ／成田を発つ」のように用いられる。「から」は離反していく意識、「を」は発つ行為のなされた地点指示の意識となる。「奴から手を切る」「彼を敬遠する」にその差がよく現れている。

より【格助詞】

「青は藍より出でて藍より青し」ということわざがある。初めの「より」は「から」と同じ起点を表し、文章語。後のは比較の「より」で、「AはBより〜だ」文型を作り、AがBを上回ることを表す。

動詞を導くヨリ格文型

AハBヨリ動詞……………………（起点）

AハBヨリ動詞／形容詞／名詞だ／文……（比較）

〈起点〉となる動詞は、物事の開始・スタートにかかわる語か、その箇所を経由点としてその先を視野に置く語かのいずれかである。口語の「から」と一致する。

〈比較〉となる例では、動詞は「今日は昨日より頑張った」「いつもより以上に働いた」「今年は去年より採れた」と、行為量か、結果の分量の比較である。他の品詞の場合は、状態形容では程度の比較。事物ならいずれの側に重きを置くかの対比である。

(1)起点

隗《かい》より始めよ／葦《よし》の髄より天井覗く／千里の行も足下より始まる／栴檀《せんだん》は双葉より芳し

(2)比較

明日の百より今日の五十／案ずるより生むが易し／氏より育ち／生みの親より育ての親／亀の甲より年の功／詩を作るより田を作れ／ただより高い物はない／遠くの親戚より近くの他人／習うより慣れよ／人の事より我が事／人の頭の蠅を追うより自分の頭の蠅を追え／父母の恩は山より高く海より深し／ペンは剣よりも強し／待たれる身より待つ身は辛い／待つ身より待たるる身／論より証拠

▽いさり火は身も世もなげにまたたきぬ陸《くが》は海より悲しきものを　（与謝野晶子）

▽辛崎の松は花より朧にて　（松尾芭蕉）

▽屋根よりたかいこいのぼり　（近藤宮子「こいのぼり」）

で【格助詞】

「で」は、ある範囲や序列、継続していたものなどがそこを限界として終わりとなり、それ以上は異質の領域となることを表す。⑴時刻・期間の語に付けばその時点で終わって他の状況へと移行するか、その時間帯の状況がそこを限度として終了することを表す。⑵場所の語に付けば、その所においてある行為や現象を起こすことを、⑶人や事物に付けば、その人数や事物によって事が成就する、ないしは状況が引き起こされることを表す。

一、動詞を導くデ格文型

Eニ／デ自V　ある、泊る、遊ぶ、集まる
Eデ自V　働く、死ぬ、騒ぐ
Eデ／ヲ自V　泳ぐ
EデCヲ他V　待つ、拾う、行なう
BニCヲ他V→BヲCデ他V（CヲFデ）　巻く、覆う、塗る、貼る、飾る、刺す
BニCヲ他V→CヲBデ他V（CヲFデ）　包む、隠す、くるむ

二、共起する語から見た「で」

⑴時刻・期日（で／までで）

	で		までで	
あす	で	終わる	までで	閉店
十時		帰ろう		寝る
今朝		済んだ		止めた
午後		打ち切る		終わった
きのう		終わった		終了した
先週		終了した		もう無い
来月		卒業だ		引っ越しだ
十二時		止まった		止めよう
最近		×		その後ない
今		も忘れぬ		最高だ
千六百年		滅んだ		廃れた
三時間		できる		限界だ

(2) 場所（で／を）

	で	を
東京駅	待つ	出発する
台	×	降りる
家	勉強する	空ける
空	×	飛ぶ
大学	学ぶ	卒業する
庭	遊ぶ	走り回る
川	泳ぐ	遡る
坂道	滑る	登る
峠	休む	越す
舞台	踊る	降りる
門	×	出る
途中	引き返す	飛ばす
頂上	休む	目指す
角	曲がる	曲がる
踏み切り	止まる	渡る
道	転ぶ	歩く
日本	暮らす	離れる

(3) 人・事物

「で」格の場合は、特に人間関係と事物とを別扱いする必要はなく、両者は歩調をそろえている。

	で		
政府		作成した案	（主体限定）
三人		出掛ける	（共同動作）
卵三個		作る	（材料）
小麦粉		パンを焼く	（材料）
土鍋		煮る	（道具）
ガス		暖める	（手段）
タクシー		行く	（手段）
風邪		寝込む	（原因）

▽次の間の灯で膳につく寒さ哉　（小林一茶）
▽大根引き大根で道を教へけり　（小林一茶）
▽えびで鯛を釣る

＊なお、「で」と「に」の違いについては、「まで」の項の「までに」と「までで」の対比を参照されたい（一八八頁）。

と【格助詞】

一、動詞・形容詞を導くト格文型

ト格の「と」は「に」と競合することが多い。一つは「会う、ぶつかる」「話す、相談する」「紛らわしい、等しい」など二者の相互関係、もう一方は「なる、変わる」「見立てる、する」の他方の立場への移行である。相互方向と一方方向と言ってもよい。

Bト自V

Bト／ニ自V　違う、異なる、戦う、連れ立つ

BトCヲ他V　似る、代わる、会う、ぶつかる

Bト／ニCヲ他V　争う、話し合う

Dト／ニ自V　話す、相談する、約束する

CヲDト他V　(薬に) なる、する、変わる

CヲDト／ニ他V　思う、考える、誤る

CヲDト他V　見立てる、(拠り所と) する

「文」ト他V　思う、考える、誤る

AハBト形　言う、思う、考える、感じる

AハBト／ニ形　親しい、馴々しい、紛らわしい、親密だ、疎遠だ、一緒だ、別々だ、仲良しだ

紛らわしい、等しい、そっくりだ

二、共起する語から見た「と・で・に」

「と」は、①複数関係の事態、「子供と約束する」（対相手）、「彼の意見と同じだ」「偽物と間違える」、②共同動作「息子と相談する」「自動車と競争する」のほか、単一の人や事物の場合は、③AがDの立場に変わる「祖父が名づけ親となる」「芋を主食とする」「先生を親として敬う」（これを〝化成の結果〟と呼ぶ）や、④引用の「と」として「今日はと挨拶する」「うれしいと思う」などがある。

時刻・期間や、場所の名詞を受ける例は、「朝の八時という時間帯」「東京という町」のような言い回しか、①〜④の用法に準じた言い方「開催地として北京と争

う」「開催地は京都と決まる」「集合は午前九時とする」で、違いは見当たらない。

(1)対人関係（と／で）

	と	で
友達	競争する	×
彼女	結婚する	×
私たち	比べる	×
子供	約束する	×
息子	相談する	×
学生たち	相談する	相談する
三人	×	決める

(2)対人関係（と／に）

	と	に
友達	競争する	×
彼女	結婚する	×
私たち	比べる	×
子供	約束する	約束する
息子	相談する	相談する
学生たち	相談する	相談する
三人	×	×

(3)事物（と／に）

	と	に
自動車	競争する	×
煙	×	巻かれる
彼の意見	同じだ	×
彼の意見	×	従う
雑誌	×	投稿する
富士山	似ている	似ている
偽物	間違える	×
水	混ざる	混ざる
怒りを顔	×	出す
夢	×	見る
養子	なる	なる
先生が親	なる	なる
狐が傘	×	化ける
豆を粉	×	挽く
家が灰	なる	なる
芸を天職	考える	×
己を天才	思う	×
芋を主食	する	する
嘘が本当	なる	なる

例えば「相談する」において、「学生たちに相談する」は、先生から学生への一方通行の行為だが、「学生たちと相談する」となると、相互行為に変わる。「学生たちで相談する」は先生抜きの、彼ら仲間同士内での相談ということになる。最もよく現れているのが「三人で相談する」のような人数の数量詞を受けた場合である。「結婚する」は相互行為であるから、当然「と」格を用い、「に」格は成り立たない。結婚は男女二人の関係だから、「二人で結婚しよう」も不自然な日本語となる。

次に「と」格文型の意味について考える。

①動作・作用・状態の対象となる相手

「友達と比べる」「彼の意見と同じだ」「それとこれとは違う」

▽烏蝶けはひはひとことことならず　（川端茅舎）

②共同動作

「友達と出掛けた」「犬と一緒に散歩する」

▽噫《ああ》、われひとと尋《と》めゆきて、涙さしぐみかへりきぬ。（上田敏『海潮音』、カアル・ブッセ「山のあなた」）

③行為の相手

「父親と相談する」「恋人と結婚する」

▽さむきわが影とゆき逢ふ街の角　（加藤秋邨）

④化成の結果

「桜が花吹雪となる」「上司を師と仰ぐ」

▽桑田変じて滄海となる

▽後は野となれ山となれ

⑤動作・作用の在り方を示す（動作修飾の「と」）

「まるでどこぞの貴公子然とすまし返っている」「十年と時を経た結果、今ではすっかりベテランの域に達している」

この用法は様態の副詞「のんびりと」「愕然と」などの「と」として一語化している。

▽悠然として山を見る蛙かな　（小林一茶）

「〜として」の形で「貴公子然として」のようにも用いられる。その他、「〜とともに」「〜とする」「（必要）とあれば」「〜とすれば」「〜とすると」「〜といっても」「〜となれば」「（いつ）とはなく」「（夜）となく（昼）となく」などの形で慣用的な言い回しを作る。これらの中には、句として接続詞的に用いられるものもある。

▽絹子の方も、投げ出された方が気が楽だと思っている。といって、まったく自力で生活するという気持はさらになく、　（川上宗薫『置き忘れ』）

⑥動作・作用・状態の内容（内容修飾の「と」）

「憎らしいと思う」「帰ろうとしたとき地震が起こった」「無罪と決定した」「富士山と似ている」

⑦引用の「と」

▽父君よ今朝はいかにと手をつきて問ふ子を見れば死なれざりけり　（落合直文）

▽白牡丹といふといへども紅ほのか　（高浜虚子）

▽万一の場合の貯えぐらいはしておかなくては、と申しておりました。　（津村節子『遺書』）

▽西班《スペイン》時代の士太夫のように気取っていたとも、世界の涯の孤独者だったともいえるのだ。　（李恢成『長寿島』）

と・に・とか・や・やら・なり・だの・たり【並立助詞】

付　も・ても・か

一、日本語の並立表現

「AとBとC」のように、対等の関係に立つ種々の語に付いて、事物を並べ立てたり、並行的に事が生じたりする様を表す。名詞や名詞に格助詞の伴ったものに付く場合のほか、副詞や動詞にも付く。

事物を並べ立てるには、特に並立の助詞の助けを借りなくとも、単語をただ並べるだけでも用は足りる。

▽彼女は横合いから磊落に笑い出して、「岩国の名物は、鮎・織物・紙・酒の瓶詰」淀みなく云うのである。　（井伏鱒二『集金旅行』）

▽桃色、水色、薄黄色などの譜本の散乱していることもやはりこの前に変わらなかった。　（芥川龍之介『ピアノ』）

しかし、これは単なる羅列にすぎず、話者がどのような意図でこれらを並列しているのか、その列挙に対する心の有り様が示されない。並立助詞を伴うことによって、列挙に際しての話者の意識がはっきりと示される。

二、並立助詞のいろいろ

1、「と」の意味と用法

「AとBと……」の形で、いくつかの事物を列挙する。列挙した「A・B……」は同等の立場の並列関係をなし、そこに挙げられたA・B……Zが、今問題とする事項に該当するすべてであり、一つのまとまりをなす。「箸と茶碗と皿とを持って来い」と言えば、それら三つをそろえて持って行くことであり、どれか一つを欠いては意味がない。「AとB」二つの場合は、「月とすっぽん」のように対比の意識が生まれる。なお、昔は「AとBとが」のように「……とが」で受けたが、現在は「と」を省いて「AとBが」の形が普通となってしまった。

▽甍《いらか》の波と雲の波、重なる波の中空《なかぞら》を、

（文部省唱歌「鯉のぼり」）

▽金と銀との鞍置いて、二つならんでゆきました。

（加藤まさを「月の沙漠」）

▽貴様と俺とは 同期の桜

（西條八十「同期の桜」）

名詞でない場合には、慣用的な言い回し、

▽私があれに賛成であろうとなかろうと、事態は今私がいったようにどんどん悪くなっていくだろうといってるのさ。

（飯澤匡『鳥獣合戦』）

や「見ると聞くとは大違い」のような例もあるが、動詞に直接続くとき、普通の会話文では「の」を添えて、「見るのと聞くのとでは大違いだ」のように用いる。

▽犍陀多《かんだた》はこれを見ると、驚いたのと恐ろしいのとで、暫らくは唯、莫迦のように大きな口を開いた儘、眼ばかり動かして居りました。

（芥川龍之介『蜘蛛の糸』）

▽一家《ひとつや》に遊女もねたり萩と月　（松尾芭蕉）
▽馬鹿と鋏は使いよう／見ると聞くとは大違い／時と次第によりけり／水と油／糊と鋏／月とすっぽん

また、一つの句として「ありとあらゆる」のような例も見られる。

2、「に」の意味と用法

「AにB」の形で、両者を対比したり、両者の取り合せを問題としたり、また、主たるAにBを添えてセットとなることを表す。

「AとB」は単なる追加か対比であるが、「に」の場合は両者のペアが一つのまとまりをなすという意識がある。「月とすっぽん」は違いの大きさを対比することによって際立たせ、「提灯に釣り鐘」は、全体としての釣り合いという点に主眼を置いて、それが釣り合っていない、つまり比較にならないことを問題としている。両者の取り合せという点で失格なのである。一般には取り合せのよいペアを「AにB」文型で表す（例外もある）。

▽梅に鶯、松に鶴／鹿に紅葉、竹に虎／牡丹に唐獅子／月に叢雲、花に風／破鍋に綴蓋／鬼に金棒／お弁当にお茶／蜜柑におせん（煎餅）／弱り目に祟《たた》り目

3、「とか」の意味と用法

▽坂井千枝の話の中には、夫とか妻とか、また家庭というふうに一種のきまり言葉がよく入っている。
（佐多稲子『幸福の手応え』）

事物の列挙であるが、「AとかBとか」と言うとき、A・Bは例示として用いられたもので、〝例えばA、あるいはBといったたぐいのもの〟程度の意味合いである。「AとB」ではA・Bは絶対であったが、それに比べて、「AとかBとか」ではA・Bへの指定の程度は弱い。「ビールとかおつまみとかを持って来い」と言われたら、その他の物、酒や肴などでも構わない。

▽しかし、ほかの天ぷら屋のように、イカとかアナゴとか、メゴチなどを、つぎ〳〵と切る様子がない。
（杉森久英『怒りすぎる』）

▽「ねえ君、このあと、何が出るの？」「へい、大体これで終りです」「そう……サカナ類は？」「へ？」「イカだとか、アナゴだとか、メゴチなんてのは？」「へい、えびとキスがあります」（『怒りすぎる』）

4、「や・やら」の意味と用法

事物をあれこれ列挙し、〝その中のそれぞれ〟を念頭に置いて、そうしたたぐいを取り立てる意識である。したがって「茶碗や箸を持って来い」と言ったら、食事に必要な種々の物、茶碗と箸だけではなく、その他もろもろで、茶碗と箸は例示でしかない。「やら」も事物をあれこれ並べ立てる点では「や」と変わらない。ただし、「や」が体言の列挙に用いられるのに対し、「やら」は体言以外にも「うれしいやら恥ずかしいやら」「雨にたたられるやら道を間違えるやらで、散々だったよ」のように用言を受けることもある。話し言葉的である。

▽巨大な灯架や山棚を作って、そこへ灯籠を懸け並べてある家もあった。（井上靖『天平の甍』）

▽あれやこれや／何や彼や／どうやらこうやら

▽右や左の旦那様

▽森や林や田や畑、後へ後へと飛んで行く。（文部省唱歌「汽車」）

▽松をいろどる楓や蔦は、山のふもとの裾模様。（文部省唱歌、高野辰之「紅葉」）

「やら」は時に文末・句末に位置して、不確かな想像を表す終助詞となる。

▽どうしているやら気掛かりだ。

▽どこで死ぬやら果てるやら。

▽蜻蛉《とんぼ》つりけふはどこまで行つたやら（千代女）

5、「なり・だの」の意味と用法

考えられる事物を複数列挙して、とりあえずその中のどれかでもって事に当てる。

「AなりBなり」と言うとき、A・Bは現状の必要性を埋める代表として思いついた事物で、名詞・動詞どちらも立ち得る。

▽とにかく喉が渇いた。水なりお茶なり持って来い。
▽ぶらぶらしてないで、宿題をするなりお掃除をするなり、何か役に立つことをしなさい。

例示として一つを呈示することもある。

▽助右衛門は、事もなげに言った。
——詫びのしるしに、酒なりと運んで参れ。
（和田傳『熊澤蕃山』）

「だの」は話題とする事物の代表として該当するものいくつかを並列・列挙するときに用いる。

▽彼は無言の儘、雑貨店だの床屋だの、明るい家の前を走り過ぎた。
（芥川龍之介『トロッコ』）
▽二人は唯、肩を並べて、空を通り過ぎる小さな雲だの、雑木林の新しい葉の光る具合だのを互いに見合っていた。
（堀辰雄『菜穂子』）
▽わたしはまだその外にも鼬だの蟇《ひき》がえるだのを数えていた。
（芥川龍之介『ピアノ』）

6、「たり」の意味と用法

同時進行的に進められる同類の動作や作用が行なわれることを表す。同時に進められる場合と「行ったり来たりする」のような交互動作・反復動作の場合と両方ある。また、種々の動作・作用の中から代表的と思われるものを取り上げ列挙する。

▽わたしは路傍にこしかけて一ぷくすってからひろくもあらぬ境内をなんということもなく往ったり来たりした。
（谷崎潤一郎『蘆刈』）
▽塀を越したボールを一番に駈けだして拾いに行ってやったり、当番でもみんなわいわいずるけている間に忠実にバケツの水を汲んで来たりする彼が、軽蔑だけには鋭く逆立つ刺をもっていた。
（野上彌生子『哀しき少年』）
▽おらな、ジャバに進駐したり収容されたりしている間に、向うの農村を見て考えたのだがな。
（石坂洋次郎『草を刈る娘』）
▽明と菜穂子とはよくテニスをしに行ったり、自転車

に乗って遠乗りをして来たりした。（堀辰雄『菜穂子』）

「たり」一つで用いることもある。

▽犬と同じだな。弱いと思うと、安心して吠えて来る。そんなことを思ったりした。（杉森久英『怒りすぎる』）

7、「も」の意味と用法

係助詞「も」は、時に「AもBも」の形で並列的に事物を列挙する並立助詞のような側面も持っている。

▽目も、鼻も、口も、そっくりではないか。そして髪の色だけが、すっかり違う。（澤野久雄『見知らぬ人』）

▽これやこの行くも帰るも別れてはしるもしらぬも相坂の関（小倉百人一首、蟬丸）

▽庭の千草も、虫の音も、かれてさびしく、なりにけり。（里見義「庭の千草」）

▽夏も近づく八十八夜、野にも山にも若葉が茂る。（文部省唱歌「茶摘」）

▽今日もきのうも　雪の空。（吉丸一昌「早春賦」）

▽味もそっけもない／痛くも痒くもない／一にも二にも／嘘も糸瓜もあるものか／精も根も尽き果てた／たまるもたまらんもあるものか／誰も彼も／手も足も出ない／どいつもこいつも／どこもかしこも／とにもかくにも／根も葉もない噂／猫も杓子も／花も実もある／味噌も糞も一緒くただ／身も蓋もない／夜も日も明けない

8、「ても・でも」の意味と用法

接続助詞「ても」や断定に「も」を伴った「でも」は「AてもBても」「AでもBでも」の形で対比的に事物を取り上げる場合や、「AてもAても」の繰り返し形式によって強調意識が生まれ、〝どんなにAやBをなしても〟の強意表現を生み出す。仮定・既定いずれの例も見られ、〝A・Bどちらにしても〟の条件形式を形成する（接続助詞「ても」［三一七頁］）。

▽泣いても笑ってもあと三日

▽押しても引いても動かない。

▽はいしいはいしい　あゆめよ小馬。山でもさかでもずんずんあゆめ。（文部省唱歌「小馬」）
▽留学生でも留学僧でもなく、本人が自分の意志で入唐したのだから、（井上靖『天平の甍』）
▽矢でも鉄砲でも持って来い！

9、「か」の意味と用法

係助詞や終助詞となる「か」は、時に「AかBか」の形で並立助詞としても用いられる。本来「か」が疑問を表すため、A・B両者に接続すると、A・Bのいずれであるかが不明で、どれであるか迷ったり、あるいは、どれか一つに当たりを付けたりする気持ちを表す。

▽かすみか雲か、はた雪か。（小学唱歌集、加部厳夫「霞か雲か」）
▽酒は涙か　ためいきか　こころの憂さの　捨てどころ（高橋掬太郎「酒は涙か溜息か」）
▽嘘かまことか／鬼が出るか蛇が出るか／食うか食われるか／是か否か／のるか反るか／一か八か
一つの句として「どうにかこうにか」と用いる。

て【接続助詞】

一、「て」の発想と意味

用言や助動詞など活用する語の連用形を受けて（「て」フォーム）、前後の句をつなげる役割を果たす。文法機能上「て」を間に挟む場合と、「て」で文脈を続けることによって前後の意味関係にさまざまな文脈的意味を加える場合とがある。本来は単に語や句を羅列する繋ぎの役割を担っていたものが、意味関係からさまざまな文脈的意味を生みだす結果となったのである。条件表現を形成する場合がその最たる例である。

なお、条件表現の「て」に続く後件を省略して、言外に暗示させる、文末を「……て」で言い切る文型は、終助詞の「て」として扱う。主張・念押し、質問、依頼・要求などの気分が「て」に込められるが、後件をそれとはっきり述べない遠回しな言い方が、柔らかい婉曲な表現となる。

二、条件形式以外の「て」の意味と用法

1、文法機能上や語彙関連としての「て」

①補助動詞を導く「て」

「走っている」「書いてある」のように、現代語では「走りをり」「書きをり」（文語）とは言わず、間に「て」を挟んで、補助的な動詞「いる」や「ある」を本動詞に結び付ける。文法上の問題である。補助動詞・補助形容詞として次のようなものがある。

▽～ている／～てある／～ていく／～てくる／～てしまう／～てみる／～てみせる／～てくれる／～てやる／～てもらう／～てあげる／～てくれ／～てください／～てちょうだい／～てくださる／～てさしあげる／～ていただく／～ていらっしゃる／～ておいでになる／～てまいります／～てごらんになる／～てほしい

②慣用的な言い方として複合辞を造る

▽～にあたって／～において／～にかけて／～からして／～からみて／～に関して／～に際して／～に先立って／～に従って／～として／～にして／～に対して／～だけあって／～について／～を通じて／～につけて／～につれて／～にとって／～に反して／～をめぐって／～に免じて／～でもって／～によって／～にわたって

③「……て……する」の連語形式が全体で一語同等の資格を持つ句を造る

▽（しゃあしゃあと）言ってのける／受けて立つ／うって変わった（姿）／うって出る／買って出る／かてて加えて～／噛んで含める／（幕は）切って落とされた／切って捨てる／食って掛かる／ついて回る／とって返す／取って代わる／取って喰う（わけじゃあるまいし）／取って付けたような（挨拶）／（相手を）呑んで掛かる／掃いて捨てるほど（ある）／降って湧いたような（話）／持って生まれた（性格）／持って回った（言い方）／（最期を）見て取る／見て見

ぬふり／（大仕事を）やってのける／（喧嘩に）割って入る

④「動詞＋て」の文節が一まとまりで、副詞相当の連用修飾の働きをなし、全体で複合動詞相当のもの

▽言って聞かせる／掛かって来い／噛んで捨てるように／噛んで吐き出すように／聞いて回る／座して待つ／説いて回る／取ってつかわす／這って出る／笑って済む（問題じゃない）

＊全体で複合動詞に言い換えられるものと、そうでないものとがある。

⑤副詞の一部として

▽あえて／辛うじて／概して／決まって／決して／強いて／主として／たいして／絶えて／断じて／どうして／時として／はたして／前もって／杳《よう》として

▽世の中にたえて桜のなかりせば春の心はのどけからまし　（『古今和歌集』在原業平）

▽あれたる我家に、住む人絶えてなく。　（犬童球渓『故郷の廃家』）

⑥「……て……て」の形で強意表現を作る

▽うれしくてうれしくてたまらない／釣って釣って釣りまくった

2、文の展開にかかわる「て」

⑴非条件接続と条件接続

接続作用には情報拡大でしかない意味の平接関係もある。と同時に、ある情報から結果として別の情報内容を引き出す〝意味の順接・逆接の関係〟もある。二つの叙述はただ繋がっているのではなく、これから述べる後件内容の前提として、前件がどのような関係にあるか、それをどのように把握し後述の表現へと展開させていくのか、話者の認識判断が接続をつかさどっている。前者の接続方式を〈平接〉といい、後者の条件接続方式は前後の意味関係によって〈順接〉と〈逆接〉とに分かれる。「て」は、それらのいずれの場合も見られる特殊な助詞である。どのような文脈の時、それぞれの意味関係が生じるのであろうか。

⑵並列的な接続を旨とする「て」

まず次の文を見よう。

▽猶行き行きて、武蔵の國と下つ総の國との中に、いと大きなる河あり。それをすみだ河といふ。（『伊勢物語』）

（訳　さらにどんどん行くと、武蔵の国と下総の国との間に、たいへん大きな川がある）

この文の「て」の前の部分は、「大きな川がある」という後件内容の成立する場面を示す働きと言っていい。場面提示の「〜て」である。これは現代語なら「〜と」で表すところである。古文ゆえ現代語とは異なる面も見られるが、この例文で見るかぎり、接続をつかさどる「て」は、単に前後の文脈を繋げるだけで、特に定まった意味はないようである。次へと展開する役割を担っているだけと言ってもよい。どうやら展開部分の意味は前後の文脈で決まるようである。そこで、現代語の「て」接続が担う意味を種々の文脈から一覧してみることとする。

⑶並接の「て」の意味分類

①並列・累加

〔主体・対象への異なる認識が重なる＝ソシテ、サラニ〕

▽林檎があって、蜜柑があって、バナナもある。

▽彼女は背が高くて、目が丸くて、髪が長い。

＊赤くて大きな鞄①／赤くて綺麗な鞄⑥

＊大きくて重い鞄（？）

▽奥さんは純日本式の美人に限る、洋服なんか似合わなくてもよい、しとやかで、大人しくて、姿がよくて、和服の着こなしが上手で、顔立ちも勿論だけれども、第一に手足のきれいな人がほしいと云う注文なので、（谷崎潤一郎『細雪』）

②対比

〔ある認識において複数の主体・対象を対照的にとらえる＝ソシテ一方／ガ、シカシ〕

▽父は会社に行って、兄は大学に行った。

▽夏は暑くて、冬は寒い。

③同時進行

〔同じ主体が同時に複数の動作・現象を示す＝ナガ

ラ〕

▽飛行機が煙を吐いて、落ちていく。
▽泣いて馬謖《ばしょく》を斬る
▽座して死を待つ
＊音楽を聴いて勉強している③↓ながら／テープを聞いて勉強している⑤

④順序

〔同じ主体がある動作・現象に引き続き、次の動作・現象に移る＝ソレカラ〕
▽彼は立ち上がって、外出の支度を始めた。
〔動作や状態・事象などが推移する＝ソシテ〕
▽夏休みが終わって、二学期になった。

⑤手段・方法

〔ある行為をなすことによって目的を実現する／ある行為を実現することによって、ある状況が成り立つ＝ニヨッテ／デ〕
▽急行に乗って帰ります。
▽かあさんが夜なべをして　手袋　編んでくれた
（窪田聡「かあさんの歌」）
▽歩いて行ける所／承知してやったことか／謝って済む問題じゃない／楽して勝とうなどと思うな
▽損して得取れ
＊⑤「座って話しましょう」とは言えるが、「歩いて話しましょう」とは言えない。「歩きながら話しましょう」のように「ながら」を用いる。一方、「座る」のほうは「座りながら話しましょう」と言うわけにはいかない。接続助詞「ながら」の項（三〇六頁）参照のこと。

三、条件接続（順接・逆接）の「て」

⑥原因・理由

〔ある現象が前提で、非意志的な状況が生まれる＝カラ／ノデ〕
▽うるさくて眠れない。
▽熱が下がって安心した。
▽船頭多くして船山へ上る

⑦逆接

〔ある状況が成り立っているにもかかわらず、当然の状況が実現しない＝ノニ〕
▽彼はそのことを知っていて言わない。

▽見て見ぬふり／仏造って魂入れず
▽大山鳴動して鼠一匹

⑧仮定逆接

〔ある行為をなしても、目的の実現は難しい＝タトシテモ、テモ〕

▽謝って済む問題じゃない。
▽無くて七癖

⑨結果

〔ある状況が成立して、自動的にある結果となる〕
＝ト／バ／タ場合（仮定条件）
＝タ結果／タノデ（確定条件）

▽歩いて十五分ぐらいかかる。
▽一に一を足して二。
▽梅雨が明けて夏／雨降って地固まる

⑩確定順接

〔ある状況が成立した結果、生ずる事態。「〜ては／〜ちゃ」の形を取る。＝タラ〕

▽あそこまで言われては、こちらとしても折れざるを得ない。

＊この形式は逆接「ても」と反対の関係にある。

▽そのように言われても、当方としてはどうしようもございません。

複数ある事物・事態を並べて後に続ける①の例から見ても、「〜て」は文脈の流れに乗せて複数情報を並べ伝える働きである。前件に場面的情報が働けば、先の『伊勢物語』の例やことわざ「一を聞いて十を知る」⑨などに見られる〝前件の状況があって、そこで〟の結果提示意識が発想されてくる。「〜て」のその他の諸用法も皆〝……して、その結果〟という基本の意味に何らかの因果性がそれぞれ付け加わった、その微妙な差でしかない。

▽牛に引かれて善光寺詣り③／泣いて馬謖を斬る③／石橋を叩いて渡る④／三べん回って煙草にしょ④／人事を尽くして天命を待つ④／泥棒を捕らえて縄をなう④／一を聞いて十を知る⑤／木によりて魚を求む⑤／人のふり見て我がふり直せ⑤／我が身をつねって人の痛さを知れ⑤／雨降って地固まる⑥／唇滅びて歯寒し⑥／子を持って知る親の恩⑥／船頭多くして船山に上る⑥／鳩を憎んで豆を作らぬ⑥／頭

隠して尻隠さず⑦／勝って兜の緒を締めよ⑦／仏造って魂入れず⑦／衣食足りて礼節を知る⑨／聞いて極楽、見て地獄⑨／藪をつついて蛇を出す⑨

①〜⑨の意味差を設けるのは、前件・後件の内容から来た結果で、話者の認識の問題だと言える。

四、「て」接続における発想の差

▽鳥啼いて赤き木の實をこぼしけり　（正岡子規）

〝木の枝に止まっていた鳥が啼いた〟という場面設定の前件に対して、〝その赤い木の実を鳥がこぼしてしまった〟の話者の認識を、読者がどのように解するか？先の①〜⑨のいずれなら解釈が可能か。可能な場合の意味を以下に列記してみた。

③同時進行

鳥が啼きながら木の実をこぼしてしまった。

④順序

鳥が啼いた。そして、すぐに木の実がこぼれてしまった。

⑤手段・方法

鳥の奴め、啼いてわざと木の実をこぼした。

⑥原因・理由

木の実をこぼしてしまったのは鳥が啼いたからだ。

⑨結果

鳥が啼いた。その結果、木の実をこぼしてしまった。

解釈はいろいろだが、その差は前後件の関係への認識の問題。「〜て」による文脈展開は、ただ心の流れを言語化しただけのものゆえ、どのように作者が対象把握をしていたかは、読者の解釈・鑑賞の自由裁量に任されている。ただし、文脈展開なら何でも「〜て」で間に合うかというと、そうはいかない。「〜て」による条件的展開⑥の基本発想とは〝前件の場面において、己の外で生ずる事象を、己側がいかに受け止め認識把握したか〟の問題。相手へ向けた己自身の内側からの意志表明・心の志向は、原因・理由の「〜て」の後件の発想としては不適格である。命令・依頼・懇願・禁止・勧め・希望などは、いずれも相手へ向けた意志的働き掛け表現であるから、「〜て」による結果説明文脈の発想に外れる（このような思考内容は「〜から」の確定順接で表される）。

五、「〜て」⑥の誤用の問題

⑴条件表現となるための条件

〈後件が相手へ向けた意志的内容は不可↓カラ〉

▽暗くて、電気をつけなさい。
▽私は金が無くて、貸してください。
▽荷物が重くて、持たないでください。
▽その川の水は汚くて、泳いではいけない。
▽友達が待っていて、早く行くといい。
▽あの本は面白くって、もう一度読みたい。

〝後件、意志的内容不可〟のルールは、あくまで順接での発想問題で、逆接の場合はその限りではない。ことわざ「勝って兜の緒を締めよ」も、〝勝っても、なお〟の逆接であろう。「用事があっても、帰りなさい」の意志的表明の後件が立ち得る「〜ても」接続と、「〜て」接続とでは発想の基本が異なるので、厳重に区別しなければいけない。

⑵他の条件表現との違い

「暗くて、電気をつけなさい」が「〜て」の展開には合わない誤用文としても、

▽暗いなら、電気をつけなさい。
▽暗かったら、電気をつけなさい。
▽暗ければ、電気をつけなさい。
▽暗いから、電気をつけなさい。

なら、じゅうぶん可能な表現となる。「〜と」はこの文脈では無理だが、己の意志（「〜なさい」）を排すれば、「暗いと、電気をつける」のように、日本語として使用が可能となる。その点では「〜て」の場合も「暗くて、電気をつけることになる」なら可能。条件表現の形式は、叙述内容と、視点の有り様とで、選択が決まる。

ば【接続助詞】

一、条件接続以外の「ば」

並列

〔異なる対象・行為・状態が同時に存在することへの認識＝シ〕

これは条件表現ではなく、平接である。

▽この店は国産もあれば、輸入品もある。
▽彼は英語もできれば、中国語もできる。

（並列用法の「し」〔三二一頁〕参照のこと）

▽思い出しもしなければ、考えたこともない。
▽軒に夥しい灯籠を吊してある家もあれば、巨大な灯架や山棚を作って、そこへ灯籠を懸けて並べてある家もあった。（井上靖『天平の甍』）
▽修業は並々ならぬもの故、それは水も汲めば火も焚くが、そんな使い走りに追い使われるなどというものではない。（飯沢匡『箒』）
▽嵐も吹けば　雨も降る　女の道よ　なぜけわし（高橋掬太郎「ここに幸あり」）

なお、次のような特殊用法も見られる。

▽どうすればいいの？／よろしければ、どうぞ来てください。（⇒「たら／ば」……一定の言い回し）
▽そういえば、彼、最近見かけないね。（「ば」のみ。……一定の言い回し）
▽そう心づいてからは、ひとしお愛情がこまやかになるのを感じた。そう云えばいつか本家の姉から、雪子ちゃんは幸子ちゃんの子ばかり可愛がって、内の子供をさっぱり可愛がってくれないと嫌味を云われたことがあって、返答に困ったのであるが、（谷崎潤一郎『細雪』）
▽強いていえば、このごろ口数が少なくなり、一人で考えこんでいることが多くなったが、（渡辺淳一『ある殺意』）

▽仰げば彼方の空に富士の高嶺が聳えている／仰げば尊しわが師の恩（⇒「たら／と」……文語的言い回し）

▽聞けば中学を出た時に病気をしたとかで上の学校へは這入らなかったと云うのであるが、（谷崎潤一郎『細雪』）

二、条件接続の「ば」

1、条件接続形式の比較

条件法には、既出の助動詞「だ」「た」の仮定形「～なら」「～たら」で行なう方法のほか接続助詞による方法もある。本来は「～ならば」「～たらば」であるが、その「ば」が落ちた形で使用されるところから、この「～aば」形に対して、「勝てば官軍」などの動詞の仮定形に続く「ば」条件を「～eば」条件と呼ぶ。それに、次に述べる「～と」を加えて比較したのが次の表である。

＊以下は「～ば」条件文の例である。これを比較の意味で「なら」「たら」および、接続助詞「と」による条件文に言い換えられるか、対比してみた。置き換え可能な文には○印を、不可能なものには×印を付してある。なお、「ここまで来れば」を「たら」に言い換えるには、「来たら」のように活用形を変えなければならない。以下、各形式に応じて語形を変えるという含みである。

＊下の○×の上段は「なら」、中段は「たら」、下段は「と」についての可否である。

暑ければ、どうぞ窓をお開けください。	○	○	×
酒が無ければ、ビールでもかまわないよ。	○	○	×
ここまで来れば、もう一人で帰れます。	×	×	×
行ってくれれば、よかったのに。	×	×	×
よろしければ、どうぞ来てください。	×	×	×
この道をしばらく行けば、駅に出るでしょう。	×	○	○
春が来れば花が咲く。	×	○	○
八時に出れば九時に着く。	×	○	○
この犬は主人を見れば、走って来る。	×	○	○
暇さえあれば眠っている。	×	○	○
勝てればいいが、さてどうなることか。	×	○	○
よく見れば、そんなに若い人でもない。	×	○	○
蕎麦といえば、信州の蕎麦だ。	×	×	×

2、「〜ば」条件接続の発想と意味

「〜たら（ば）」「〜なら（ば）」と異なり、動詞の仮定形では「ば」を省略することができない。この「Aすれば B」文型は、後件Bの発想から、大きく二種に分かれる。

(a)「教えてくれれば礼をはずむ」のような、個別的な事象としての己の意志的発意。

(b)「風が吹けば桶屋が儲かる」式の、AB間の因果関係を述べる論理の叙述。

これらのうち、(a)は外の事態に対する己側からの発想。(b)は「外」対「外」の因果関係への認知である。(b)には己の個人的意見の入りこむ余地がない。Aが理屈としてBを招くという発想は、逆に〝どうすればBとなるか〟の解答として〝AすればBとなる〟の理屈を生み出す。「どうすれば桶屋が儲かるか?↓風が吹けば桶屋が儲かる」、つまり、「風が吹けば」の部分が解答。

「風が吹けばどうなるか?↓桶屋が儲かる」の述部「桶屋が儲かる」を解答部分とする順行論理と、条件句「風が吹けば」のほうを解答部分とする逆行論理と、両方が(b)の「〜バ」条件では成り立ち、そのどちらの発想であるかは、談話のレベルで判断するしかないのである。これは次に述べる「〜と」条件にはない解釈と言える。

(a)「来年のことを言うと鬼が笑うよ。」

(b)来年のことを言うと鬼が笑う（ことわざ）

(a)は個別的事象。(b)の因果関係を表す用法も、「来年のことを言うとどうなる?↓鬼が笑うのさ」の順行しか考えられない。

3、「〜ば」条件の意味分類

＊各例文の末尾にある（ ）内に他の言い換え例を示しておいた。

①仮定

〔状況を仮定して、その際の在り方を特定する〕

(a)グループ

▽承知してくれれば、すぐ行く。（タ時ハ、タラ）

▽希望者が多ければ、バスは二台にしてください。（時ハ、タラ）

▽酒がなければ、ビールでもかまわないよ。（時ハ、タラ、ナラ）

▽もし暑ければ、窓を開けてください。（時ハ、タラ）

▽夫さえ生きていてくれればこのような孤独は味わわなくてすんだと思われもするが、（水上勉『鳳仙花』）

②既定・現在のこと

〔現在の状況を認識して、話者の意見・態度を述べる〕

(a)グループ

▽そんなに暑ければ、窓を開けてください。（ナラ）

▽そんなに面白ければ、僕も読もう。（ナラ）

▽ここまで来れば、もう一人で帰れます。（タラ、ノデ）

▽そんなことを言えば、彼にだってアリバイはあるんだぜ。（ナラ）

▽これもあとで思えば、もうこの時からして、ふくむところがあったとみてよい。（水上勉『鳳仙花』）

③例示論証

〔例を引き合いに出して話題の根拠や内容を示す〕

(a)グループ

▽H博士の説によれば、癌はビールスによるのだそうだ。（ト）

④因果関係・論理

〔前提条件からの当然の帰結を後件に示す〕

(b)グループ

▽田中さんが来れば、みんなで五人になる。（ト）

▽風が吹けば、桶屋が儲かる。（ト）

▽初め良ければ、終わり良し。（ト）

▽この世は自分が生きている間しかない。自分が死ねば、そこで地球も終りになる。（渡辺淳一『ある殺意』）

⑤習慣・習性

〔習慣・習性に基づく当然の結果が以下に続く〕

(b)グループ

▽彼は机に向かえば居眠りを始める。（ト）

▽隣の犬は主人を見れば走っていく。（ト）

⑥慣用（非条件表現）

▽試験なんか無ければいい。（ト）
▽バス早く来ればいいなあ。（ト）
▽焦れば焦るほど答えがわからなくなる。（スレバスルホド）
▽どんなふうに考えればいいのか、（井上光晴『鯖浦の長い日』）

❖「ば」の条件形式を用いたことわざ

「～ば」条件を意味の面から眺めると、①～③は、(a)グループの個別的な事象の己の意志表明型。④～⑤は(b)グループで、己とは関わらぬ客体界の論理型。⑤は個別的事物に関するため〈習慣・習性〉となるが、⑥は恒常的な一般論理。慣用句・ことわざといった社会の所産とも言える言葉に多く見られる。

▽悪に強ければ善にも強し／あちら立てればこちらが立たぬ／急がば回れ／犬も歩けば棒に当たる／魚心あれば水心／打てば響く／噂をすれば影がさす／男は敷居を跨げば七人の敵あり／風が吹けば桶屋が儲かる／勝てば官軍／郷に入れば郷に従え／三人寄れば文殊の知恵／捨てる神あれば拾う神あり／住めば都／立てば芍薬座れば牡丹／塵も積もれば山となる／毒を食らわば皿まで／所変われば品変わる／喉元過ぎれば熱さを忘れる／初め良ければ終わりよし／花多ければ実少なし／人を呪わば穴二つ／貧すれば貪する／待てば海路の日和あり／右と言えば左／無理が通れば道理引っ込む／のみと言えば小槌／寄らば大樹の陰／楽あれば苦あり／瑠璃も玻璃も照らせば光る／ああ言えばこう言う

❖「ば」の条件形式を用いた慣用的な言い回し

いわゆる複合辞が多い。

▽～かと言えば／～から言えば／～といえば／～かと思えば／～にしてみれば／～かとすれば／～からすれば／～とすれば／～となれば／～から見れば／～かとみれば／～てみれば／～にしてみれば／～によれば

▽井谷にしてみれば、此の姉妹たちは少し思い上がりすぎている、人が熱心に奔走してやっているのにいつ迄悠長なこと云っていてどうする気だろう、

（谷崎潤一郎『細雪』）

（確定も含めた）仮定順接条件としては接続助詞「〜ば／〜と」による条件方式のほかにも「〜なら／〜たら」が代表的な形として、しばしば比較の対象とされる。ほかにも、複合派生形の「〜だったら」「〜たなら」および「の」を受けた「〜のなら」「〜のだったら」など、条件形式は数多い。

4、「〜ば」条件の特殊例

「ば」による仮定法でも、歌詞などでは必ずしも論理的な因果関係を示さぬ例も見られる。

▽湯島通れば　思い出す　お蔦主税《ちから》の　心意気

（佐伯孝夫「湯島の白梅」）

〝湯島を通ると決まって思い出す〟わけであるから、「通ると」に近い、⑤〈習慣・習性〉と見てよい。

▽やると思えば　どこまでやるさ

（佐藤惣之助「人生劇場」）

「思ったら」に当たるから、①〈仮定〉で説明がつく。

▽あなたを待てば　雨が降る　濡れて来ぬかと　気にかゝる

（佐伯孝夫「有楽町で逢いましょう」）

〝待っていたところが雨が降ってきた〟と解釈できるから、具体的で個別的な事象と考えると、②〈既定・現在のこと〉になるが、②は後件に話者の意見や態度が述べられる文型であるため、「雨が降る」のような自然現象はそぐわない。④〈因果関係・論理〉〝あなたを待つときはいつも決まって雨が降る〟という解釈のほうが現場のムードに合った理解かもしれない。

▽吹けば飛ぶよな　将棋の駒に　賭けた命を　笑わば笑え

（西條八十「王将」）

明らかに④〈因果関係・論理〉の例で、「風が吹けば桶屋が儲かる」式の連動現象であろう。

と・なり【接続助詞】

一、条件表現以外の「と」

①順序

〔同じ主体の二つの動作・作用が継期的に起こる〕

▽彼は電灯を消すと、すぐ目を閉じた。（テ）

▽ポケットからハイライトを取り出すと、ライターで火をつけ、（渡辺淳一『ある殺意』）

②同時性

〔異なる主体の動作・作用・状態が同時に存在する〕

▽家に帰ると、雨が降りだした。（ソノ時）

▽部屋に戻ると、電話が鳴っていた。（タトキ）

▽外に出てみると、雨が降っていた。

▽見ると、もう辺りには誰もいない。

▽屋上へ行ってみると、相川少年は事件の起きた屋上の近くに、頭をかかえたまま、うずくまっていた。（『ある殺意』）

③前提

〔次の話題の準備として前置きを示す〕

▽この道をしばらく行くと、右側に白いビルが見えてくるでしょう。

▽はっきり言うと、合格はとてもおぼつかない。

▽その方を向くと、窓の外に腹の中ではいちばん虫の好かぬ男の顔があらわれた。（井上光晴『鯖浦の長い日』）

④対比

〔対照的な二つの事態を対比的に示す〕

▽見ると聞くとは大違い。

▽寄ると触ると彼の噂で持ちきりだ。

二、順接条件の接続助詞

1、「〜と」の発想と意味

接続助詞「と」は用法の広い語で、条件句を作るのはその中の一部、以下の⑤〜⑦にすぎない。

⑤因果関係

〔一つの動作・作用がきっかけで次の動作・作用を起こす＝タラ〕

▽そんなことを言うと、後でひどい目に会うぞ。

▽君がそんなことを言うと、私もその気になる。

▽よく見ると、そんな若い人でもなさそうだ。

⑥順接条件

〔順当な結果を伴う条件を仮定する＝バ〕

▽その犬は主人を見ると駆けてくる。（習性）

▽彼は腰を下ろすといつも居眠りを始める。（習慣）

▽若い時にやっておくと、年を取ってから役に立つものだ。

▽来年のことを言うと、鬼が笑う。

▽春が来ると、花が咲く。

▽希望者が多いと、バスも二台は必要になる。

⑦逆接条件

〔起こりそうな場合を仮定し、それにもかかわらず事が発展する〕

▽何と言おうと彼は出掛ける気だ。（テモ）

▽雨が降ろうと降るまいと、そんなことには係わりなく実施されます。

▽雨が降ろうと槍が降ろうと、いったん決めたことは飽くまでやり抜くぞ！

▽煮て食おうと焼いて食おうと俺様の勝手だ。

⑧慣用

▽先生来ないといい。（バ）

▽悪くすると、入院することになるかもしれない。

▽ことによると、別々のクラスに分かれるかもしれません。

▽ともすると遅刻しがちだ。

▽ややもすると寝坊しがちなので、十分注意するように。

⑨一語化

▽すると／そうなると／だとすると

⑩複合辞を構成する「と」

▽～に至ると／～かというと／～からいうと／～というと／～かと思うと／～とすると／～とくると／～からすると／～となると／～になると／～てみると／～かとみると／～からみると／～ようと／～よう

と～まいと／～によると

2、「～と」条件文の発想と意味

「～と」条件法と意味の重なる形式として、「～たら」「～ば」の二形式を比較対比してみることにする。

＊○×の上段は「たら」、下段は「ば」での可否。接続の関係で先行語の活用形式は言い換えをする。

この道をしばらく行くと、駅に出るでしょう。　○○
春が来ると花が咲く。　○○
八時に出ると九時に着く。　○○
この犬は主人を見ると、走って来る。　○○
暇さえあると眠っている。　○○
勝てるといいが、さてどうなることか。　○○
よく見ると、そんなに若い人でもない。　○○
外へ出ると叱られるぞ。　○×
辞書を引いてみるとそんな説明は何一つない。　○×
そんなことを言うと、承知しませんよ。　○×
外へ出てみると雨が降っていた。　○×
彼は本を閉じると、立ち上がった。　○×

「～と」は、「～たら」および「～ば」と、ずれて重なる。「～たら」の体験的な面と「～ば」の観念的な論理性との両方の性格を合わせ持つからである。前者は、⑤因果関係で、現実の事態に直面しての己の意志的な判断提示。後者は、⑥順接条件で、仮定的な状況ないしは日常的な事態を設定して、そこから自動的に生ずる結果を叙する。客体界の因果関係を認知するだけで、話者の意志は関与してこない。

このように⑤と⑥とでは、はっきりとした発想の差が見られ、⑤因果関係は、体験的な事象という点で①～③の延長線上にある。⑤と⑥の共通点は〝①順序→②同時性→……⑤因果関係→⑥順接条件〟という意味の流れから、前件と後件との同時的・連動的関係にあると言える。

「～と」による前件・後件の繋がりは〝事態の連動性〟にある。前後の事態が関数関係として連動的に成立することを意味する語である。前件事態を具体化・現実化すると、後件事態の状況に遭遇する②。ないしは、前件事態が成立することが引き金となって、自動的に後件事象も生起する⑤⑥。

したがって「〜と」による話題展開そのものには具体的な時間の観念は伴っておらず、表現全体として過去のことや現在・未来のこととなるだけの話である。それも「春が来ると、花が咲く」のように、⑥順接条件の段階まで来ると、当然の結果の明示、ないしは単なる論理の説明となる。こうなると「〜ば」条件にかなり近づく。なお、表現全体を「……咲いた」と具体的な過去の話題に変えるには、「春が来たら、花が咲いた」と「〜たら」条件になすのがベターであろう。

三、「なり」の意味と用法

動詞に付いて、その動作・作用と同時にほかの動作が行われるとき用いる。

▽窓口に向って「ありましたから」というなり、そのホテルを飛び出し、（川上宗薫『置き忘れ』）

「倒れたなり起き上がろうともしない」のように、「た」に付いて〃その状態において〃の意味も表す。

から・ので【接続助詞】

順接確定条件「〜から」「〜ので」の発想と意味について。

⑴両形式の比較

「から」と「ので」は共に、後件で述べる事柄のよってきたる理由を前件で示す。前件の理由に対して、後件でその結果の有り様を提示する。その前件・後件における話者の状況把握の在り方から、「から」や「ので」の使用の可否も定まってくるのである。

＊次に掲げる文は、「から」「ので」がそれぞれ使えるかどうかを示したものである。使えぬ場合には×印を付しておいた。使用例はあるが好ましくないと思われるものには△印を付けておいた。

前件↓後件

①**断定↓推量**　彼がそう言うからには、自信があるにちがいない。〈から、×〉

②断定↓依頼　私もすぐ行きますから、あちらで待っていてください。〈から、△〉
③希望↓希望　早く帰りたいから、急いでもらいたい。〈から、△〉
④推量↓勧め　すぐ来るでしょうから、しばらくお待ちになっては？〈から、×〉
⑤推量↓意志　雨は降るまいから、傘は置いていこう。〈から、×〉
⑥断定↓意志　今日は寒いから窓を閉めましょう。〈から、△〉
⑦断定↓過去　今日は寒いので窓を閉めました。〈から、ので〉
⑧断定↓断定　日が長いから／ので助かります。〈から、ので〉
⑨断定↓断定　横綱は強いから／ので誰も相手にならない。〈から、ので〉
⑩意志↑断定　お小遣いを上げましょう。お手伝をしたからね。(倒置文)〈から、×〉
⑪断定↑希望　奴がやって来たのは自慢したいからだ。(倒置文)〈から、×〉

(2)「ので」より「から」がふさわしい場合

(a)「から」を導く条件句は主観による認定ゆえ、確実性に乏しくとも条件として立てることが可能である。
「～だろうから／～まいから／～たいから」など。
(b)「から」が導く結果の句も主観の認定でよいため、未来における話者の意見でよい。
「～しろ／～しなさい／～してください／～してほしい／～したい／～にちがいない」
▽「蛙が鳴くから帰ろ」(断定↓意志)
＊「から」と「蛙」「帰ろ」で韻を踏んでいる。

❖文構成から見た「から」「ので」

「から」は前件・後件の二重構造。互いに切り離されている。したがって、丁寧文体の時、「蛙が鳴きますから帰りましょう」と、前後件それぞれに「ます」を添えることも可能。また、切り離されて別個のものの連結意識ゆえ、互いの順序を逆転して「帰ろうよ。蛙が鳴くからね。」と倒置文にすることも可能である。
▽(暇がある) から＋(出掛けたの) だろう。
▽(暇があります) から (出掛けたの) でしょう。

▽（出掛けたの）は（暇がある）からだろう。

「なぜ出掛けたの？　それは暇があるからだ」の課題・解答の二部構成である。図示すれば次のようになる。

条件　から⇒　結果　だろう

一方、「ので」は一まとまりの叙述内容として成り立ち、それ全体を受けて「らしい」と推量する。

▽（暇があるので出掛けた）らしい。

条件　ので⇒　結果　らしい

以上の結果、次の(c)と(d)が導き出される。

(c)「から」の文は条件句と結果句とが意味的に切り離されている。そのため、条件形を文末に置く倒置文は「から」で結ぶのが自然。「ので」は文末に立ちにくい。

(d)丁寧表現「です／ます」も、「〜ですから〜です。」「〜ますから〜ます。」と前後件それぞれに添えることが可能なのは「から」の文。「ので」文は「〜なので〜です。」「〜するので〜ます。」のように、文末にのみ添えるのが本来の姿である。

▽食卓で帳簿つけをする習慣になっていますので、私は二階北側六畳の寝室で先に寝てしまいました。

（津村節子『遺書』）

(3)「ので」しか使えない場合

▽先輩というので遠慮しているのか。（慣用表現）

(4)「から」しか使えない場合

▽深夜にも関わらず普段着であることから、里子はその時間まで起きていたと思われる。（『遺書』）

▽和服をキリッと着こなしているのはやせているからで、洋服を着せたら貧相で見られないにきまっている。（三浦朱門『若い母』）

▽ドアが開きかかっているのに気がついたからだ。（黒井千次『冷たい仕事』）

▽そのときの記憶が頭にこびりついていたからではない。（長部日出雄『猫』）

ながら【接続助詞】

付　て

一、「て」と「ながら」

1、「て」の多様性

接続助詞の用法は、「風が吹けば桶屋が儲かる」「いま聞いたのに忘れた」「泥棒を捕らえて縄をなう」のような用言による句に接続して後続の句への橋渡しをなす用法（条件表現もその一つ）が主であり、「ば／と／とも／が／ど／ども／て／ても／のに／ので／から／し／けれども／ものを」等、その他さまざまな語が所属する。が、とりわけ「て」は多機能で、「座って帰る」「手を挙げて横断歩道を渡ろうよ」のような連用修飾語を作るもの、「聞いて回る」「受けて立つ」「取って付けたような返事」と前後の動詞を複合的に繋げるもの、「教えてもらう」「見ている」「食べてみる」など補助動詞を導くもの、「見て！　見て！」の依頼表現を作るものなど、枚挙にいとまがない。このように「て」は意味と機能が広いため、他の助詞と用法面で競合するところが多い。冒頭に掲げた例でも、「風が吹いて桶屋が儲かる」「いま聞いて、もう忘れた」と「て」に言い換えが可能なことからも、「て」の意味の広さが分かるであろう。とりわけ同時進行の「ながら」とは、種々の問題をはらんでいる。

2、「て」と「ながら」の差

「～て」は「走って帰った」「大の字になってのびている」のように、「Aの状態においてBが行なわれている」「Aの状態においてBの状況が繰り広げられている」の意で、AはBの状態説明である。前件は**状態性**か、**行為の結果の継続**である。「座って待ちましょう」「目を開いて眠っている」「手ぐすね引いて待っている」「大きな鞄を持って歩いている」など。

一方、「～ながら」は、「笑いながら近寄って来た」「歩きながら話しましょう」と、二つの無関係な動作・行為の共存である。A・Bが両立し得る場合、Aは副次的な行為、Bが本来の主たる行為である。AはBが成り立つ折の同時進行動作、ないしは手段。動的である。「茶でも飲みながら相談しよう」「煙草を吸いながら考える」「口笛を吹きながら歩いている」など。

「テープを聞きながら勉強している」は勉強に並行してテープも聞いている。「テープを聞いて勉強している」は勉強の手段としての意識が濃い。

このように見てくると、「て」は後件で述べる動作の行なわれる状況ないしは手段・理由などを説明する意識が濃く、前後に因果関係が感じられる。一方、「ながら」は同一主体が二つの行動・作用を並行的に進行させているという、動きの同時性を述べているにすぎない。前件は、後件の状況説明的な性格がなく、あくまで切り離された〝動き〟の行為・現象である。

▽「なんだか菜穂子さんはあんまり為合せそうにも見えなかったな」と明は考え続けながら、有楽町駅の方へ足を向け出した。（堀辰雄『菜穂子』）

▽私は漸くほっとした心もちになって、巻煙草に火をつけながら、始めて懶い瞼《まぶた》をあげて、前の席に腰を下ろしていた小娘の顔を一瞥した。（芥川龍之介『蜜柑』）

二、「ながら」の意味変遷

「ながら」の本来の意味は〝その状態のまま〟で、「さながら」（然ながら）すなわち〝その様子のままの〟の意味を表した。『伊勢物語』の、

▽昔、男ありけり。身はいやしながら、母なむ宮なりける。（八十四段）

も、直訳すれば〝その身は賤しい状態のままなのに〟である。つまり〝Aのままの状態でBの事態が生ずる〟ことが「ながら」の基本義であった。もともとは「いやしながら」のように接尾辞として前の語に付き、それに副詞的な性質を与える働きであった。現代語でも、

▽昔ながらの変わらぬ友情／いつもながら（いつものことながら）たいしたお手並みだ／生まれながらの

超能力／我ながらあっぱれ

▽突然に玄関先に脱ぎすててある雪駄をほしいような気がしたのは、自分ながら意外であった。

（室生犀星『性に目覚める頃』）

Aの状態においてB状態が並立するのである。これが「涙ながらのご対面」となると、「涙を流す／対面する」という動作性を内包する関係から、行為の同時性が生じてくる。いわゆる〈同時進行〉である。動作性が顕在化すればA・Bは動詞となり、接続助詞に変身する。

▽この所疲れ気味だからな、と長沢に答えながら彼は籐椅子のある窓辺から一段高い座敷に上った。上りながら、自分が背後に何かを隠しているような落着きの悪い気分を味わった。

（黒井千次『冷たい仕事』）

▽彼は安物の応接セットに女を案内しながら、たまには掃除しないといけないな、と埃だらけの室内がはずかしかった。

（三浦朱門『若い母』）

ところで、

▽真っ暗な中に、病人は一人で怯えてでもいるように、大きく目を見ひらきながら、私の方を見ていた。

（堀辰雄『風立ちぬ』）

の例では、「見ひらき」は、目を開く行為よりは、開いた結果の状態に意味があため、「私の方を見ている」状況説明となり、「ながら」は「目を見開いて、私を見ていた」と「て」に置き換えることも可能となる。同時進行から状況説明への移行を感じさせる使い方である。

▽「八人おるな」小坂重雄はいった。なぜか計算違いをするような気持になりながら。

（井上光晴『鯖浦の長い日』）

前件Aが完全にBの状況説明に転ずると、動詞からさらに形容詞へとAの品詞性は広がる。状態的な叙述のとき、〝そのような状態にありながら、なお××だ〟という同時状態の意識が生まれる。

動作性の動詞の場合は、そのまま「ながら」を付けると「テレビを見ながら飯を食っている」のように同時進行となってしまうが、「ている」を伴うと行為・作用の進行中という状態的意味に変わるから、〝そのような状態にありながら〟の意味合いがつよく前面に押し出される。

▽彼がその白い外套の女から目を離さずに歩いて行くと、向うでも一瞬彼の方を訝しそうに見つめ出したようだった。しかし、何となくこちらを見ていながら、まだ何にも気づかないでいる間のような、空虚な眼ざしだった。（堀辰雄『菜穂子』）

いわゆる逆接の「ながら」である。

▽そんな口のきき方をしながらも赤ん坊がいるというのが彼にはどことなく滑稽に思われた。（黒井千次『冷たい仕事』）

▽ちゃんと四年もくらした夫がいて、その夫と一しょにいながら、子をあずけんならんということは、不甲斐ないはなしやないか、（水上勉『鳳仙花』）

▽骨までしゃぶられながら、いっこうにまだ、お目のさめるきざしはない。（杉本苑子『謀殺』）

▽狭いながらも楽しい我が家／小さいながらも精一杯頑張ったんだよ

▽後妻のりきは大政所のないないの稽古にお相手をするほどに堪能ながら、家のなりわいに采配をふれる質には遠かった。（野上彌生子『秀吉と利休』）

と、形容詞や形容動詞の語幹に伴えば、状態性の語だけに、はっきりと逆接の意味になる。動詞でも、

(a)一問一問理解しながら先へと進む。
(b)答を知りながら教えてくれない。

「理解する」は「理解しつつ」と動作性に解せ、「理解していながら」との置き換えは許されないから〈同時進行〉、(b)は「知っていながら」と言い換えも可能であるゆえ、〈逆接〉の「ながら」である。

が・けれども・のに【接続助詞】

一、「が」について

1、「が」の多様性

接続助詞の「が」は、もと格助詞の「が」から出たもので、そのため「が」で受ける文脈は、必ずしも逆接条件を構成するものとは限らない。ほとんど句の繫ぎとしてしか意味を持たないものから、条件句を構成するものまで幅は広い。

2、「が」接続の種類

①前置きの句、あるいは補足的な説明を差し挟むとき用いる。

▽井谷と云うのは、……幸子たちが行きつけの美容院の女主人なのであるが、縁談の世話をするのが好きと聞いていたので、幸子はかねてから雪子のことを頼み込んで、写真を渡しておいたところ、（谷崎潤一郎『細雪』）

▽泉という、まだ、若い弁護士であったが、その頃、ちょっとした疑獄事件をあつかって、相当の評判をとっていた。（舟橋聖一『篠笛』）

▽それは折から井沢の休みの日であったが、白昼遠からぬ地区に二時間にわたる爆撃があり、（坂口安吾『白痴』）

▽隆は上の兄の、理科と文科と違ってはいるが、高等学校からの親しい友達のこの大学生が、この頃急に嫌いになりだした。（野上彌生子『哀しき少年』）

②行為や事態の時間的な順序・同時性・共存などを表す。

▽ずいぶんおくれて村にさしかかったのであったが、村中が一目で見えるところまできて、先生は思わず立ちどまって叫んだ。（壺井栄『二十四の瞳』）

▽夫は雪がちらつくからと一緒に出なかったが、その雪も止み、下の雲の波から、グリヨンの屋根や、湖の断片が飛び出して来た。（芹沢光治良『ブルジョア』）

▽一行の姿は馬の背をこえて、向うの谷間にかくれたが、至はまだ剣ケ峰の一角に立っていた。
（橋本英吉『富士山頂』）

▽コマツさんはこの布袋《ほてい》さまの像を見るとたしなみなく笑いだしたが、この立像はおそろしく頑丈で、すこし突いてみたくらいではびくともしないのであった。
（井伏鱒二『集金旅行』）

③対比的に二つの事柄を並べて逆接条件を構成する。

▽花は咲いたが、まだちらほらだ。

▽会社から合格通知はもらったが、本人は気が進まないらしい。

▽箱根八里は馬でも越すが、越すに越されぬ大井川。

▽自分でも方々の小鳥屋を歩いたが、見つからなかった。
（川端康成『禽獣』）

④動詞＋「た」を「ところ」で受けて、複合辞として、継起的に生ずる事態や、前件の仮定条件に反する結果の事態を後件で述べる。

▽主な金は叔父が出してくれるとした処が、金はあるに越したことはないので、売れる原稿も友達が世話してくれたりしていつもより倍以上も書かされた。
（武者小路実篤『愛と死』）

▽駄目だ。待ったところがもう君は来やしない。
（有島武郎『生まれ出づる悩み』）

⑤条件句の部分だけ切り離されて「……が。」で文を終止する。後件を省略することによって、結果句を暗示させる婉曲表現となる。

▽行くことは行ったが。／できることはすべてやってみたが……。

▽「君は庄川事件というのを知らないか。電力会社を向うに廻しての大喧嘩……」
「よくは知らんが、――聞いている」

「どういうのかね。俺に書けと言う人があるのだが――」

（高見順『流木』）

▽「俺は芸者から聞いた。芸者がうたうのはウソか」
「いいえ。それはかまいませんが」

（『流木』）

▽あれは何という木かと私は娘に聞いた。
「あれですか。あれは柳ですが――」

（『流木』）

⑥一つの言い回しとして、前後の句を対比的に結びつける。

(a)対句の形で「Aも～だが、Bも～だ」の複文文型をつくる。

▽親も親だが、子も子だ。

この形式は「親も親なら、子も子だ」の「なら」と相通ずる。

(b)慣用表現として「～しようが～しまいが」の形で前後の句を結びつける

▽雨が降ろうが降るまいが、それとは関係なしに予定どおり挙行されます。

二、「けれども」について

❖「けれども」接続の意味と種類

「けれども」の用法は「が」と差がない。「が」の④「～たところが」の複合辞としての用法と、⑥の慣用的な言い回し(b)は「けれども」と置き換えられないが、他の用法は「が」と歩調をそろえている。②の時間的順序・同時性は例が少ない。どちらかといえば「が」は書き言葉に多用され、「けれども」は話し言葉で愛用される。そのため、「けれど」「けども」「けど」などの、くずれた形もまま見られる。

①前置きの句・補足的な説明を差し挟むとき用いる。

▽実はこちらへ御相談をしないで悪かったけれども、ぐずぐずしていて良い縁を逃してはと思ったので、お預かりしてあったお嬢様のお写真を何ともつかず先方へ見せたのが、一ヵ月半程も前のことになる。

（谷崎潤一郎『細雪』）

▽真紀　そりゃ、惜しいには惜しいだろうけど、先生方もあんな風に言って下さったのだし。

（森本薫『みごとな女』）

▽伸太郎　そりゃどうだかしらないけれど、お父さんは何時でも私達の誕生日には何か下さいましたよ。

（森本薫『女の一生』）

②行為や事態の時間的順序や、同時性・共存などを表す。

▽急き込むような早口でしゃべるのを聞いていると、随分此の人はと思うところもあったけれども、段々聞いて行くうちに、男勝りの親分肌の気性から好意で云ってくれていることがよく分るし、（谷崎潤一郎『細雪』）

③対比的に二つの事柄を並べて逆接条件を構成する。

▽戦争の様々は忘れ去るべきものであろうけれども、戦争のために散華した数々の魂は、あまりにもいたましく生きた世界から閑却され始めている。（林芙美子『麗しき脊髄』）

▽わざ〳〵新聞社まで行って調べて来ているくらいなので、よく諒解していたけれども、なお自分からも、そんなことがあるような御嬢様かどうかまあお会いになってご覧なさいと云って、（谷崎潤一郎『細雪』）

④条件句の部分だけ切り離されて「……けれども。」で文を終止する。後件を省略することによって、結果句を暗示させる婉曲表現となる。

▽お帰りが遅ければ遅いほど、お帰りになったときの悦びが余計になるばかりだと思って、痩我慢をしていたんだけれども、――（堀辰雄『風立ちぬ』）

▽英一郎　煙草ぐらいすってもいいだろう、おっ母さん。僕は寝てなんかいませんよ。

坂　それならよかけど。（田中千禾夫『おふくろ』）

▽お父さんが、二人分可愛がってくれたからよかったけれど。（森本薫『女の一生』）

三、「のに」について

1、「のに」の意味

前件で述べた内容に反する状況の現状に対し、意外・不服・不満の気持ちで事態をとらえる逆接の確定条件。

▽悦子は母が外出する時でも雪子さえ家にいてくれゝば大人しく留守番をする児であるのに、今日は母と雪子と妙子と、三人が揃って出かけると云うので少

し機嫌が悪いのであるが、　　（谷崎潤一郎『細雪』）

2、「のに」の言い切り形

「……のに。」で後件を省略することによって、結果句を暗示する技法は「けれども」の場合と同じである。

▽火事や地震の時、逃げ場がないわ。もっと下の部屋を取っとけばよかったのに……　（大岡昇平『風の匂い』）

▽いやねえ、その人アリバイにあなたを利用しているのよ。しらべればすぐわかることなのにね。　（阿部牧郎『二十年目の偽証』）

3、派生用法

「のに」が「という」を受けて、複合辞として「〜というのに」の形で現れることがある。

▽もう四月だというのに、まだ桜は固い蕾だ。

＊「というに」の形でも用いる。

ものなら・ものの・ものを・にもかかわらず【接続助詞】

一、「ものなら」の意味と用法

仮定的な事象を設定して、もし実現した場合には、それがきっかけで思わしくない成り行きとなることを述べる。

▽こっそり告げ口でもしようものなら、後でえらい目にあうぞ。

古くは次の例のように、仮に実現できる場合を想定して、その折に取るべき行為を、以下で述べる表現も見られた。

▽もし金力で自由になるものならば、如何なる艱難をしてなりとも、それだけの金額で積んで、再びお類

をこの世に活かしたいと念う。

（尾崎紅葉『多情多恨』）

可能の語に付いて、仮にそれが実現できるとしたら実現してみろと、強圧的に述べる。裏の意味として、まず不可能であろう、または、もし実行した場合には承知しないぞという気持ちを詰問調で述べる。

▽やれるものならやってみな。

▽あの速いボールを、打てるものなら打って見せてくれ。

二、「ものの」の意味と用法

前件で述べた事象を認識した上で、それと相反する事象の生起や存在を主張するときに用いる。

▽私はその間に何度も耳をそば立てては、さっきからあかりは消してあるものの、まだ同じように寝つかれずにいるらしい隣室の病人の様子を窺った。

（堀辰雄『風立ちぬ』）

▽相当に古風な建物で、病院として造りなおしてはあるものの、中世紀の僧院といった感じがつきまとっていた。

（北杜夫『夜と霧の隅で』）

▽着物を買う余裕が出て来たものの、和服の知識はないし、帯の結び方も知らない。

（平岩弓枝『二十八年』）

三、「ものを」の意味と用法

①不満な気持ちである状況を提示し、それとは相容れない現状を以下で述べる。

▽雪子にしても、お腹の中ではっきり「否」にきまっていることなら、早くそう云えばよいものを、どうとも取れるような生返事ばかりしていて、いよ〳〵となってから、それも義兄や上の姉には云わないで、……

（谷崎潤一郎『細雪』）

▽その平生から考えたら、叱りつけそうなものを、何故叱りもせぬのであろう。

（尾崎紅葉『多情多恨』）

▽黙って見ていればいいものを、余計な手出しをする

もんだから、かえって悪くなってしまったじゃないか。

逆接の「のに」に置き換えられる例がほとんどである。

②不満や残念さから「ものを」で文を切って後を省略し、詠嘆的な余情を残す。

▽いさり火は身も世もなげにまたたきぬ陸《くが》は海より悲しきものを　（与謝野晶子）

（陸は海より悲しいはずという）話者の意見とは反対な（漁り火が身も世もなげに瞬いている）現状を不満の気持ちで眺め、反駁する態度を「ものを」で表す。

▽それほどに思い合っている仲と知ったらあんなに勧めはせぬものを。　（伊藤左千夫『野菊の墓』）

なお、終助詞的に、ある理由や根拠を提示して文末に添えて、詠嘆的な結びとする用法もある。

▽だってねエ、理想は食べられませんものを！　（国木田独歩『牛肉と馬鈴薯』）

四、「にもかかわらず」の意味と用法

前件の状況から想像される結果に反して、それとは異なる結果が生ずることへの話者の気持ちが後件を導く。後件は必ずしもマイナスの評価状態とは限らず、プラスの状態もあり、常識的な一般からは外れるが、それなりの良さとして評価しているのである。

▽今度は、その高い鼻、碧い眼、赤らんだ頰がまだ僕の眼前に髣髴しているにもかかわらず、その夫人の顔はだんだん前にも増して美しく思われ出したのだ。　（堀辰雄『プルウスト雑記』）

▽秋山は色が黒く痩せて、ひどい近眼であったにもかかわらず、彼女の顔がなおも絶えず変化しているのに愕いた。　（堀辰雄『美しい村』）

ても【接続助詞】

逆接条件を構成する助詞だが、前後の意味関係によって仮定条件とも確定条件ともなる。「〜ても〜ても」と重ねる形式も多い。

①仮定ないしは未成立の事柄を条件として立てる場合。

▽あなたがいらっしゃらなくても、こんなにへんに落着いているのは、自分でもなんだか気持が悪いくらいです。（宇野千代『恋の手紙』）

▽『まだ早いわ！』早ければ、早くてもいい。（鈴木俊平『早い結婚』）

▽ちんちん千鳥の啼く夜《よ》さは、啼く夜さは、硝子《がらす》戸しめてもまだ寒い、（北原白秋「ちんちん千鳥」）

▽がっちり構えていて押しても引いても相当なものなんでょうね？　なにしろ、あれから二十年ちかくになりますものね。（井伏鱒二『集金旅行』）

▽腐っても鯛

②確定ないしは、すでに成立している事柄を条件として立てる場合。「〜ても〜ても」と繰り返される句では、〝どんなにその行為を進めても、なお〟の意味の逆接となる。

▽涙が出るほどわらいつづけても、なおわらいが止まらなかった。（村上兵衛『将軍マックの死』）

▽〈かれは変ったのか、変らないのか〉と考えてみても、人間の変化の基準をどこに置いていいかわかりませんでした。（鈴木俊平『早い結婚』）

▽どんなに生活が保障されているにしても『パンのみにて生きるにあらず』だと、その島の同胞は思っているのでしょうから。（李恢成『長寿島』）

▽雪やこんこ霰《あられ》やこんこ　降っても降ってもまだ降りやまぬ（文部省唱歌「雪」）

▽外へ出る時とんで来て、追っても追っても附いて来る。ぽちはほんとにかわいいな。（文部省唱歌「犬」）

▽分け入っても分け入っても青い山（種田山頭火）

③一つの言い回しとして「～てもいい」「～てもかまわない」「～て（も）結構だ」「～て（も）差し支えない」「～ても仕方がない」「～ても仕様がない」等の形で複合辞としての使用が見られる。

▽林は実に今の武蔵野の特色といってもよい。（国木田独歩『武蔵野』）

▽政治的にも宗教的にも、何をしゃべってもかまわないのです。（木村治美『黄昏のロンドンから』）

④「～にしても」の形で。

話題の説明として、例示意識からある事物や人を取り上げて述べる。「～にしたって」とほぼ同意。

▽今度の仕事にしても、社員にまかせると、お座なりの仕事しかしない。（三浦朱門『再会』）

▽一番大きな原因を云えば、本家の姉の鶴子にしても幸子にしても、又本人の雪子にしても、晩年の父の豪奢な生活、蒔岡と云う旧い家名、――要するに御大家であった昔の格式に囚われていて、（谷崎潤一郎『細雪』）

⑤打消の「ない」を受けて、「～ないでも」の形で、そのような事態の実現を否定しても大丈夫だの意味を表す。「～なくても」「～んでも」も同様。

▽無理に行かないでもいい。／進学しなくても何とかなるさ。

▽いや着物など着替えんでもよいじゃないか。（伊藤左千夫『野菊の墓』）

⑥「どうしても」「何としても」の形で、あくまでも実現に向けて努力する意志を表す。

▽どうしても伝えなければならない事がある。

▽何としてもあの学校に入りたい。

⑦「それにしても」の形で、逆接の補足説明を加える。

▽部活があると言っていたが、それにしても少し帰りが遅すぎるね。

類似の例として、その話題から派生した事柄を補足的に添える「それにつけても」もある。

▽それにつけても金の欲しさよ。

⑧その他一つの言い回しとして次のようなものがある。
▽言うても詮ない話。
▽何年掛けてもやり遂げるぞ。

❖「ても」による慣用句

「ても」を用いた慣用的な言い回しも見られる。主なものを列挙しておく。

居ても立ってもいられない／切っても切れない縁／腐っても鯛／転んでもただでは起きない／縦から見ても横から見ても〜／泣いても笑っても〜／煮ても焼いても食えない／似ても似つかぬ〜／寝ても覚めても〜／願ってもない話

❖古い形「とも」について

仮定条件「ても」の文語的な言い方として、「とも」を用いることがある。
▽いかに苦しくとも最後まで頑張れ
▽朝に道を聞かば夕べに死すとも可なり（『論語』）

たって・とて・どころか【接続助詞】

一、「たって」の意味と用法

「たって」は「たとて」の訛った形。話し言葉で多用される。

①〝たとえどんなに〜しても〟の逆接条件として、後件で述べるように、前件の事態が動かしがたい状況にあることを強く主張する。活用語に続く場合は連用形か終止形に付く。
▽速達で出したって今日中には着かないのだよ。
▽入院したって、駄目なものは駄目さ。

②前件の事態を仮に認めたとしても、そこから予想される事態がそれほどでもないはずだと否定的な見解を主張する逆接。活用語に続く場合は終止形に付く。

▽今から行ったって間に合いっこないさ。
▽いくらしっかりしているったって、所詮は子供だ。たかが知れている。
▽徹夜で書くったって、もう今からじゃ間に合わないよ。
▽商売っていったって、できなくたっていいんだァ、これから二人ではじめるんだから、自分のこととなると、やってしまうさ、　（坂上弘『あげは』）
▽——あら、お帰り？　もう夙《とう》に電車ございませんよ。
——いや、電車なんぞ要りません。

——帰るったって、君、第一、どこへ帰るつもりか。あてはないんだろう？（里見弴『みごとな醜聞』）

二、「とて」の意味と用法

①仮にそれが事実であろうと、どうであろうと、理由として正当とは認めるわけには行かない。また、それが不適格な結果を導くと思われる事態において、それなりの条件を提示する。「たとえ……だとて」「……であるからとて」「……であったとて」「さりとて……」等の形で逆接の条件を作る。話し言葉では、「からとて」は「からって」、「たとて」は「たって」の形でも用いられる。
▽どんな困難が待ち受けていたとて、私はへこたれません。
▽試験が難しいからとて、初めから受験をあきらめて良いはずがありません。
▽今から行ったとて間に合いっこないよ。
▽敵は幾万ありとても　すべて烏合の勢なるぞ　（山田美妙斎『敵は幾万』）

②「これとて……だ」等の形で、名詞に付いて主体や対象を限定して、その他一般と大差のない、例外とはならないことを暗に表明する。係助詞としての用法である。
▽私とて心から賛成というわけではありません。
▽あの台風では大型船とてひとたまりもありません。

③「と・て」の意識で、「……と考えて／……ということで」の意味を表す。
▽それもよしこれもよしとてある人の　その気がるさを　欲しくなりたり　（石川啄木）

三、「どころか」の意味と用法

相反する二つの事象ないしは程度の異なる事物や状態の一方を挙げ、それを否定することによって他方の有り様を強調する。他方より重い状況のものを例示として掲げ、それが否定されることによって、他方の実情をそれと示す。または、正反対の程度や状態であることを強調する。

▽古賀は日本で修士課程をすますとすぐローマに来た。最初の一年は大学院に入るどころか、イタリア語の勉強で精一杯だった。（三浦朱門『再会』）

▽自分は夏子の出しものが近づくに従って楽しみ処か、苦しみになった。（武者小路実篤『愛と死』）

▽知ってるどころか、ありゃ私の姪でさあ。（夏目漱石『硝子戸の中』）

▽月々の仕送りどころか、帰ってくれば、ふゆが残している飯米、芋の類を、戦争時のようにチッキにして大阪へもち帰る。（水上勉『鳳仙花』）

し【接続助詞】

①事実や事態、条件などを列挙するとき、それぞれを強調する意識で叙述を次につなげる。

▽夫迄は御金もあるし、銀行の株も持っておん出るし、万事都合がよかったのじゃが（夏目漱石『坊っちゃん』）

▽近衛聯隊の大隊長などをつとめ、部下の千人も持ったし、芸者遊びもさんざんやった。（村上兵衛『将軍マックの死』）

▽海は広いな、大きいな、月が昇るし、日が沈む。（林柳波「海」）

②事象や条件を挙げて、そこから引き出される事態や、導かれる結果への判断等を以下に続ける。

▽薄給の身の上で、そう云う結構なお嬢様に来て戴けるものとも思えないし、来て戴いても貧乏所帯で苦

労をさせるのがお気の毒のようだけれども、

（谷崎潤一郎『細雪』）

▽そうすれば、いま妹が手伝いにきている、と近所の人々に知らせてやることになるし―、皆が疑いの目で見るようなこともあるまい、

（坂上弘『あげは』）

③事実や条件を提示する形で叙述を切り、その言いさして止める発話形式から、その後に続くはずの判断や結果等を言外に暗示する。また、文脈を他の話題へと切り替える。

▽私が此の仕事を覚え込んで了ったならあるいはひょっこりそれで生計を立てていかぬとも限らぬし―、いずれにしても軽部なんかが何を思おうと……

（横光利一『機械』）

▽行ってやりたいが、時間はないし―……

▽そんなこと彼がするはずないし―。

▽お茶をいれようとしたが、茶碗が汚れていた。洗いに行くのも何だし―、と迷っていると、女のほうから「どうぞ、お構いなく」と言ってくれたので、

（三浦朱門『若い母』）

か・わ・よ・ね・な・さ、等【終助詞】

一、終助詞の性格

終助詞とは、文末にあって、疑問や禁止、詠嘆・感動・念押し・確述などの気持ちを添えて文をしめくくる働きの助詞の総称である。「プロローグ」のところでも述べたが（一七頁）、終助詞といっても、表現の有り様と文末に現れる語順によって幾つかの段階があり、全体を一からげに扱うわけにはいかない。また、「よ・ね・な・さ」等は文末だけとは限らず、適宜文中の文節の後に添えて、対聞き手意識から、語勢を強めたり、感情を込めたりする役割を担っており、特に区別して間投助詞と名づける研究者もいる。これらも含めて、終助詞は、対聞き手意識から発話の中で話者の種々の感情が顕在化した語という点で、他の助詞類とは一線を画している。格助詞・係助詞・副助詞・接続助詞が叙述内容に対しての話者の判

断の顕在化であるとするならば、終助詞は叙述そのものへの話者の姿勢と、聞き手への配慮の自ずからなる表れと言ってよいであろう。

①叙述そのものへの自身の感情吐露
……詠嘆段階↓「な・こと・ことか・か」等の添加
②叙述そのものへの対聞き手意識から生まれる伝達姿勢
……平叙・疑問段階↓「か・かい・の？」の添加
③性差から生まれる伝達姿勢への色づけ
……男女言葉段階↓「わ・かしら」等の添加
④対聞き手意識から生まれる確述意識
……知らせ段階↓「よ・さ・ぞ・ぜ」等の添加
⑤対聞き手意識から生まれる確認意識
……念押し段階↓「ね・な」等（間投助詞）の添加

二、表現文型と終助詞

1、なあ・こと・ことか・か・もの（詠嘆・自問）

まず、外の事態に対して内なる己の感懐を吐露する。

▽だが、そうやって雪の中が歩けてきたら、さぞ好い気もちだろうなあ。（堀辰雄『雪の上の足跡』）
▽ほんとうに男のような眼だこと。育ちのいいお嬢さんなのね。（川端康成『水晶幻想』）
▽今宵わが娘眠らず　抱けばをみなのやわらかきことよ（川端康成『母』）
▽ああ、それがどんなに今の私に自分達の所有している幸福を信じさせ、そしてこうやってそれにはっきりした形を与えることに努力している私を助けていて呉れることか！（堀辰雄『風立ちぬ』）

その詠嘆意識が、自身への問い掛けへと広がり、

▽私自身の云いようもない不安がそれを唯そんな風に感じさせるに過ぎないであろうか？（堀辰雄『風立ちぬ』）

さらに、その詠嘆的な感情が聞き手へと向けられ、次

の問い掛け段階へと進展する。

▽「僕の絵？　あれはあのままだ」「惜しいじゃないか？」（堀辰雄『ルウベンスの偽画』）

このグループの話し言葉としては「素敵だなあ／まあ、素敵だこと」のように「なあ」は男性語。「こと」「もの」は女性語。「ことか」「か」は書き言葉で用いる。「もの」はやや不満げに理由を述べる気持ちである。

▽「私はもう直ぐ死ぬんですって……。」「何を言ってるんだ。」「でも、それがほんとですもの。」（川端康成『白い満月』）

2、か・かい・の・かしら（問い掛け）

問い掛けなどの疑問文は、時には文末のイントネーションで質問の意志を表現するが、終助詞としては「か」「かい」を付けて疑問文にする。「かい」は男性語。「の」「かしら」は主として女性が使用する。「かしら」には自問の推量意識が込められている。不審さが引き金となる気掛かりな疑問意識である。「か」は位相差がなく、文章でも使用される。

▽急に寒くなってきましたね。もう窓をしめましょうか。（堀辰雄『雪の上の足跡』）

▽お前、いまのような生活に満足しているかい？（堀辰雄『風立ちぬ』）

▽君は何故その曲を口ずさんでいるのか知っているかい？（堀辰雄『プルウスト雑記』）

▽私が此処でもって、こんなに満足しているのが、あなたにはおわかりにならないの？（『風立ちぬ』）

▽「お病気はもういいの？」「ええ、すっかりいいんです」（堀辰雄『ルウベンスの偽画』）

▽母さん、遅いわね。何処へ廻ったのかしら。（森本薫『華々しき一族』）

▽わたしはこのピアノの前に何か失望に近いものを感じた。「第一これでも鳴るのかしら。」（芥川龍之介『ピアノ』）

3、わ・よ・ね（確述・確認）（付　のよ・なくって）

「わ」「わね」「なのよ」「なのね」は判断や意志を柔らかく示す働きがあり、このグループは概ね女性語として現れる。

▽細君も近の字は丸で気にならない様子で、「本当に好い御天気だわね」と半ば独り言の様に云いながら
(夏目漱石『門』)

▽「謙作。――――謙作」と下で母の呼んでいるのに気がついた。それは気味の悪い程優しい調子だった。「あのネ、其処にじっとして居るのよ。動くのじゃありませんよ。今山本が行きますからネ。其処に音なしくして居るのよ」
(志賀直哉『暗夜行路』)

▽自分の番かもしれない不安だけはお互いに隠そうとし合うのね、だから元気というよりか、寧ろはしゃいでいるだけだわ。
(堀辰雄『菜穂子』)

▽丘を越えて行こうよ
(島田芳文「丘を越えて」)

▽夫人は……いつもの、やさしいような皮肉なような独特の微笑に変わっていった。「その籐椅子のことなのよ」
(堀辰雄『ルウベンスの偽画』)

▽「あんたがたとえなんといおうと、私は私のしたいようにするのよ。」
(三好十郎『胎内』)

▽「木戸とも、これで、サッパリということになって、かえって、いい。」「木戸のことなんか問題じゃないのよ。」
(『胎内』)

▽夫人はもう一つのほうの写真を取りあげながら言った。「でも、この方がこの人には似ていなくって?」
(『ルウベンスの偽画』)

4、よ・な・さ・ね(確述・確認、間投助詞)

確述・確認段階の助詞で、句末・文末以外の文節に自由に付いて、その都度、聞き手に対して念押し気分で「ね」や「さ」等を添えていく、これを特に間投助詞として終助詞と区別する考えもある。「それでだよ」「しかしだな」「だからさ」「それでね」等があり、「よ」「な」「さ」は男性語として、「ね」は女性語として、しばしば現れる。対聞き手意識から発する念押しゆえ、会話文で用いられる。

▽それはな、生きとる鶴の羽根を千枚抜いて織り上げた織物だ。
(木下順二『夕鶴』)

▽こんな晩はこんな所に一人でなんぞ居るのは嫌だろうな。……　（『菜穂子』）

▽あのね　あのね、あのねのねの字は　ねえやのねの字

▽月夜の田圃で　コロロコロロコロ　鳴る笛は　あれはね　あれはね　あれは蛙の　銀の笛　（斎藤信夫「蛙の笛」）

▽サッちゃんはね　サチコっていうんだ　ほんとはね　（阪田寛夫「サッちゃん」）

5、さ・ぞ・ぜ・や・とも（確述・確認）

これらは主として男性語の中で用いられる。「ぞ」は自分に決意を言い聞かす気分があり、「ぜ」は確信、特に相手に注意を促す場合に用いられる。「や」は「まあ、いいや」「そろそろ出掛けようや」のように軽い断定、ないしは相手への働き掛けに、「とも」は「もちろん、いいとも」「協力するとも」のように、判断に迷うことなくはっきりと断定する返答に用いる。

▽どこへ行ってたの、今まで？　峰ちゃん、わざわざ、迎えに行ったんだぜ。　（田中千禾夫『おふくろ』）

▽いくら下宿の女房だって、下女たあ違うぜ。足を出して拭かせるなんて、威張り過ぎるさ。　（夏目漱石『坊っちゃん』）

▽私があれに賛成であろうとなかろうと、事態は今私がいったようにどんどん悪くなっていくだろうといっているのさ。これは否定できない事柄さ。　（飯澤匡『鳥獣合戦』）

▽「宴会をやるんだってさ。みんな、今夜は早くしごとをきりあげて、葱や、しらたきを買ってくるように分担をきめたんだよ」「へええ、凄えや」　（田村泰次郎『肉体の門』）

▽叩きこわすとは易か。むつかしかったはそのあとの建て直しぞ。　（木下順二『風浪』）

▽突然、取り調べの刑事が机を叩いた。「いいか、お前は一人の人間を殺したんだぞ」　（渡辺淳一『ある殺意』）

▽須貝さんのことだ。ぐずぐずしてると、逃げられるぞ。　（森本薫『華々しき一族』）

▽有難う。お陰で君に関して、いろいろ情報を収集し

たぞ。

（飯澤匡『座頭H』）

聞き手への念押しのみでなく、自身への語り掛け意識のときにも用いられる。

▽あをぞらに　越後の山も見ゆるぞ　さびしいぞ
一日もの言はず　野にいでてあゆめば　菜種のはな
は　波をつくりて　いまははや　しんにさびしいぞ

（室生犀星「寂しき春」）

返答に用いる「とも」は、相手の言葉を受けて、それを当然のこととして自身の主張を合わせたり、相手の意向とは関係なく自身の意見を当然のこととして主張したりするときに用いられる。

▽「行田文学」に就いての話が三人の間に語られた。「無論、御尽力しましょうとも……何か、マア、初には詩でも上げましょう。」（田山花袋『田舎教師』）

▽「ビフテキに馬鈴薯《いも》は付属物《つきもの》だよ、」と頬髭の紳士が得意らしく言った。

「そうですとも！　理想はすなわち実際の付属物なんだ！」

（国木田独歩『牛肉と馬鈴薯』）

6、よ・な（呼び掛け・命令・禁止）

「よ」が名詞に付けば詠嘆「蝶よ、花よと……」か、または「おーい、舟方さん。舟方さんよ」のように明らかに呼び掛けとなる。が、一方、動詞に付くと、終止形ならば「揺り籃のうたをカナリヤが歌うよ」（北原白秋）のように確述・確認となり、命令形に付けば「やあやあ、遠からん者は音にも聞け。近くば寄りて目にも見よ」と、もちろん聞き手への命令となる。この「よ」は動詞と切り離さずに全体で命令形と取る説もある。現在は「見ろ」と「ろ」形を使い、「よ」形は文語的である。

▽裸になれ！　その上着を拾って着よ！

（三好達治「鴉」）

「よ」は接続助詞「て」と一緒にして「てよ」の形で女性語として用いられる。「早く来てよ」「人の悪口言うもんじゃなくてよ」のように語気を和らげる効果がある。

「な」は禁止、それも「出しゃばるな！」「言うな！」のように高飛車な所があるため、もっぱら男性語として使用される。口語の「よ」「な」の例を挙げておく。

▽春よ来い　早く来い　あるきはじめた　みいちゃんが　（相馬御風「春よ来い」）

▽母よ　私の乳母車を押せ　（三好達治「乳母車」）

▽お前は歌ふな／お前は赤まゝの花やとんぼの羽根を歌ふな　（中野重治「歌」）

▽勝つと思うな　思えば負けよ　（関沢新一「柔」）

三、表現文型と終助詞との関係

同じ「よ」でも、「調子いいよ！」と活用語（用言）に続くと確述段階で、位相上はニュートラル（つまり相対的に男言葉）となり、それに「わ」を付けて「調子いいわよ」とすれば女言葉となる。一方、体言に直接させて「いい調子よ！」となると、この「よ」が確述段階で、同時に女言葉の位相段階を兼ねることとなる。「いい調子だよ」と断定の陳述を介せば確述段階で男言葉。陳述性のない体言に直結してしまうと位相段階が重なってくる。さらに「麗しき歌の調べよ！」と喚体の句の形式ともなれば、詠嘆表現になってしまう。これは体言のみの「蝶よ、花よ」においても同様である。そして、さらに不思議なことは、同じ体言に直接する「ねえ、太郎君よ。」では呼び掛けとなってしまう点だ。「ああ、花子よ！」が詠嘆となるのは感動詞「ああ」により、「太郎君よ」が呼び掛けとなるのは、呼び掛け語「ねえ」によっている。文頭の感動詞と文末に来る終助詞との呼応は、その文の談話における表現性を決定し、同じ語形式でも文脈により発想上さまざまな機能を呈していく。このことは何を意味するか。同じ「よ」が、〝詠嘆段階↓位相段階↓確述段階↓呼び掛け段階〟と順を追った流れを形成し、「麗し春よ！」から「春よ来い、早く来い」の呼び掛けへと、紙一重の関係を保っていく。「春よ来い」の「よ」は、取りようによって詠嘆とも呼び掛けとも解せるということは、表現意識といった主体的な精神活動の有り様の〝ゆれ〟によって定まると言ってよいだろう。もう一つ例を挙げておこう。動詞に「な」が付いた場合、

▽約束を守ってくれるな。

〝このぶんなら、きっと守ってくれるに違いない〟と心中期待する場合と、〝間違いなく守ってくれるでしょうね〟と相手に確認する意識と、どちらにも転ぶ。〝絶対に約束など守ってくれるな〟とブレーキを掛けるなら、対相手意識による禁止でもあり、三様に解せる。

形容詞は動詞と違って、動作性でないため「な」が付いても禁止の用法は生じない。しかし、

▽海は広いな　大きいな　（林柳波「海」）

というとき、〝広いことよ〟という詠嘆であるとともに、〝間違いなく広い〟と己に言い聞かす確述とも解せる。

四、文型と終助詞との承接

種々の文型、普通体・丁寧体の文体差、「た」形・推量形による終助詞との承接の可否を表にまとめておく。

雨／稀

		。……	だ……	です……	だった…	でした…	だろう…	でしょう	らしい…	なの……
疑問	?	○	×	×	○	○	○	○	○	○
	か	○	×	○	○	○	○	○	○	○
	かい	○	×	△	○	×	×	×	○	○
	かしら	○	×	○	○	○	×	×	×	○
	の?	×	×	○	○	○	×	×	○	×
確述・親愛	わ	×	○	○	○	○	×	×	○	×
	よ	○	○	○	○	○	○	○	○	○
	さ	○	×	×	○	×	○	○	○	○
	ぞ	×	○	△	○	○	×	×	○	×
	ぜ	×	○	×	○	○	○	○	○	×
確認	ね	○	○	○	○	○	○	○	○	○
	な	×	○	○	○	○	○	○	○	×
詠嘆	なあ	×	○	○	○	○	○	○	○	×
	か	○	○	○	○	○	×	×	○	○

「何だ」の断定文型は疑問段階の終助詞とは相性が悪いが、「明日は雨」のような体言止めの文では疑問形が作れるし、丁寧体も「雨ですか」のように可能である。ただし、決まり文句の言い回しなら「何が何だか分からない」「まだ雨だか雪だか分からない」のように「だ」形に疑問の終助詞が付く。丁寧文体は性別で使い分けのあ

る助詞と連動するので注意する必要がある。

	疑問					確述・親愛					確認		詠嘆	
	?	か	かい	かしら	の?	わ	よ	さ	ぞ	ぜ	ね	な	なあ	か
寒い…………	○	○	○	○	○	○	○	○	○	○	○	○	○	○
寒いです………	×	○	×	×	×	○	○	×	○	○	○	○	○	○
寒かった………	○	○	○	○	○	○	○	○	○	○	○	○	○	○
寒かったです…	×	○	×	×	×	○	○	×	○	○	○	○	○	○
寒いだろう……	○	○	×	×	×	×	○	○	×	○	○	○	○	○
寒いでしょう…	○	○	×	×	×	×	○	○	×	○	○	○	○	○
寒いらしい……	○	×	×	×	○	○	○	×	○	○	○	○	○	○
寒いらしいです	×	○	×	×	×	○	○	×	○	○	○	○	○	○
寒いの…………	○	○	○	○	×	×	○	○	×	×	○	×	×	○

「だろう」と「らしい」では、終助詞の承接に差が見られる。「出掛けるらしいの」「出掛けるらしいわ」「出掛けるらしいぞ」と言えるが、「だろう」にはそのような言い方はない。逆に「出掛けるだろうか」「出掛けるだろうさ」に対して「らしいか」「らしいさ」は言いにくい。

	疑問					確述・親愛					確認		詠嘆	
	?	か	かい	かしら	の?	わ	よ	さ	ぞ	ぜ	ね	な	なあ	か
行く…………	○	○	○	○	○	○	○	○	○	○	○	○	○	○
行きます………	○	○	△	○	○	○	○	×	○	○	○	○	○	○
行った………	○	○	○	○	○	○	○	○	○	○	○	○	○	○
行きました……	○	○	△	○	○	○	○	○	○	○	○	○	○	○
行くだろう……	○	○	×	×	×	×	○	○	×	○	○	○	○	×
行くでしょう…	○	○	×	○	×	×	○	○	×	○	○	○	○	×
行くらしい……	○	×	×	×	○	○	○	×	○	○	○	○	○	○
行くらしいです	×	○	×	×	×	○	○	×	○	○	○	×	○	○
行くの………	○	○	○	○	○	×	○	○	×	×	○	○	×	○
急いで行け!…	○	×	×	×	×	×	○	×	×	×	×	×	×	×

●著者紹介

森田良行（もりた・よしゆき）

一九三〇年一月生まれ。早稲田大学大学院修了。国語学専攻。二〇〇〇年、早稲田大学を定年退職。在職中は外国人留学生への日本語教育と日本人学生への日本語学の講義に携わり、また早稲田大学日本語研究教育センターの初代所長を務めた。現在、早稲田大学名誉教授。博士（文学）。

主な著書に、

『日本語の類義表現辞典』（東京堂出版）
『動詞・形容詞・副詞の事典』（東京堂出版）
『基礎日本語辞典』（角川書店）
『日本語の視点』（創拓社）
『外国人の誤用から分かる日本語の問題』（明治書院）
『日本語をみがく小辞典』（全三巻、講談社現代新書）
『日本人の発想、日本語の表現』（中公新書）
『言語活動と文章論』（明治書院）
『動詞の意味論的文法研究』（明治書院）
『意味分析の方法』（ひつじ書房）
『日本語文法の発想』（ひつじ書房）
『話者の視点がつくる日本語』（ひつじ書房）
『日本語質問箱』（角川文庫）

など

助詞・助動詞の辞典

二〇〇七年九月二五日　初版発行
二〇二三年四月一〇日　九版発行

著　者　森田良行（もりた・よしゆき）

発行者　郷田　孝之

発行所　株式会社東京堂出版
〒一〇一－〇〇五一
東京都千代田区神田神保町一－一七
http://www.tokyodoshuppan.com
電話〇三－三二三三－三七四一

編集協力
DTP　日本アイアール株式会社

印刷製本　図書印刷株式会社

ISBN978-4-490-10727-2 C0581

JASRAC 出0711766-309